Die Korruption im »Dritten Reich« hatte viele Facetten: Reichsminister, die mit öffentlichen Mitteln Schlösser, Herrensitze und Sommerresidenzen erwarben und beträchtliche Steuerprivilegien genossen; Gauleiter, die öffentliche Gelder in private Finanzfonds umleiteten, aus denen sie die »Entschuldung verdienter alter Parteigenossen« finanzierten; höhere SS- und Polizeiführer, die Marmorbäder aus französischen Schlössern demontierten, um ihre Diensträume in Rußland damit auszustatten; Gestapobeamte, die ihre jüdischen Opfer bei fingierten »Haussuchungen« ausplünderten; schließlich eine riesige Zahl von NSDAP-Mitgliedern und Funktionären, die Mitgliedsbeiträge und Sammlungseinnahmen unterschlugen:

Allein von 1934 bis 1941 strengte der NSDAP-Reichsschatzmeister wegen derartiger Vergehen vor öffentlichen Gerichten 10887 Strafverfahren an – an jedem Werktag durchschnittlich vier bis fünf. Mithin war die Korruption kein isoliertes Randphänomen, sondern stellte ein zentrales Strukturelement nationalsozialistischer Herrschaft dar.

Der Autor weist anhand vieler Beispiele in seinem »ebenso lesbaren wie lesenswerten Buch« (M. Wildt, in: Neue Zürcher Zeitung) nicht nur den enormen Umfang der Korruption im »Dritten Reich« nach, sondern analysiert auch ihre Ursachen: die nationalsozialistische Bewegung als solche, die in Cliquen und Kameraderien zerfiel und durch Patronage und materielle Gefälligkeiten zusammengehalten wurde; die diktatorischen Verhältnisse, in denen es weder eine wirksame Machtkontrolle noch eine kritische Öffentlichkeit gab; die enge Verbindung von Rassismus mit absoluter Macht, die ein nach Bereicherung strebendes »Herrenmenschentum« förderte.

Frank Bajohr, geboren 1961, Dr. phil., studierte Geschichte, Sozial- und Erziehungswissenschaften in Essen; seit 1989 Historiker an der Forschungsstelle für Zeitgeschichte in Hamburg. 2000/2001 Fellow am International Institute for Holocaust Research in Yad Vashem/Jerusalem.

Verfasser zahlreicher Bücher und Aufsätze zur NS-Zeit, darunter »›Arisierung‹ in Hamburg. Die Verdrängung der jüdischen Unternehmer 1933–1945« (1997) und im Fischer Taschenbuch Verlag die hoch gelobte Studie »›Unser Hotel ist judenfrei‹. Bäder-Antisemitismus im 19. und 20. Jahrhundert« (2003, [3]2003).

Unsere Adressen im Internet: *www.fischerverlage.de*
www.hochschule.fischerverlage.de

Frank Bajohr

Parvenüs und Profiteure

Korruption in der NS-Zeit

Fischer Taschenbuch Verlag

Die Zeit des Nationalsozialismus
Eine Buchreihe
Herausgegeben von Walter H. Pehle

Eine Veröffentlichung der Forschungsstelle
für Zeitgeschichte in Hamburg

Lizenzausgabe
Veröffentlicht im Fischer Taschenbuch Verlag,
einem Unternehmen der S. Fischer Verlag GmbH,
Frankfurt am Main, Oktober 2004

Gedruckt mit freundlicher Genehmigung des
S. Fischer Verlages GmbH, Frankfurt am Main
Druck und Bindung: C.H. Beck, Nördlingen
Printed in Germany
ISBN 3-596-15388-3

Inhalt

Einführung

Korruptes Verhalten gehört zu den menschlichen Grundkonstanten und ist daher ein ubiquitäres, von den jeweiligen politischen Systemen unabhängiges Phänomen, das in der Antike wie in der Neuzeit, in diktatorischen wie demokratischen Gemeinwesen gleichermaßen anzutreffen war und ist. Politische Korruption, die im allgemeinen als Mißbrauch eines öffentlichen Amtes zu privaten Zwecken definiert wird[1], beschränkt sich nicht nur auf vordemokratisch-traditionale, autoritäre und diktatorische Regierungssysteme.[2] Ihre Erscheinungsformen wie Bereicherung im Amt, Bestechung und Bestechlichkeit, Patronage und Nepotismus, Unterschlagung und die Vermengung von Amts- mit Privatgeschäften sind auch in demokratisch verfaßten Staaten mehr oder minder weitverbreitet. Folgerichtig hat der Historiker Jacob van Klaveren die Korruption deshalb als »Regelfall« klassifiziert, weitgehend korruptionsfreie Herrschaft hingegen als erklärungsbedürftigen »Sonderfall«.[3]

Dennoch deuten zahlreiche Indizien darauf hin, daß politische Korruption im »Dritten Reich« nicht nur ein besonderes Ausmaß erreichte, sondern auch in der Struktur nationalsozialistischer Herrschaft einen spezifischen Nährboden fand. Schon in der Wahrnehmung der Zeitgenossen spielte die Korruption in der NS-Zeit eine wichtige Rolle, obwohl – oder gerade weil – sie in der propagandistisch gelenkten Öffentlichkeit des »Dritten Reiches« zumeist tabuisiert wurde. »Die herrschende Korruption ist ununterbrochener Gesprächsstoff in der Bevölkerung«[4], meldeten 1936 die Korrespondenten des SPD-Exilvorstandes. »Dieser

Staat hat eines seiner Fundamente selbst unterhöhlt: er hat seine Beamtenschaft korrumpiert«[5], urteilte 1939 Hans Reichmann, Syndikus des »Centralvereins deutscher Staatsbürger jüdischen Glaubens«. »Grad und Ausmaß der Korruption der herrschenden Schicht sind beispiellos«[6], schrieb der junge Publizist Sebastian Haffner im Jahre 1940.

Auch in der unmittelbaren Nachkriegszeit war die Korruption unter nationalsozialistischer Herrschaft noch in lebendiger Erinnerung. So richtete die Bürgerschaft der Freien und Hansestadt Hamburg im März 1946 einen Ausschuß zur »Untersuchung nationalsozialistischer Korruptionsfälle« ein, um damit »einem dringenden Verlangen der Hamburger Bevölkerung« nachzukommen.[7] Eugen Kogon widmete in seiner 1946 erstmalig erschienenen Darstellung des »SS-Staates« der Korruption in den Konzentrationslagern ein eigenes Kapitel.[8] Der ehemalige Königsberger Stadtrat Paul Wolff legte 1948 einen umfassenden Bericht zur Korruption im Gau Ostpreußen der NSDAP vor.[9] Und als der Soziologe Leo Menne 1948/49 im ersten Heft der Kölner »Zeitschrift für Soziologie« einen Beitrag über Korruption veröffentlichte, ging er ausführlich auf die Verhältnisse im »Dritten Reich« ein, die er zusammenfassend als »Augiasstall« charakterisierte.[10]

Dennoch hat sich die zeitgeschichtliche Forschung mit der Korruption unter nationalsozialistischer Herrschaft bislang nicht systematisch auseinandergesetzt, obwohl einzelne Historiker wie Hans Mommsen schon frühzeitig auf die Relevanz dieses Themas für die Herrschaftspraxis und -struktur des NS-Staates hingewiesen hatten.[11] Generell ist zu konstatieren, daß – von wenigen Ausnahmen abgesehen – eine empirisch orientierte zeitgeschichtliche Korruptionsforschung in Deutschland kaum existiert.[12] Zwar sind seit Anfang der 80er Jahre – beginnend mit der sogenannten Flick-Affäre – eine Vielzahl von Publikationen zu diesem Thema erschienen. Sie beschäftigen sich jedoch fast ausschließlich mit Korruptionserscheinungen der bundesdeutschen Gegenwart und sind im allgemeinen ahistorisch orientiert. Die deutsche Zeitgeschichtsforschung scheint sich mit dem Diktum Theodor Eschenburgs begnügt zu haben, daß Korruption »dank der guten Tradition des deutschen Beamtentums (…) eine verhältnismäßig seltene Erscheinung«[13] gewesen sei, oder – wie es Wolfgang Schuller formuliert hat – in der deutschen Geschichte »die Korruption und korruptionsähnliche Zustände nicht so und nicht in dem Ausmaß anzutreffen sind wie anderswo«.[14]

Solche apodiktischen Urteile sind nicht nur im Hinblick auf die Korruption in Zeiten der nationalsozialistischen Herrschaft zu bezweifeln. Auch die Weimarer Republik wurde durch einschlägige Skandale, die mit den Namen Barmat, Sklarek und Kutisker verbunden sind, schwer belastet. Die zeitgeschichtliche Forschung hat zwar deren Instrumentalisierung durch die politische Rechte im Kampfe gegen die Demokratie hervorgehoben[15], doch die Frage nach der Repräsentativität dieser Korruptionsfälle noch nicht hinreichend beantwortet. Verbarg sich hinter der Skandalisierung von Korruption in der Weimarer Republik ausschließlich ein politisches Kalkül ihrer Gegner, eine Propagandachimäre ohne faktische Grundlage, oder ging der politische Systemwechsel 1918/19 tatsächlich mit einem Anstieg von Korruption einher? Waren die Korruptionsfälle die Signatur einer »Bonzenrepublik«, oder deutete ihre Skandalisierung und öffentliche Thematisierung nicht vielmehr auf das Gegenteil hin, nämlich auf eine funktionsfähige politische Öffentlichkeit, die anders als im Kaiserreich oder gar unter nationalsozialistischer Herrschaft ihrer kritischen Kontrollfunktion ungehindert nachkommen konnte?

Angesichts der Vielzahl offener Fragen ist es noch nicht möglich, die Korruption im Längsschnitt der deutschen Zeitgeschichte vergleichend und systemübergreifend zu analysieren. Deshalb stehen im folgenden auch nicht jene Phänomene im Vordergrund, die in allen politischen Systemen zur »Normalität« von Korruption gehören, zum Beispiel die Bestechlichkeit von Beamten bei der Vergabe öffentlicher Leistungen und Aufträge. Vielmehr habe ich mich auf jene Aspekte der Korruption im »Dritten Reich« konzentriert, die in besonderer Weise auf die strukturellen Veränderungen von Staat und Gesellschaft nach 1933 zurückgingen, mithin kein Kontinuitätsphänomen darstellten, sondern in erster Linie für die NS-Herrschaftsstruktur und die Politik der Nationalsozialisten – dazu gehörte auch die Vernichtungspolitik – typisch waren.

Für eine solche Analyse liegen insofern günstige Voraussetzungen vor, als in den letzten Jahren einzelne Facetten nationalsozialistischer Korruption verstärkt in das Blickfeld der historischen Forschung gerückt sind: die Funktionalisierung von Korruption durch die Nationalsozialisten in der Anfangsphase ihrer Herrschaft[16], der rapide Machtverlust von Kontrollinstitutionen im NS-Herrschaftssystem, zum Beispiel des Reichsrechnungshofes[17], die prunkhafte Selbstinszenierung der Regimepotentaten[18], die Dotationen Hitlers vor allem an Angehörige der militärischen Elite[19], die Funktion von Korruption und Nepotismus im Rahmen der »Arisierung«[20], die Privilegien der NS-Führer bei ihrer »Lebensmittelversorgung« im Kriege[21] oder die Korruption in den besetzten Gebieten vor allem Osteuropas.[22]

Die politische Korruption unter nationalsozialistischer Herrschaft zeichnete sich durch eine außerordentliche Vielgestaltigkeit aus, die über ihre klassische Definition – »Mißbrauch eines öffentlichen Amtes zu privaten Zwecken« – weit hinausging. Zu dieser Vielgestaltigkeit trug maßgeblich bei, daß die Nationalsozialisten Korruption zwar offiziell verurteilten, sich in ihrem tatsächlichen Verhalten jedoch keineswegs daran orientierten. Nimmt man den Umgang der Machthaber mit der Korruption zum Maßstab, dann lassen sich drei grundsätzliche Varianten identifizieren:

Die erste umfaßte die durch Staat und NS-Bewegung offiziell geförderte und exekutierte Korruption, die nicht auf dem Amtsmißbrauch lediglich einzelner beruhte, sondern ein organisiertes System des Machtmißbrauchs darstellte, das zudem nicht ausschließlich privaten Zwecken diente, sondern der funktionalen Stabilisierung des Herrschaftssystems. Zu dieser institutionalisierten Korruption zählten z. B. die organisierte, durch Sonderaktionen der Arbeitsämter geförderte Privilegierung vieler Parteimitglieder, besonders der »alten Kämpfer«, oder die Dotationen Hitlers an militärische, politische, wissenschaftliche oder kulturelle Eliten.

Davon zu unterscheiden war die tolerierte Korruption bzw. jene Korruption, die sich durch die strukturellen Schwächen der Korruptionsbekämpfung im »Dritten Reich« in besonderer Weise ausbreitete und notgedrungen oder bewußt hingenommen wurde. Zu dieser Art von Korruption gehörten die Schwarzmarktgeschäfte, besonders in den besetzten Gebieten, die ebenso in Kauf genommen wurden wie die schleichende Auflösung der öffentlichen Finanzhaushalte durch Sonderfonds, schwarze Kassen und Stiftungen, vor allem bei den Gauleitern, die keiner wirksamen Macht- und Finanzkontrolle unterlagen.

Drittens gab es auch unter nationalsozialistischer Herrschaft eine bekämpfte Korruption, d. h. Handlungsweisen, die nach den bestehenden normativen Grundlagen strafrechtlich verfolgt wurden. Dazu gehörte vor allem das weite Feld der Korruption zu Lasten der NSDAP und ihrer Organisationen, z. B. die weitverbreitete Unterschlagung von Mitgliedsbeiträgen und Spenden.

Die Grenzen zwischen institutionalisierter, tolerierter und bekämpfter Korruption waren freilich nicht statisch, sondern gingen fließend ineinander über und verwischten sich immer wieder. Während Beamte und Amtsträger ohne starke politische Protektion sich häufig bereits wegen kleinster Dienstvergehen disziplinarisch rechtfertigen mußten, ja mit ständig ausgeweiteten Straftatbeständen konfrontiert waren, wie zum Beispiel »mangelnde Spendenwilligkeit« oder »judenfreundliches Verhalten«[23], hatten NS-Funktionsträger Anklagen wegen Korruption nur dann zu fürchten, wenn sie aus Sicht ihrer Förderer und Protektoren jegliche Nützlichkeit verloren hatten oder in die Schußlinie regimeinterner Machtkämpfe geraten waren. Manche Korruptionsdelikte wie die Schwarzmarktgeschäfte wurden im Wandel der Zeiten sowohl offiziell gefördert als auch toleriert oder bekämpft.

Diese fließenden Übergänge waren typische Kennzeichen eines Herrschaftssystems, das sich von normativen Bindungen tendenziell gelöst hatte. Ob bei der Bekämpfung der Korruption nach überkommenen normativen Grundsätzen verfahren wurde oder diese dispensiert waren, hing im »Dritten Reich« in erster Linie von Opportunitätskriterien ab, wie der Machtstellung des korrupten Funktionsträgers, seinem politischen Rückhalt durch eine nationalsozialistische Herrschaftsclique, von seiner »Nützlichkeit« innerhalb des Systems oder den Auswirkungen eines öffentlichen Skandals auf das Verhältnis von NS-Regime und Bevölkerung.

Im folgenden soll die Vielfalt der Korruption im »Dritten Reich« sowohl dokumentiert als auch im Kontext des nationalsozialistischen Herrschaftssystems analysiert werden. Diese Form der dokumentierenden Analyse will einerseits die vordergründige Moralisierung des Themas im Stile einer Chronique scandaleuse vermeiden, anderseits einer funktionalistischen Reduktion entgehen, die Korruption fast wertneutral als Form des sozialen Tausches interpretiert und in erster Linie an ihren politischen, gesellschaftlichen und wirtschaftlichen Kosten und ihrem Nutzen interessiert ist.[24] Würde man letztere Perspektive, die von den moralischen Implikationen des Korruptionsbegriffes weitgehend absieht, verallgemeinern und beispielsweise die Korruption im Rahmen der nationalsozialistischen Ausbeutungs- und Vernichtungspolitik ausschließlich unter Effizienzkriterien betrachten, dann löste diese Sicht zu Recht eher Befremden aus.

Wichtige korruptionsfördernde Elemente der NS-Herrschaft hatten sich schon lange vor 1933 in der nationalsozialistischen »Bewegung« herauskristallisiert. Das System der sich stützenden wie miteinander rivalisierenden Cliquen und die Kameraderie der autoritären »Führerpartei« bildeten eine Substruktur der NSDAP, die Bindungen und Beziehungen der »Hoheitsträger«

untereinander oftmals stärker bestimmte als formale Hierarchien oder Organisationszugehörigkeiten. In der nationalsozialistischen »Bewegung« beruhte die Stellung des einzelnen, die ja nicht durch einen Wahlakt legitimiert war, vor allem nach 1933 auf dessen Verfügungsgewalt über materielle Ressourcen und die materielle Alimentierung seiner politischen Gefolgsmänner. Diese Kameraderie einerseits und die propagandistische Selbststilisierung zu »Opfern« des Weimarer »Systems« andererseits, die aus der NSDAP eine Partei des organisierten Selbstmitleids machte, beförderten nach 1933 einen organisierten Nepotismus, wie er bis dahin in der deutschen Geschichte ohne Beispiel gewesen war. Im ersten Kapitel werden daher strukturelle Ursachen sowie der Umfang dieses Nepotismus eingehend analysiert. Dieser hatte auch weitreichende finanzpolitische Konsequenzen, weil sich das öffentliche Haushaltsgefüge tendenziell auflöste und personengebundene Sonderfonds und schwarze Kassen immer stärker ausbreiteten.

Das zweite Kapitel beschäftigt sich mit Kernbereichen der Korruption im »Dritten Reich«. Diese schädigte zum einen die NSDAP, ihre Gliederungen und angeschlossenen Verbände, wo die Unterschlagung von Mitgliedsbeiträgen und Spenden so weit verbreitet war, daß der NSDAP-Reichsschatzmeister sich gezwungen sah, an jedem Werktag durchschnittlich fünf Strafverfahren vor ordentlichen Gerichten einzuleiten. Diese Korruption »von unten« fand ihr Pendant in einer korrupten NS-Elite, die mit Hilfe von Amtsmißbrauch und Privilegien einen luxuriösen Stil der Selbstinszenierung pflegte, um vor allem den persönlichen Machtstatus innerhalb der NS-Hierarchie zu akzentuieren.

Die Korruption im »Dritten Reich« breitete sich zum anderen in jenen Bereichen aus, die vom NS-Rassismus in besonderer Weise durchdrungen waren, wie der Herrschaftsalltag in den besetzten Ländern (Ost-) Europas oder im nationalsozialistischen Lagersystem zeigte. So trug die »Herrenmenschen«-Attitüde vieler Angehöriger der Besatzungsverwaltung sowie der Mangel an bürokratischer Kontrolle zur Ausbreitung der Korruption in den besetzten Gebieten bei, während im nationalsozialistischen Lagersystem die »absolute Macht« (Sofsky) der Lagerführungen alle Spielarten der persönlichen Bereicherung förderte.

Das dritte Kapitel widmet sich einem zentralen Aspekt des Themas Korruption und Vernichtungspolitik, nämlich dem Ausmaß und der Funktion von Korruption bei der Verfolgung der Juden. Die Bedeutung von individueller Bereicherung im Rahmen antisemitischer Gewalt wird ebenso herausgearbeitet wie die Korruption im Rahmen der »Arisierung« des Eigentums von Juden, wo sie die materielle Basis des nationalsozialistischen »Erlösungsantisemitismus« (Friedländer) bildete. Im Holocaust stellte Korruption kein isoliertes Randphänomen, sondern eine systemimmanente Massenerscheinung dar, die sich einerseits funktional in den Massenmord einfügte, weil sie die Täter motivierte, verstrickte und an die nationalsozialistische Herrschaft band, andererseits jedoch spezifische Rechtfertigungsprobleme hervorrief, weil sie dem Ideal des Massenmordes als unpersönlicher ideologischer Kampfaufgabe widersprach. Wenn auch materielle Bereicherung keine Ursache, sondern lediglich eine Begleiterscheinung des Holocaust bildete, wirft das faktische Ausmaß »niederer« Beweggründe, z. B. der Habgier, die den Massenmord an den europäischen Juden begleiteten, die Frage nach der Gesamteinschätzung des Holocaust auf, der sich nicht auf das Bild eines mechanistisch-bürokratischen, sine ira et studio arbeitenden Räderwerkes reduzieren läßt.

Das vierte Kapitel thematisiert die systemimmanenten Grenzen der Korruptionsbekämpfung im »Dritten Reich«. Mit Aufhebung der Gewaltenteilung waren 1933 auch jene *checks and balances* beseitigt worden, die Machtkontrolle gewährleisteten und der Ausbreitung von Korruption entgegenwirkten. Überdies kontrollierten und funktionalisierten die Nationalsozialisten die Justiz und beschnitten die Kompetenzen potentieller Kontrollinstitutionen wie die der Rechnungshöfe, die sich auf beratende

Tätigkeiten beschränken mußten. Kameraderie und Cliquenherrschaft schirmten gegenüber möglicher Strafverfolgung ab. Allenfalls die regimeinternen Machtkämpfe, in deren Rahmen Korruptionsvorwürfe oftmals eine Rolle spielten, konnten eine – wenn auch partielle und unsystematische – Strafverfolgung korrupter NS-Funktionsträger nach sich ziehen. Auch der weitverbreiteten Mißstimmung in der Bevölkerung über die Korruption brachte das Regime in den letzten Kriegsjahren einige demonstrative Bauernopfer, die jedoch eher die Ausnahme von der Regel darstellten und mit einer systematischen Korruptionsbekämpfung deshalb nichts zu tun hatten, weil sich die Korruption als systemimmanentes Strukturproblem der NS-Diktatur erwies.

Das abschließende fünfte Kapitel analysiert die Einstellung der Bevölkerung zur Korruption, die sich zu einem »Reizthema« der informellen Öffentlichkeit des »Dritten Reiches« entwickelte. Einerseits belastete die Korruption das Verhältnis von Regime und Bevölkerung, vor allem in den Anfangs- und Endjahren der NS-Herrschaft. Andererseits trat sie in der zweiten Hälfte der 30er Jahre im Bewußtsein der Bevölkerung gegenüber den innen- wie außenpolitischen »Erfolgen« des Regimes völlig in den Hintergrund. Zudem hatte auch die breite Bevölkerung in den Kriegsjahren an der Ausplünderung der besetzten Gebiete oder der Verteilung des Besitzes ermordeter Juden partizipiert, so daß die nationalsozialistische »Volksgemeinschaft« der Kriegsjahre zumindest ansatzweise Züge einer Beutegemeinschaft angenommen hatte, was sich wiederum auf die Einstellung der Bevölkerung auswirkte. Eine simple Dichotomie von korrupten Nationalsozialisten und einer unbelasteten deutschen Bevölkerung ginge daher an den komplexen Erscheinungsformen der Korruption unter nationalsozialistischer Herrschaft vorbei.

1. Kapitel
Organisiertes Selbstmitleid und Patronage

»Wiedergutmachung« für »Alte Kämpfer« und Parteigenossenförderung nach 1933

Als Adolf Hitler auf dem Reichsparteitag der NSDAP im September 1933 vor der angetretenen SA neue Standarten und »Sturmfahnen« weihte, beschwor er in einer Ansprache die vermeintlichen Opfer, die im Zeichen der Hakenkreuzfahne gebracht worden waren: »Hunderte und Hunderte sind für sie gefallen. Zehntausende wurden verletzt, Hunderttausende haben Stellung und Beruf verloren.«[25] Solche emphatischen Charakterisierungen von Leid, Opfer und Verfolgung der »Kampfzeit« waren nicht neu, sondern gehörten seit langem zum rhetorischen Standardrepertoire eines jeden nationalsozialistischen Redners. Schon 1930 hatte der damalige NSDAP-Reichsorganisationsleiter Gregor Strasser von einem »zwölfjährigen Verfolgungskampf« gesprochen, »wie ihn noch keine andere Bewegung durchgemacht« habe.[26] Der Berliner Gauleiter und Reichspropagandaminister Joseph Goebbels verglich den Weg zur »Machtergreifung« mit einem »Opfergang«, der »Opfer persönlicher und sachlicher Art erfordert« habe, »von denen sich die Öffentlichkeit gar keinen Begriff«[27] gemacht habe. »Was diese Kämpfer um ein anderes Deutschland geistig, nervenmäßig und materiell litten, ist der Öffentlichkeit kaum zum Bewußtsein gekommen«[28], verkündete fast wortgleich Rudolf Heß, der »Stellvertreter des Führers«, der den »alten Kämpfern« in seinen Reden besondere Elogen widmete, jenen, »die früh kämpften, opferten und litten, die ihr Leben einsetzten oder gaben für Deutschlands Wiederaufstieg im Nationalsozialismus«.[29] Mit solchen Formulierungen sollte einerseits der Öffentlichkeit suggeriert werden, daß eine Bewegung, die im Kampf um die Macht so große Opfer gebracht hatte, auch die moralische Legitimation besaß, nach 1933 die alleinige politische Macht in Deutschland auszuüben.

Andererseits trug der rhetorische Opferkult in besonderer Weise der Gefühlslage der nationalsozialistischen Aktivisten Rechnung. Dieser Aspekt kam in der »Proklamation des Führers« auf dem Reichsparteitag in Nürnberg 1935 deutlich zum Ausdruck, in der Hitler hervorhob, daß der Nationalsozialismus den »jüdischen Marxismus«, das »moralisch verderbliche Zentrum« und das »dumm-reaktionäre Bürgertum« überwunden habe, »trotz einem (sic!) maßlosen Terror, der Hunderte Menschen ermordete und Zehntausende an Leib und Leben verletzte, trotz einem (sic!) barbarischen Kampf gegen die Frauen und Kinder unserer Mitkämpfer, die man durch Brotlosmachung der Väter so oft dem Verhungern auslieferte«.[30]

In diesen Formulierungen erreichte nicht nur die Opfer-Stilisierung der Nationalsozialisten eine besondere emphatische Qualität. Auffallend war, wie Hitler die Leiden seiner Parteigenossen als politisches Opfer im Dienste des Nationalsozialismus umdefinierte. Arbeitslosigkeit – so lautete die Botschaft – war kein persönlicher Schicksalsschlag, sondern ein kühl kalkulierter Schachzug des »Systems« im Kampf gegen den Nationalsozialismus, das Frauen und Kinder durch »Brotlosmachung« der nationalsozialistischen Familienväter gewissermaßen in politische Geiselhaft nahm. Solche Formulierungen stilisierten die Nationalsozialisten zu einer Gemeinschaft von Opfern und zielten gleichermaßen auf die Integration wie Mobilisierung der heterogenen nationalsozialistischen »Bewegung«. Ängsten und Frustrationen der NSDAP-Aktivisten lieferten solche Argumentationsfiguren eine eingängige Erklärung, die zudem von Selbstzweifeln entlastete, deuteten sie doch lebensgeschichtliche Brüche, wie sie durch Entlassung und Arbeitslosigkeit hervorgerufen wurden, zu einem heroischen

Opfer um. Ihrer Rhetorik entsprechend, zelebrierten die Nationalsozialisten bei Beerdigungen und Totengedenkfeiern einen monströsen und karikaturhaft anmutenden Opferkult, der sich auch in der Verleihung von »Blutorden« und zahllosen Ehrentiteln ausdrückte.

Insgesamt war die symbolisch-rhetorische Opferstilisierung keine bloße propagandistische Phrase, sondern deckte sich in frappierender Weise mit der Einstellung und dem Selbstbild der »alten Kämpfer« innerhalb der NSDAP. Peter Merkl hatte in einer der ersten Untersuchungen über die Einstellungsmuster früher Nationalsozialisten bereits darauf hingewiesen, wie sehr sich die »alten Kämpfer« in einer politischen Gegenwelt einkapselten, ihren gemeinsamen Haß auf »das System« projizierten und dabei eine auffallende »psychologische Marginalität« an den Tag legten, die sich u. a. durch persönliche Unsicherheit, Selbstmitleid und Paranoia auszeichnete.[31] Gefördert wurde diese Bewußtseinshaltung durch eine auffallende soziale Mobilität der aktiven nationalsozialistischen Parteimitglieder, die vor allem durch Abstiegserfahrungen gekennzeichnet war. Diese »soziale Inkonsistenz« trug dazu bei, daß viele Nationalsozialisten – wie Mathilde Jamin am Beispiel der Führer und Mitglieder der SA nachgewiesen hat – keinen eindeutigen sozialen Standort entwikkelten, sondern gewissermaßen »zwischen den Klassen« angesiedelt waren und deshalb von den Gemeinschaftsparolen der Nationalsozialisten besonders angezogen wurden.[32] Das ritualisierte Parteileben stiftete nicht nur ein Gemeinschaftsgefühl, sondern bot den Parteiaktivisten auch eingängige politische Deutungen ihrer sozialen Situation, zum Beispiel jene, nach der aktive Nationalsozialisten Opfer des »Systems« waren, die zudem durch ihren Einsatz für die »Bewegung« fortwährend Nachteile erlitten. In einer Untersuchung über Lebensberichte »alter Kämpfer« aus der NS-Zeit hat Christoph Schmidt den zentralen Stellenwert dieser Opferstilisierung, die für die NSDAP als Partei des organisierten Selbstmitleids konstitutiv war, eindrucksvoll herausgearbeitet: »Mehr als die Hälfte erlitt den Schilderungen zufolge

Nachteile im Beruf oder am Arbeitsplatz, weil sie Nationalsozialisten waren. Vor allem die jüngeren und älteren Jahrgänge berichten von solchen ›Opfern‹ für die Bewegung: Rund 30 % der Berichterstatter interpretierten die ökonomischen Krisen in ihrem Lebenslauf als Ergebnis ihrer Betätigung für die NSDAP. Die Schilderungen grenzen zum Teil an wahnhafte Berichte von permanenter Verfolgung und Nachstellung in einer gänzlich feindlichen Umwelt.«[33] In solchen Berichten kam nicht zuletzt zum Ausdruck, wie sehr die »alten Kämpfer« die parteioffiziellen Sprachregelungen und Deutungen verinnerlicht hatten.

In der »Kampfzeit« fördete die Opferstilisierung das Gefühl der Zusammenarbeit in der »Bewegung« und verschmolz die Parteiaktivisten zu einer Gemeinschaft, während sie nach der sogenannten Machtergreifung vor allem Erwartungen und geradezu eschatologische Erlösungshoffnungen weckte. Die vermeintlich durch politisches Engagement verursachte Benachteiligung der nationalsozialistischen Anhänger sollte nun durch politische Maßnahmen »wiedergutgemacht« und ihr »ideeller« Einsatz endlich auch materiell belohnt werden. Hier lag eine wichtige sozialpsychologische Ursache für jene Politik der Patronage und des Nepotismus, mit der die NSDAP-Führung nach 1933 auf die Erwartungshaltung ihrer Anhänger reagierte. Auf Parteitagen wurden die Funktionäre ausdrücklich auf die materielle Alimentierung vor allem der »alten Kämpfer« eingeschworen. »Sorge ein jeder Verantwortliche, daß keiner der alten Haudegen Not leidet. [...] Die Mittel hierfür müssen aufgebracht werden«, forderte Rudolf Heß dementsprechend in einer Rede vor den Gau- und Kreisleitern der NSDAP.[34]

Patronage und Nepotismus nach 1933 wurzelten jedoch nicht allein im Zusammenhang von Opferstilisierung und »Wiedergutmachung«, sondern waren auch strukturell in der nationalsozialistischen Bewegung verankert und hatten sich schon lange vor 1933 herauskristallisiert. Da die NSDAP keine institutionalisierten Formen der Interessenartikulation und des Interessenausgleichs kannte, wie sie etwa durch Programmdiskussionen und

Abstimmungen hergestellt werden, zudem auch auf innerparteiliche Demokratie und auf Wahlen verzichtete, die ein wichtiges Element der Herrschaftslegitimation wie der Machtkontrolle darstellen, zerfiel die nationalsozialistische Bewegung in eine Agglomeration von Cliquen und Seilschaften, die keiner Machtkontrolle und keinem Rechtfertigungszwang unterlagen. Ausschlaggebend für die Stellung des einzelnen war dessen personale Bindung an den nächsthöheren »Führer« bzw. seine Einbindung in parteiinterne Personalgeflechte.[35] Die klientelorientierte Substruktur der Partei regelte die Beziehungen der Nationalsozialisten untereinander sehr viel stärker als formale Organisationszugehörigkeiten und -hierarchien.

Diese personalen Herrschaftsbeziehungen förderten in besonderer Weise die Ausbreitung von Vetternwirtschaft und Korruption. Wer sich im Rahmen einer Herrschaftsclique gefolgschaftstreu verhielt, hatte Anspruch auf Zuwendung und Fürsorge und machte diese auch geltend, so daß die Politischen Leiter der NSDAP gezwungen waren, durch Verteilung von Stellen, Posten, Funktionen und nach 1933 vor allem von materiellen Zuwendungen ihre Gefolgschaft bei der Stange zu halten und ihre parteiinterne Machtstellung zu akzentuieren. Dies konstituierte jedoch keine einseitige Abhängigkeit der »Führer«, weil die Illoyalität von Cliquenmitgliedern einschneidende Konsequenzen zur Folge hatte. Wer einmal in Ungnade gefallen war, galt in der NS-Bewegung häufig als »erledigt«. Fritz Wiedemann, der Adjutant Hitlers, beschrieb diesen Sachverhalt in einem Schreiben an Heinrich Himmler mit den sarkastischen Worten:

»Wenn ein ehemaliger oder alter Parteigenosse sich mit irgend einem politischen Leiter verkracht hat, dann nimmt kein Hund mehr ein Stück Brot von ihm. In Partei- und Staatsstellen kommen die Leute nicht mehr unter und die Privatindustrie nimmt sie natürlich auch nicht, da sie sich von der Partei nicht vorwerfen lassen will, daß sie unzuverlässige Leute einstellt. Also kann man praktisch solchen Leuten gleich ein Todesurteil ausstellen oder eine Anweisung auf Wohlfahrtsunterstützung auf Lebenszeit.«[36]

Die weitreichenden Folgen politischer Ächtung wirkten in der autoritären Führerpartei zweifellos einschüchternd, obwohl innerhalb der NSDAP zahlreiche Herrschaftscliquen miteinander rivalisierten. Die personalen Bindungen innerhalb des nationalsozialistischen Herrschaftssystems förderten die cliqueninterne Anpassungsbereitschaft und begünstigten jene Parteimitglieder, die sich »der Bedeutung der sich gegenseitig stützenden und abschirmenden Cliquen für den eigenen Aufstieg« bewußt waren.[37]

Das Streben nach »Wiedergutmachung« vermeintlichen Unrechts einerseits und die personalen Bindungen innerhalb der nationalsozialistischen Kameraderie andererseits brachten nach 1933 einen organisierten Nepotismus hervor, wie er in der deutschen Geschichte bis dahin ohne Beispiel war – ironischerweise gefördert durch eine politische Bewegung, die sich propagandistisch in Abgrenzung zur vermeintlichen »Weimarer Bonzenwirtschaft« als Inkarnation politischer Sauberkeit geriert hatte.

Die Beschäftigungspolitik des »Dritten Reiches« zeichnete sich daher bereits im Frühjahr 1933 durch eine höchst eigennützige Komponente aus. Im Mai 1933 verpflichtete die NSDAP-Fraktion im Preußischen Landtag ihre Mitglieder, für die »Unterbringung« aller Parteimitglieder mit einer Mitgliedsnummer unter 100 000 zu sorgen, also jener Parteigenossen, die als »Alte Garde« bezeichnet wurden.[38] Im Juli 1933 weitete Rudolf Heß, der »Stellvertreter des Führers«, den Kreis der Bevorzugten in einer Rundverfügung auf alle arbeitslosen »Altparteigenossen« aus, d.h. auf jene Mitglieder, die der NSDAP vor dem 30. Januar 1933 beigetreten waren.[39] In der Begründung griff Heß auf eine Sprachregelung zurück, die sich innerhalb der NSDAP seit längerer Zeit herausgebildet hatte und dem Selbstbild der »Opfergemeinschaft« entsprach: »Altparteigenossen« sollten deshalb »bevorzugt in Arbeit kommen«, weil sie während des »Wirkens des alten Systems in vieler Hinsicht schwere Nachteile erfuhren und teils ihre Arbeitsplätze verloren, teils bei der Vergebung von Arbeitsplätzen hintangestellt wurden«.[40] Auch die bevorzugte Vergabe öffentlicher Aufträge an »Altparteigenossen« camouflierte Heß mit dem Mäntelchen der Wiedergutmachung und sozialer Fürsorge. Sie sollte einen »Ausgleich für Benachteiligungen und Boykottierungen unter dem alten System«[41] darstellen.

Im Oktober 1933 wurde die Sonderaktion zur beschleunigten »Unterbringung« von Parteigenossen bei der Reichsanstalt für Arbeitsvermittlung und Arbeitslosenversicherung in Berlin zentralisiert.[42] Unter den »Altparteigenossen« sollten jene mit einer Mitgliedsnummer von 100 000 bis 300 000 sowie diejenigen bevorzugt eingestellt werden, die mindestens ein Jahr als »Amtswalter« der NSDAP tätig gewesen waren, darüber hinaus alle Angehörigen von SA, SS und Stahlhelm, die ihren Organisationen vor dem 30. Januar 1933 beigetreten waren.[43] Diese Regelung spiegelte vor allem die starke Machtstellung der SA in der ersten Phase der NS-Machtübernahme wider, denn wer der SA im Jahre 1931 oder 1932 beigetreten war, gehörte automatisch zum Kreis der Bevorzugten, nicht jedoch die im selben Zeitraum eingetretenen NSDAP-Mitglieder, weil die Partei bereits seit Ende 1930 höhere Mitgliedsnummern als 300 000 ausgegeben hatte. Es mangelte daher nicht an Beschwerden von Gauleitern über diese vermeintliche »Zurücksetzung gegenüber der SA«.[44]

Solche Differenzierungen erwiesen sich jedoch in der Praxis der Arbeitsvermittlung als wenig relevant, weil die beteiligten Institutionen die Sonderaktion als Freibrief auffaßten, sämtliche Parteigenossen unabhängig von Mitgliedsnummer und Bedürftigkeit mit lukrativen Posten und Arbeitsstellen zu versorgen. Hunderttausende Nationalsozialisten rückten in den ersten Jahren der NS-Herrschaft dank politischer Protektion vor allem im öffentlichen Dienst in neue Arbeitsstellen ein. Allein die Deutsche Reichspost übernahm von 1933 bis 1937 mehr als 30 000 »verdiente Nationalsozialisten«.[45] Bei der Stellenvermittlung hatten arbeitslose Mitglieder gegenüber schnellen Karrieremachern oftmals das Nachsehen, so daß sich die Sonderaktion sehr schnell als großangelegter organisierter Nepotismus entpuppte. So wies beispielsweise der Reichskriegsminister darauf hin, daß von den 3023 Nationalsozialisten, die bis zum 1. Januar 1936 in den mittleren und unteren Beamtendienst seines Ministeriums eingerückt waren, lediglich 369 zuvor arbeitslos gewesen seien. Demnach waren mehr als 80 % aus bestehenden Beschäftigungsverhältnissen in den Beamtendienst gewechselt.[46] Dies widersprach allen Anordnungen und entlarvte die Behauptung, die Sonderaktion diene den »brotlos gemachten« Parteigenossen, als fadenscheinige Chimäre.

In Berlin ignorierte die bei der NSDAP-Gauleitung eingerichtete »Abteilung Arbeitsempfehlung« zunächst die bestehenden Einschränkungen für die Sonderaktion und bezog alle »Altparteigenossen« in sie ein, »um die [sic!] Anforderungen der Wirtschaft genügen zu können«, wie es zur Begründung hieß.[47] Auf diese Weise wurden in den ersten drei Monaten nach der Machtübernahme über tausend und bis Oktober 1934 rund zehntausend Nationalsozialisten in Arbeitsstellen vermittelt.[48]

Auch in Hamburg wurden die bestehenden Richtlinien für die Beschäftigung alter Parteigenossen eher eigenwillig ausgelegt, wie im folgenden an einigen Beispielen gezeigt werden soll. So hatte der Reichsinnenminister durch Runderlasse den Anteil von freien Angestelltenstellen im öffentlichen Dienst, die mit »Versorgungsanwärtern« besetzt werden mußten, von 90 % auf 50 % zugunsten der »alten Kämpfer« reduziert.[49] In Hamburg wurden dagegen 90 % aller freigewordenen Angestelltenstellen mit »alten Kämpfern« besetzt und die Rechte der »Versorgungsanwärter« damit grob mißachtet. Dabei hatten die Hamburger Nationalsozialisten intern einen Besetzungsschlüssel vereinbart, nach dem die NSDAP-Gauleitung und die 12. SA-Brigade jeweils 43 % und die 28. SS-Standarte 14 % aller Stellen besetzen durften.[50] Daher konnte nicht einmal von einem scheinobjektiven, nach außen die Form wahrenden Besetzungsverfahren gesprochen werden, weil die Einstellung von Personal faktisch an die Führer von NS-Gliederungen delegiert wurde. In der Offenheit, Unverfrorenheit und Systematik unterschied sich der organisierte Nepotismus der Nationalsozialisten daher qualitativ von allen gegenwärtigen, durch die langjährige Herrschaft einer Partei begünstigten Formen des parteipolitischen »Filzes«.

Mit der Einstellung in den Staatsdienst war die besondere »Fürsorge« für die »alten Kämpfer« jedoch keineswegs beendet. Die zahlreichen »Jahrestage« der »Bewegung« wie der 30. Januar, der 20. April oder der 9. November boten stets eine willkommene Gelegenheit zu ausgiebigen Beförderungen. Durch Runderlaß des Reichsfinanzministers vom 26. Mai 1936 wurden den »alten Kämpfern« die vor dem 30. Januar 1933 zurückgelegten Dienstzeiten in der SS, der SA, als Amtswalter oder Redner der NSDAP (»von hervorragender Bedeutung für die charakterliche und politische Schulung«) auf das Besoldungsdienstalter im öffentlichen Dienst angerechnet.[51] Regionale Regelungen ergänzten die reichsweiten Bestimmungen. So legte beispielsweise der Hamburger Senat eine jährliche Mindestvergütung für Angestellte (2950 RM) und einen Mindestbruttowochenlohn für Arbeiter (46,08 RM) fest, die der NSDAP vor dem 14. September 1930 beigetreten waren.[52] Diese Personengruppe genoß überdies einen faktischen Kündigungsschutz, weil entsprechende Kündigungen nicht ohne vorherige Kenntnisnahme durch den Gauleiter und Reichsstatthalter ausgesprochen werden durften.[53] Fehlende Laufbahnvoraussetzungen bildeten für die Karriere von Parteigenossen im öffentlichen Dienst kein Hindernis. Durch sogenannte Privatdienstverträge, die binnen kurzer Zeit in reguläre Beamten- und Angestelltenverhältnisse umgewandelt wurden, ließ sich das Problem fehlender persönlicher Eingangsvoraussetzungen kurzerhand umgehen, zumal auch die Höhe des Gehalts bei Privatdienstverträgen frei aushandelbar und in der Regel üppig bemessen war. Zudem konnten auf diesem Wege auch subalterne Tätigkeiten sehr viel höher als nach den Lohngruppen des öffentlichen Dienstes bezahlt werden.[54]

Die Privatdienstverträge ermöglichten zahlreichen Nationalsozialisten, die nicht einmal den Eingangvoraussetzungen der unteren oder mittleren Beamtenlaufbahn genügten, bemerkenswerte Blitzkarrieren in der öffentlichen Verwaltung. In Hamburg wurde beispielsweise der SA-Führer und Leiter des Konzentrationslagers Fuhlsbüttel, Paul Ellerhusen, ein kaufmännischer Angestellter ohne Lehrabschluß, der seit 1929 ununterbrochen arbeitslos gewesen war, im Juli 1933 durch Privatdienstvertrag als »persönlicher Sekretär« des Reichsstatthalters mit der Dienstbezeichnung »Regierungsrat« eingestellt.[55] Zum Senats- und Obersenatsrat befördert, wechselte er später als Dezernent zum Jugendamt, wo er jedoch nur selten zur Arbeit erschien, »weil er fast ständig betrunken war«.[56] Der NSDAP-Gauinspekteur Max Lahts, ein gelernter Klempner, der jedoch von 1925 bis 1933 ausschließlich als Hausierer gearbeitet hatte, wurde im April 1933 zum kommissarischen Leiter, im September 1933 zum kommissarischen Präsidenten und im März 1934 zum Präsidenten des Strafvollzugsamtes in Hamburg ernannt. Im Jahre 1938 wechselte er schließlich in die lukrative Stellung des Direktors der Hamburger Wasserwerke.[57] Der NSDAP-Kreisleiter Wilhelm Tegeler, gelernter Buchhalter mit Volksschulabschluß, wurde im Oktober 1933 auf Privatdienstvertrag bei der hamburgischen Finanzverwaltung eingestellt. Binnen weniger Jahre (1934: Regierungsrat, 1937: Oberregierungsrat, 1939: Senatsdirektor, 1942: Senatssyndikus) gelangte er in die höchste Beamtenposition des hamburgischen Staates und leitete nicht nur die gesamte Bauverwaltung, sondern versah in Personalunion das finanziell einträgliche Amt eines Betriebsleiters der »Ausstellungshallen der Hansestadt Hamburg«.[58]

Solche Karrieren waren im »Dritten Reich« für die regionalen NS-Eliten zwar nicht repräsentativ, weil sich das Führungspersonal der Partei keineswegs nur aus gesellschaftlichen »Underdogs« zusammensetzte.[59] Sie waren aber auch keine Einzelfälle.[60] Daß in München, der »Hauptstadt der Bewegung«, ein ehemaliger Stallbursche wie Christian Weber zum »Wirtschaftsbeauftragten« aufsteigen konnte[61], zeigt einen politisch motivierten, schleichenden Elitenwechsel an, der jedoch ausschließlich auf Kumpanei und Patronage zurückging und nicht das Ergebnis einer

Politik war, die gesamtgesellschaftlich um die Förderung sozialer Durchlässigkeit und verbesserte Bildungs- und Aufstiegschancen bemüht gewesen wäre – aller egalitären Regimepropaganda zum Trotz.

Neben dem öffentlichen Dienst boten die staatlichen oder »gemischtwirtschaftlichen Unternehmen« günstige Voraussetzungen zur Förderung von Parteigenossen. Städtische Gas-, Wasser- und Elektrizitätswerke, Nahverkehrsunternehmen und Staatsbetriebe oder Unternehmen mit staatlicher Beteiligung sowie die Ortskrankenkassen oder die ehemaligen gewerkschaftseigenen und gewerkschaftsnahen Unternehmen entwickelten sich zu regelrechten nationalsozialistischen Beschäftigungsgesellschaften. Einige dieser Unternehmen mußten Nationalsozialisten in so großer Zahl einstellen, daß sie am Rande des finanziellen Ruins schwebten.

So betrug der Anteil neueingestellter Nationalsozialisten an der Gesamtbelegschaft in den Unternehmen der Großeinkaufsgesellschaft Deutscher Konsumvereine (GEG) bis zu 75 %. Während sich die Zahl der kaufmännischen Angestellten um 25 % erhöht hatte, war der Umsatz gleichzeitig um 30 % zurückgegangen.[62] Auch die Allgemeinen Ortskrankenkassen, z. B. in Berlin und Hamburg, mußten »alte Kämpfer« weit über Bedarf einstellen. Anläßlich einer Revision des Reichsaufsichtsamtes wurde festgestellt, daß allein die AOK Hamburg 228 Angestellte zuviel beschäftigte.[63] Bei der Hamburger Hochbahn AG waren 1933/34 über tausend Parteigenossen untergekommen.[64]

In Hamburg fungierten die »gemischtwirtschaftlichen« Unternehmen darüber hinaus auch als willkommene »Ablagerungsstätten«[65] für politisch ausrangierte Parteigenossen, die mit hohen Gehältern über den Verlust politischer Macht hinweggetröstet wurden. Hier existierten für »alte Parteigenossen« besondere »Direktorenverträge«, die alle Privilegien enthielten, die »alte Kämpfer« auch im öffentlichen Dienst genossen, wie zum Beispiel eine großzügige Anrechnung von Parteimitgliedschaft und sonstigen »Verdiensten« auf die ruhegehaltsfähige Dienstzeit. So wurde im Falle des Polizeipräsidenten i. R. Wilhelm Boltz, der Ende 1936 als Vorstand der Hafen-Dampfschiffahrts-AG (HADAG) eingesetzt worden war, die ruhegehaltsfähige Dienstzeit auf 1918 zurückdatiert – durch Anrechnung von Militärdienst, Parteimitgliedschaft und SA-Dienstzeiten.[66] Da die »gemischtwirtschaftlichen Unternehmen« ohnehin personell überbesetzt waren, verwundert es nicht, daß sie im Rahmen von getarnten Beschäftigungsverhältnissen eine ganze Reihe von Parteigenossen beschäftigten und entlohnten, die hauptamtlich Parteiarbeit leisteten. So fungierte der Hamburger »Gaubauernführer« Herbert Duncker als »landwirtschaftlicher Berater der HEW« (Hamburger Elektrizitätswerke AG) mit einem Jahresgehalt von 10 000 RM, ohne dort jemals zur Arbeitsleistung erschienen zu sein.[67] Sein Vorgänger, Alt-Gaubauernführer Herbert Schulz, hatte das gutdotierte Scheinamt eines »Beraters für landwirtschaftliche Versicherungsangelegenheiten« bei der Hamburger Feuerkasse inne.

Außerdem waren bei der Feuerkasse mehrere SA-Führer zum Schein eingestellt, z. B. Karl Rüsch als »Verwaltungsdirektor«, der eigentlich als SA-Verwaltungsführer Dienst tat. Auf diese Weise war es möglich, wie Rüsch bekannte, »die sehr knappen Mittel der Brigade für andere Zwecke zu verwenden«.[68] Die Hamburger Hafen- und Lagerhausgesellschaft beschäftigte einen hauptamtlichen »Reichsredner« der NSDAP, die Ausstellungshallen der Hansestadt Hamburg finanzierten einen NSDAP-Kreisorganisationsleiter, die Hamburger Kunsthalle den Landesleiter der Reichskammer für bildende Künste.[69] Fast jedes Unternehmen unter öffentlicher Kontrolle und jede Behörde wurden zur verdeckten Finanzierung von Parteigenossen und damit auch zur getarnten Finanzierung der NSDAP herangezogen – eine Entwicklung, die keine Hamburger Spezifität darstellte, sondern reichsweit zu beobachten war.[70]

Nach einem Runderlaß des Reichsinnenministeriums vom 12. Juni 1934[71], dem zahlreiche, im Kern gleichlautende Rundschreiben folgten, hatte die NSDAP als Körperschaft öffentlichen

Rechts zwar keinen Anspruch auf Geldzahlungen aus den Stadt- und Gemeindekassen, doch öffneten Ausnahmebestimmungen und einschränkende Bemerkungen dem weitgehenden Zugriff der Partei Tor und Tür. Zahlungen an NS-Organisationen sollten nämlich dann zulässig sein, wenn »diese unter Entlastung des Haushalts der Gemeinde Aufgaben erfüllen, die sonst von der Gemeinde selbst erfüllt oder anderen Stellen oder Personen bezahlt werden würden«.[72] Solche Bestimmungen wurden offensichtlich als Freibrief aufgefaßt, »nahezu unersättliche«[73] Finanzforderungen von seiten der Partei zu erheben und die Stadt- und Gemeindehaushalte in einen – wie es ein Historiker formuliert hat – »nationalsozialistischen Selbstbedienungsladen«[74] zu verwandeln.

Dabei ergaben sich im Rahmen der finanziellen Förderung von Parteiaktivitäten vielfältige Gelegenheiten, auch Parteigenossen auf kuriosesten Wegen finanzielle Leistungen zukommen zu lassen. Da bezogen Parteimitglieder persönliche »Entschuldungsbeihilfen« aus einem Haushaltstitel zur »Förderung vaterländischer Einrichtungen«[75], wurde die Rückzahlung von Wohlfahrtsunterstützung bei Parteigenossen niedergeschlagen[76], da erhielten SA-Männer zu Weihnachten Geldspenden aus öffentlichen Haushaltsmitteln[77], wurden führenden Parteigenossen, die in gemeindeeigenen Villen und Wohnhäusern lebten, großzügige Mietnachlässe gewährt[78], da erhielt ein SS-Mann einen städtischen Zuschuß zum Ersatz eines im »Kampf mit Kommunisten verlorenen Zahns«.[79]

Während die öffentlichen Haushalte und die gemischtwirtschaftlichen Unternehmen relativ leicht für die Förderung der Parteigenossen instrumentalisiert werden konnten, gestaltete sich die Indienstnahme der Privatwirtschaft sehr viel schwieriger, weil den Nationalsozialisten nur indirekte Einwirkungsmöglichkeiten zur Verfügung standen. So nötigte die NSDAP-Gauleitung in Berlin allen Lieferanten der NSDAP eine schriftliche Verpflichtungserklärung ab, u. a. »möglichst nur Parteigenossen und Mitglieder der Deutschen Arbeitsfront zu beschäftigen«.[80] In Hamburg wurden die Firmen bei öffentlichen Ausschreibungen aufgefordert, »ihren Angeboten eine Mitteilung darüber beizulegen, ob und wieviel alte Kämpfer der NSDAP sie im Falle des Zuschlages zusätzlich einstellen würden«.[81] Solche unverblümten Aufforderungen, die durch Besprechungen mit Firmenvertretern im Hamburger Rathaus ergänzt wurden, zeitigten jedoch nur geringe Erfolge, weil für die Einstellungspraxis der Privatwirtschaft in erster Linie die Ertragssituation des Unternehmens und das Qualifikationsprofil von Bewerbern maßgeblich waren.[82] An diesen Grundsätzen privatwirtschaftlicher Einstellungspolitik vermochte auch politischer Druck kaum etwas zu ändern.

Überdies zielte die Politisierung des Submissionswesens in der NS-Zeit weniger auf die zusätzliche Beschäftigung »alter Kämpfer« in der Privatwirtschaft, als auf die Förderung nationalsozialistischer Unternehmer, die bei öffentlichen Ausschreibungen gezielt bevorzugt wurden. Dies hatte, wie erwähnt, nicht nur der »Stellvertreter des Führers«, sondern auch der Leiter der Kommission für Wirtschaftspolitik gefordert, der die NSDAP-Gauwirtschaftsberater verpflichtete, für die Förderung von Parteigenossen zu sorgen, »wo Aufträge der öffentlichen Hand in einem Staate vergeben werden, der sein Dasein nur der NSDAP verdankt«.[83] In der Vergabepraxis öffentlicher Aufträge erhielten deshalb in vielen Fällen nationalsozialistische Bewerber auch dann den Zuschlag, wenn Konkurrenten günstigere Angebote eingereicht hatten. In diesen Fällen fehlte es nicht an den standardisierten, zu pathetischen Leerformeln erstarrten Begründungen, wenn beispielsweise »die Mutter des gefallenen Hitler-Jungen Otto Blöcker, die vor der Machtübernahme wirtschaftlich schwer geschädigt worden« war, einen öffentlichen Großauftrag zugeschanzt bekam, obwohl ihr Angebot um 10 % höher lag als das einer Konkurrenzfirma.[84]

In die gezielte Förderung von Parteigenossen wurden neben den öffentlichen Haushalten, den gemischtwirtschaftlichen Unternehmen bzw. öffentlichen Kapitalgesellschaften auch die angeschlossenen Verbände und Organisationen der NSDAP eingespannt. NSV, KdF, WHW und andere Nebenorganisationen räumten Parteigenossen gegenüber dem gemeinen »Volksgenossen« bei ihren Leistungen vielfach eine Vorrangstellung ein, obwohl sie ihre Einnahmen zu einem wichtigen Teil aus öffentlichen Sammlungen und öffentlichen Haushaltsmitteln bezogen. Die Palette der parteispezifischen Dienstleistungen vor allem für die »alten Kämpfer« reichte von Siedlungshäusern über Erholungsheime für Parteigenossen und Familienangehörige, von der »Adolf-Hitler-Freiplatzspende« für Ferienfahrten über »Weihnachtsspenden« der NSV bis zu Geldzuschüssen aus der Hilfskasse der NSDAP und sozialen Betreuungsmaßnahmen durch den »Adolf-Hitler-Dank«.[85]

Auch bei den Dienstleistungen der Partei, ihrer Gliederungen und angeschlossenen Verbände entpuppte sich die vermeintliche soziale Bedürftigkeit der Empfänger oft als propagandistische Camouflage. So profitierten von den zinslosen Darlehen, die das NSV-Hauptamt »alten Kämpfern« gewährte, vor allem jene Parteigenossen, die über eine gutdotierte Stellung verfügten.[86] Auf den KdF-Kreuzfahrten nach Norwegen und Madeira tummelte sich weniger der propagandistisch umworbene »deutsche Arbeiter« als vor allem hauptamtliche Funktionäre der NSDAP. »Die hauptamtlichen Kräfte der Kreisleitung waren dabei immer die ersten«, hieß es in einem Vermerk der Partei-Kanzlei.[87]

Auch die Gesetzgebung wurde von den Nationalsozialisten für das finanzielle Wohlergehen der Parteimitglieder bemüht. So enthob das »Gesetz über den Ausgleich bürgerlich-rechtlicher Ansprüche« vom 13. Dezember 1934 alle Parteigenossen ihrer persönlichen finanziellen Haftung für Übergriffe und Zerstörungen während der »nationalsozialistischen Erhebung«, deren Zeitraum bis zum 2. August 1934 ausgedehnt wurde. Personen- und Sachschäden aus dieser Zeit sollten »zu Lasten der Allgemeinheit ausgeglichen werden«.[88] Das 1938 verkündete »Gesetz über eine Bereinigung alter Schulden« ermöglichte es jenen Parteigenossen, die »infolge ihres Einsatzes für die Bewegung bei der Ausübung eines selbständigen Berufes vor dem 1. Januar 1934 wirtschaftlich zusammengebrochen« waren, auf gesetzlichem Wege eine weitgehende Bereinigung ihrer Altschulden vorzunehmen.[89]

»Wiedergutmachung«, Patronage und organisierter Nepotismus bildeten im »Dritten Reich« weder eine Übergangserscheinung der ersten Herrschaftsjahre, noch waren sie territorial auf das sogenannte Altreich beschränkt. In Österreich nahmen sie nach dem »Anschluß« 1938 besonders intensive Formen an, weil sich die »ostmärkischen« Parteigenossen nach den Worten Josef Bürckels, des »Reichskommissars für die Wiedervereinigung Österreichs mit dem Deutschen Reich«, durch einen spezifischen »Wiedergutmachungskomplex« auszeichneten.[90] Dieser fand seinen Ausdruck zum einen in gewalttätig-anarchischen Aktionen, in Raub, »wilden« Beschlagnahmungen und Aneignungen, die für das Frühjahr 1938 charakteristisch waren. Gerhard Jagschitz hat diese anarchische Phase materieller Umverteilung zugunsten von Parteigenossen als »Hexensabbat der Leidenschaften, Habgier und Denunziation« charakterisiert[91], als Unternehmen besetzt und geplündert und Millionenvermögen von Juden und Oppositionellen »wild« beschlagnahmt wurden. Die Gründung der »Vermögensverkehrsstelle« im Ministerium für Wirtschaft und Arbeit sowie diverser NS-Vermittlungs- und Wiedergutmachungsstellen im Frühsommer 1938 leiteten die ungeregelte persönliche Bereicherung in ein System des organisierten Protektionismus zugunsten von Parteigenossen über, das alle Elemente der Patronage aufwies, wie sie auch im »Altreich« bekannt waren: »Unterbringung« von »verdienten Kämpfern der NSDAP«, Kreditgewährung, Zuteilung jüdischer Unternehmen, unterstützt durch »Arisierungskredite«, systematische Bevorzugung bei allen staatlich konzessionierten Unternehmungen (Tabakverkaufs- und Lotterieannahmestellen, Kinos etc.). Darüber hinaus wurden »alte Kämpfer« mit Geldzahlungen bedacht, für die das Reichsfinanzministerium insgesamt 20 Millionen RM zur Verfügung stellte.[92] Insgesamt entpuppt sich die »Wiedergutmachung« in Österreich als »reich nuancierter Revanchefeldzug«; Protektion und Umverteilung fanden noch »gründlicher und rigoroser als im Altreich«[93] statt, wenngleich die Begründung, der Ausgleich für angeblich »während der Systemzeit im Dienste der Bewegung erlittene Schäden«, nahezu wörtlich übereinstimmte.

Die Segnungen der Patronage wurden von den nationalsozialistischen Aktivisten nicht etwa verschämt entgegengenommen, sondern als »Wiedergutmachung« vielmehr lautstark eingefordert. So kam es durchaus vor, daß NSDAP-Führer wegen Nichteinhaltung von Berufs- und Karriereversprechen vor dem Obersten Parteigericht der NSDAP angezeigt wurden: »Ich erhebe darum hiermit Klage, daß die im August 1936 den älteren Parteimitgliedern erteilte Zusicherung auf Besserstellung auch im Bezug auf meine Person eingelöst wird und daß mir durch die Nichteinlösung des Versprechens entgangene Bezüge seit Herbst 1936 nachgezahlt werden«, klagte ein Mitarbeiter der Hamburger Fürsorgebehörde im August 1939 den Staatssekretär Georg Ahrens vor dem Obersten Parteigericht an.[94] Während die Bevölkerung die Bevorzugung »alter Kämpfer« mit deutlichem Unmut quittierte, zeigten sich diese mit dem Niveau materieller Privilegierung häufig keineswegs zufrieden. Die Staatspolizeistellen berichteten über Forderungen »alter Kämpfer«, die Vergabe von Posten und Stellen allein vom Eintrittsdatum in die NSDAP abhängig zu machen.[95] Unter ihnen herrsche die Überzeugung vor, »daß der alte Kämpfer für jedes Amt geeignet sei, daß insbesondere für leitende Beamtenstellen Fachwissen kein Erfordernis sei«.[96] Eine derartige Anspruchsmentalität, die von den persönlichen Fähigkeiten vollständig absah, war nicht einmal unter den Bedingungen des »Dritten Reiches« zu befriedigen. Wenn trotz enormer Protektion nicht alle NSDAP-Mitglieder mit dem erreichten materiellen Niveau zufrieden waren, dann verwies dieser Umstand nicht auf unzureichende Patronage, sondern vielmehr auf das Ausmaß von Erlösungshoffnungen und Ansprüchen, die der Nationalsozialismus unter seinen Anhängern geweckt und systematisch gefördert hatte.

Der Soziologe Theodor Geiger hatte bereits 1932 darauf hingewiesen, daß sich hinter der »idealistischen« Propagandafassade der Nationalsozialisten ein Idealismus ohne Ideale verbarg, der die materielle Gier nur notdürftig verschleierte. Die Grundhaltung der Nationalsozialisten sei »keineswegs idealistisch«, sondern »höchst wirtschaftsmaterialistisch«: »Nicht eine ökonomisch-materialistische Mentalität ist hier überwunden, sondern ökonomische Materialismen unterliegen bisher notdürftiger Selbstverschleierung.«[97]

Ohne die tiefgreifende ökonomische und gesellschaftliche Krise der Weimarer Republik wäre freilich die materielle Orientierung und »Wiedergutmachungsmentalität« vieler NS-Aktivisten nicht zu erklären. Die wirtschaftliche Dauerkrise hatte zahlreiche persönliche Lebensplanungen zerstört und Aufstiegshoffnungen zunichte gemacht. Auch deshalb richteten sich nach 1933 die Erwartungen vieler Nationalsozialisten auf Begünstigung und Patronage, um materielle Sicherung und sozialen Aufstieg durch Korruption von oben sicherzustellen.[98]

Dotationen, Sonderfonds und schwarze Kassen

Obwohl die öffentlichen Finanzhaushalte in beachtlichem Umfang zur materiellen Versorgung von Parteigenossen herangezogen wurden, standen die Strukturen öffentlicher Haushalte einer einfachen Nutzung im Sinne der Nationalsozialisten im Wege. So setzte allein die Festlegung von Ausgaben und ihre Bindung an einzelne Haushaltstitel ein Element systematischer Planung voraus, das nicht nur dem hektisch-abrupten, kampagnenartigen Politikstil der Nationalsozialisten widersprach, sondern auch mit der Herrschaftsstruktur nicht kompatibel war, nämlich mit den unterschiedlichen Polykratien, den Sonderdienststellen, Sonderbeauftragten und Sonderkommissaren, den verschiedenen Cliquen und personalen Bindungen innerhalb des nationalsozialistischen Herrschaftssystems.

Deshalb löste sich das Gefüge öffentlicher Haushalte in der

NS-Zeit mehr und mehr auf, breiteten sich Sonder- und Verfügungsfonds, obskure Stiftungen und schwarze Kassen aus, die einzelnen nationalsozialistischen Machtträgern unmittelbar unterstanden und aus unterschiedlichsten Quellen gespeist wurden. Der Vizepräsident des Reichsrechnungshofes, Emil Stengel, bezeichnete die Fondswirtschaft als »unausrottbare Neigung der Verwaltungsstellen aller Grade«.[99] Sonderfonds konnten zur Finanzierung unterschiedlichster Aufgaben herangezogen werden, unterlagen keiner Ausgabenprüfung und Finanzkontrolle und waren deshalb auch besonders geeignet, um persönlichen Günstlingen und Gefolgsmännern materielle Zuwendungen zu machen. Deshalb bildeten Sonderfonds eine zentrale Quelle der Korruption im »Dritten Reich«.

Vor allem Hitler bediente sich des Instruments der Sonderfonds, um einen weiten Personenkreis mit Schenkungen, Zuwendungen und Dotationen auszustatten.[100] Zu diesem Zweck standen dem Diktator unterschiedlichste Finanzquellen zur Verfügung: öffentliche Haushaltsmittel, Spenden aus der »Adolf-Hitler-Spende« der deutschen Wirtschaft, die sich bis 1945 auf 700 Millionen RM beliefen, Tantiemen und Honorare aus dem Verkauf des Buches »Mein Kampf« (jährlich anderthalb bis zwei Millionen RM), Überweisungen der Deutschen Reichspost aus dem Verkauf von Briefmarken, auf dem das Konterfei des »Führers« abgebildet war, in Höhe von insgesamt 52 Millionen RM. Außerdem verfügte Hitler bei der Bank Delbrück, Schickler & Co. über ein »Hilfsfonds«-Konto, das sich aus dem Vermögen verstorbener NS-Anhänger speiste, die Hitler testamentarisch bedacht hatten. Für diese Zuwendungen zahlte Hitler keinerlei Erbschaftssteuern, weil – wie sein Rechtsanwalt Rüdiger Graf von der Goltz gegenüber dem Fiskus argumentierte – »der Führer, die Partei und der Staat bekanntlich eins« seien.[101]

Diese Zusammenstellung der Einnahmen Hitlers zeigt eine abenteuerliche Vermengung von öffentlichen und privaten Finanzmitteln, die für die Fondswirtschaft des »Dritten Reiches« typisch war und dem Selbstverständnis Hitlers entsprach, der keine Trennung von öffentlichem Amt und Privatperson vornahm. Selbst die einzelnen Einnahmetitel waren nicht eindeutig der privaten oder öffentlichen Sphäre zuzuordnen, beruhten doch die vermeintlichen Privateinnahmen Hitlers – zum Beispiel seine Buchhonorare – auf massiver öffentlicher Subventionierung durch die Pflichtankäufe des Buches »Mein Kampf«, das beispielsweise allen Neuvermählten von den Standesämtern zur Verfügung gestellt werden mußte.

Die Sonderfonds dienten Hitler zur Finanzierung seiner Kunstsammlungen und des geplanten »Führermuseums« in Linz, vor allem jedoch seiner – stets steuerfreien – Geschenke und Dotationen, von denen unterschiedlichste Personenkreise profitierten.

Erhebliche Zuwendungen erhielt zum einen die militärische Elite in Gestalt von monatlichen steuerfreien Aufwandsentschädigungen, vor allem aber von Dotationen, die sich bei Feldmarschällen in einer durchschnittlichen Höhe von 250 000 RM bewegten, in Einzelfällen jedoch weit darüber lagen.[102] Generalfeldmarschall Keitel erhielt eine Schenkung von rund 764 000 RM, Generalfeldmarschall Ritter von Leeb von 888 000 RM und Generaloberst Guderian gar ein Landgut im Wert von 1 240 000 RM. Vermögen dieser Größenordnung verschenkte Hitler nicht nur aus Dankbarkeit für geleistete Dienste, sie dienten vielmehr der bewußten moralischen Korrumpierung der Empfänger und ihrer Bindung an den »Führer«, der sich gegenüber der militärischen Elite seines Reiches nicht nur auf sein Charisma verließ, sondern seine »höheren Generale an ein goldenes, aber darum nicht weniger wirksames Leitseil« nahm, wie es einer der Beteiligten des 20. Juli, Fabian von Schlabrendorff, formulierte.[103]

Auch die Elite in Staat und Partei kam in den Genuß großzügiger Dotationen und Zuwendungen. Reichsaußenminister Joachim von Ribbentrop erhielt anläßlich seines 50. Geburtstages eine Million Reichsmark, der Chef der Reichskanzlei, Hans Heinrich Lammers, zum 65. Geburtstag 600 000 Reichsmark geschenkt, während sich derartige Zahlungen an hohe Repräsentanten von Staat und Partei im allgemeinen zwischen 100 000 und 250 000 RM bewegten.[104] Auch hier spielte als Motiv eine wesentliche Rolle, die Empfänger auf persönliche Loyalität zu verpflichten. Die zeigte sich ex negativo in den entrüsteten Reaktionen Hitlers und seiner Umgebung auf den »Verrat« von Gefolgsleuten, die sich trotz materieller Zuwendungen als illoyal erwiesen hatten. Als Hitler, Goebbels und Himmler von der Beteiligung des Berliner Polizeipräsidenten Graf Helldorff am Umsturzversuch des 20. Juli 1944 erfuhren, wiesen sie in ihren ersten Reaktionen empört darauf hin, daß sie ihn mehrmals persönlich entschuldet und mit Geldzahlungen aus finanziellen Notlagen befreit hatten.[105]

Nicht alle Dotationen und Geschenke Hitlers entsprangen jedoch dem durchsichtigen machtpolitischen Kalkül der persönlichen Loyalitätsverpflichtung. So kamen zahlreiche Personen in den Genuß von Geschenken, die nach regimeinternen Machtkämpfen ins Abseits geraten und jede politische Bedeutung verloren hatten, so daß besondere Rücksichtnahmen auf diesen Personenkreis nicht erforderlich gewesen wären. So versüßte Hitler dem langjährigen Chef der Ordnungspolizei, SS-Oberstgruppenführer Kurt Daluege, seine politische Entmachtung mit der Übereignung des Landgutes Ilsenau/Kreis Samter.[106] Seinem politisch abgehalfterten persönlichen Kanzleichef Philipp Bouhler, der in den Machtkämpfen mit Lammers und Bormann das Nachsehen gehabt hatte, half Hitler mit einer Dotation von 100 000 RM aus finanziellen Schwierigkeiten.[107] Im Jahre 1940 ließ Hitler dem 1936 entlassenen Gauleiter Wilhelm Kube einen größeren Geldbetrag zukommen[108], während der frühere hessische Ministerpräsident Ferdinand Werner zu seinem 65. Geburtstag 1942 einen zusätzlichen »Ehrensold« von monatlich 500 RM erhielt. Werner hatte 1933 den Machtkampf mit dem hessischen Gauleiter Jakob Sprenger verloren und war danach als Regierungsdirektor ins Oberpräsidium Breslau abgeschoben worden. In der Begründung für den Ehrensold wies Bormann als Chef der Partei-Kanzlei ausdrücklich darauf hin, daß frühere Mitarbeiter Werners wie der Präsident des Reichsrechnungshofes Heinrich Müller, der

Wiener Bürgermeister Philipp Wilhelm Jung oder der Kriegsverwaltungschef in Frankreich, Dr. Werner Best, inzwischen sehr viel höhere Positionen als ihr einstmaliger politischer Mentor erreicht hatten, der als »einer der ältesten und unermüdlichsten Vorkämpfer des völkischen und antisemitischen Gedankens« über subalterne Verwendungen nicht hinausgekommen war.[109]

In allen diesen Fällen fungierten die Dotationen und Zuwendungen als »Trostpflaster«, das über den Verlust politischer Macht hinweghelfen sollte. Hitlers Geschenke folgten nicht nur einem politischen Machtkalkül, sondern wurzelten auch in einer fast sentimental anmutenden Kameraderie, die für Hitler und die nationalsozialistische »Bewegung« ebenso typisch war wie die permanenten Cliquen- und Diadochenkämpfe innerhalb des Regimes.

Schließlich galten die Zuwendungen Hitlers einem größeren Kreis von Wissenschaftlern, Schriftstellern und Künstlern wie Malern, Bildhauern, Musikern, Filmregisseuren und -schauspielern, die dem persönlichen Geschmack Hitlers entsprachen und ihm als besonders förderungswürdig galten. Allein der Bildhauer Arno Breker empfing aus der Hand Hitlers ein Gesamtvermögen von 800 000 RM, die Filmschauspielerin Henny Porten eine lebenslängliche Rente von monatlich 1000 RM.[110] Die Vergabepraxis Hitlers wirkte im Falle der wissenschaftlich-künstlerischen Elite besonders zufällig und unsystematisch, doch zeigte sie, daß sich die politische Klimapflege durch Korruption von oben keineswegs auf die politisch-militärischen Führungsschichten beschränkte. Insgesamt repräsentierten die Geschenke und Dotationen Hitlers ein wichtiges Herrschaftsmittel des NS-Regimes, das sich weniger auf Terror und Zwang, als vielmehr auf systematische Strategien der Lockung, Zuwendung und Belohnung stützte.

Geschenke und Zahlungen aus Sonderfonds zwielichtiger Provenienz waren im »Dritten Reich« kein Privileg Hitlers, sondern ein allgemeines Herrschaftsprinzip, dessen sich zahlreiche hohe Funktionsträger bedienten. Vor allem die NSDAP-Gauleiter[111], die häufig in Personalunion auch die Ämter eines Reichsstatthalters und eines Reichsverteidigungskommissars ausübten und ihr »Hoheitsgebiet« wie ein Königreich regierten, verschafften sich Finanzquellen in Form von Stiftungen und Sonderfonds, die weder öffentlicher Finanzkontrolle noch dem Zugriff des NSDAP-Reichsschatzmeisters unterlagen. Zudem verfügten sie über erheblichen Einfluß beim Verkauf »staatsfeindlichen« oder jüdischen Eigentums. Dabei verfolgten sie ähnliche Ziele wie ihr oberster »Führer« und suchten persönliche Loyalität durch materielle Zuwendungen zu erkaufen. Die Förderung von Parteigenossen und persönlichen Günstlingen stand daher in der Prioritätenliste der Gauleiter ganz oben, doch bedachten sie gleichzeitig auch jene Eliten, z. B. in Kunst, Wissenschaft und Militär, die dem Regime als besonders förderungswürdig galten.

Dies zeigte sich beispielsweise im Verhalten des Gauleiters und Reichsstatthalters in Salzburg, der über den Zugriff auf eine Fülle von landschaftlich attraktiven Anwesen verfügte und davon ausgiebig Gebrauch machte. Zu den Geförderten gehörten zum einen Parteigenossen wie Außenminister Joachim von Ribbentrop, der sich auf Schloß Fuschl eine »Sommerresidenz« einrichtete, Reichsminister Bernhard Rust, der im Schloß Leopoldskron eine Wohnung erhielt (als vormaliger Besitzer eingetragen: »der Jude Max Reinhardt«), NSDAP-Reichsleiter Walter Buch, der sich eine Jagdhütte in Bad Gastein zulegte, Staatssekretär Dr. Hans Fischböck, dem der Reichsstatthalter eine »Judenvilla« besorgte, oder SS-Obergruppenführer Sepp Dietrich, der im Reichsforst »Freithofalpe« eine exklusive »Gamsjagd« erhielt.[112]

Zum anderen machte der Gauleiter zahlreichen Personen Zuwendungen, die nicht zu führenden Persönlichkeiten von Staat und Partei gehörten. So konnte beispielsweise der »Staatsschauspieler« Emil Jannings das in Gschwandt/Gemeinde Strobl gelegene »Kohlpointhäusl« durch Protektion des Gauleiters sowie des Salzburger Landrates zum Vorzugspreis von 81 000 RM statt 250 000 RM erwerben. Begründet wurde diese Preisreduktion mit einem besonderen öffentlichen Interesse (»zum Nutzen und im Interesse des Staates und der Allgemeinheit«), da Jannings'

Filme »vielfach von der Staatsführung als staatspolitisch und künstlerisch wertvoll bzw. reichswichtig erklärt wurden« und der Grunderwerb »für das weitere künstlerische Schaffen des Genannten von ausschlaggebender Bedeutung« sei.[113] Zu den hofierten Künstlern gehörte auch der Münchner Bildhauer Josef Thorak, der sich auf besondere Einladung des Gauleiters im Reichsgau Salzburg niederließ. Der Gauleiter war auch darüber hinaus um das persönliche Wohlergehen des Bildhauers besorgt, ordnete beispielsweise die Beisetzung von dessen verstorbener Mutter auf dem St.-Peter-Friedhof an und stellte ihm frei, »im Rahmen der mir zur Verfügung stehenden Jagdreviere den Ihnen beliebigen Abschuß auszuüben«.[114]

Die Generalität erfreute sich des besonderen politischen Zuspruchs des Gauleiters, wenn es beispielsweise um den Erwerb sogenannter Judenvillen im Salzkammergut ging. So erhielt Generaloberst Heinz Guderian den Zuschlag für die – nomen est omen – »Villa Panzer« in Ried bei St. Wolfgang.[115] Auch General der Flieger Rudolf Bogatsch wurde zuvorkommend »in die Liste derjenigen Bewerber« aufgenommen, »denen wir helfen wollen«.[116]

Wie die meisten anderen Gauleiter verfügte auch der Salzburger Gauleiter und Reichsstatthalter über exklusive, nicht der Finanzkontrolle unterliegende Geldmittel aus einer persönlichen Stiftung, die sich u. a. aus Verfügungsmitteln speiste, die ihm seitens des Reichsfinanzministeriums zur Verfügung gestellt worden waren.[117] Diese Umwidmung öffentlicher Haushaltsmittel war für das Stiftungswesen der Gauleiter typisch, die sich darüber hinaus an »staatsfeindlichem« Eigentum bereicherten, Spenden aller Art für ihre persönlichen Finanzfonds requirierten und auch wirtschaftliche Unternehmungen mit Lockung und Zwang in ihre Verfügungsgewalt brachten. Die Einrichtung besonderer Gauleiter-Dispositionsfonds durch den NSDAP-Reichsschatzmeister Schwarz und deren ständige Erhöhung vermochte den Drang der Gauleiter nach finanzieller Autonomie nicht zu bremsen.[118]

Als besonders talentiert und skrupellos auf diesem Gebiet erwies sich der ostpreußische Gauleiter und Oberpräsident Erich Koch, der seine 1933 gegründete »Erich-Koch-Stiftung« zu einer regelrechten Unternehmensholding ausbaute, die am 31. Dezember 1944 ein Gesamtvermögen von 331,7 Millionen RM aufwies.[119] Die Stiftungssatzung verschleierte den Zweck der »Erich-Koch-Stiftung«, als Finanzierungsinstrument für die Günstlingswirtschaft des Gauleiters zu dienen, nur notdürftig, legte sie doch ausdrücklich die »Erziehung, Ausbildung und Förderung von Nationalsozialisten« als Stiftungszweck fest.[120] Als alleiniges Vorstandsmitglied fungierte Gauleiter Koch, der über die Verwendung der Stiftungserträge allein entschied und überdies das Recht besaß, Vermögenswerte der Stiftung auf die NSDAP oder auf »bewährte Nationalsozialisten bzw. deren Angehörige« zu übertragen.[121]

Die finanzielle Basis der Stiftung bildete zunächst die parteieigene Gauzeitung, an der Koch zu 50 % beteiligt war. Im Laufe der Zeit gelang es ihm jedoch, durch politischen Druck und Mißbrauch seiner Machtstellung insgesamt 41 Betriebe der Textilindustrie, 30 der Ernährungswirtschaft, 19 des Druckerei- und Verlagswesens, 15 der holzverarbeitenden Industrie und 13 sonstige Betriebe zu übernehmen, die zumeist durch Strohmänner erworben und dann auf die Stiftung übertragen wurden.[122] Im Jahre 1944 erwirtschafteten die Betriebe der »Erich-Koch-Stiftung« einen Reingewinn von 30 Millionen RM. Die drei persönlichen »Residenzen« des Gauleiters (Groß-Friedrichsberg, Hohendorf, Buchenhof) im Gesamtwert von 25 Millionen RM gehörten ebenfalls zum Stiftungsvermögen. Die Erträge der Stiftung wurden auf ein persönliches Verfügungskonto Kochs überwiesen, das dieser im Rahmen des Oberpräsidiums eingerichtet hatte.

Ein besonderes Geschick entwickelte der Gauleiter bei der Requirierung »staatsfeindlichen« Vermögens. Nach Angliederung des Memellandes an Ostpreußen vereinnahmte er zugunsten seiner Stiftung mehrere Textilfabriken, die zuvor Eigentum jüdischer Unternehmer gewesen waren. Nach dem »Polenfeldzug« 1939 nutzte Koch die Angliederung des Regierungsbezirks Zichenau an Ostpreußen, um eine Latifundienbildung großen Stils zu betreiben. So übernahm die Erich-Koch-Stiftung das Landgut Krasne der polnischen Fürstenfamilie Czartoryska, das rund 8 000 ha umfaßte und von Koch sogleich auf 20 000 ha ausgedehnt wurde. Ähnlich verfuhr er mit dem Gut Nacpolsk, das auf knapp 12 000 ha erweitert und dem Provinzialverband Ostpreußen zugewiesen wurde.[123] Darüber hinaus erwarb Koch im Regierungsbezirk Zichenau für seine Stiftung fünf Zuckerfabriken von der »Deutschen Allgemeinen Treuhand GmbH«. Obwohl die Fabriken allein einen Versicherungswert von 19 Millionen RM repräsentierten, wurden sie dem ostpreußischen Gauleiter zum Kaufpreis von 4,38 Millionen RM überlassen.[124]

Provinznepotismus und nationalsozialistische Günstlingswirtschaft, die für die Erich-Koch-Stiftung insgesamt charakteristisch waren, setzten sich in den einzelnen Unternehmen der Stiftung fort. Wenn beispielsweise leitende Angestellte der »Ostdeutschen Schuh- und Lederwarenfabrik« in Tilsit im Verein mit dem zuständigen Direktor Müller nach Kriegsbeginn mehr als 15 000 Paar Schuhe bezugsscheinfrei vor allem an Verwandte und Bekannte abgaben bzw. einen ausgedehnten Schwarzhandel damit betrieben, spiegelten sich darin die korrupten Praktiken der Erich-Koch-Stiftung getreulich wider.[125]

Auch andere Gauleiter bauten ihre Stiftungen zu regelrechten Industriekonzernen aus. So wandelte der Thüringer Gauleiter und Reichsstatthalter Fritz Sauckel die Waffenfabrik Simson in Suhl 1936 in die »Wilhelm Gustloff-Stiftung« um, nachdem die jüdischen Inhaber der Fabrik entschädigungslos enteignet worden waren. Unter der Führung Sauckels als alleinigem Stiftungsvorstand wurde die »Wilhelm-Gustloff-Stiftung« in der Folgezeit zu einem großen Konzern der Waffen- und Maschinenindustrie ausgebaut. Sie erwarb auf dem Wege der »Arisierung« u. a. eine Waggonfabrik in Weimar, Maschinenfabriken und Eisengießereien der Heymer und Pilz AG sowie die Hirtenberger Patronenfabrik in Niederösterreich.[126]

Der Gauleiter und Reichsstatthalter in Danzig-Westpreußen,

Albert Forster, erwarb für seine »Stiftung 1. September 1939«, die er zunächst als »Albert-Forster-Stiftung« mit einem Grundkapital von 100 RM gegründet hatte, große Aktienpakete von Industrieunternehmen, u.a. der Waggonfabrik Danzig, der Weichsel-Dampfschiffahrt AG und von Unternehmen der Teerindustrie.[127]

Im NSDAP-Gau Bayerische Ostmark (später: Bayreuth) gründete der Gauleiter Hans Schemm keine Stiftung, sondern eine obskure Gesellschaft mit beschränkter Haftung, die »Ostmark-Selbsthilfe GmbH« (Oseg), um sich und der Partei eine persönliche Finanzquelle zu verschaffen.[128] Das Grundkapital des Unternehmens entstammte einer »Arbeitsschlachtspende«, zu der er die Bevölkerung 1933/34 aufgerufen hatte, um die »Notstandsgebiete« des Gaues zu fördern. Der Ertrag von rund 1,5 Millionen Reichsmark wurde jedoch weitgehend zweckentfremdet, zum einen für den Aufbau der Oseg, zum anderen für Bar- und Sachzuwendungen an Kreisleitungen und Gliederungen der NSDAP sowie für den Ausbau des Gauverlags Bayerische Ostmark.[129] Die Oseg sollte in erster Linie Arbeitsbeschaffungsmaßnahmen durchführen und u.a. den Bayerischen Wald verkehrstechnisch erschließen, erfüllte jedoch vor allem Servicefunktionen für die NSDAP. Zu diesem Zweck war der Oseg auch das beschlagnahmte Vermögen der SPD, der Freien Gewerkschaften und gewerkschaftsnaher Organisationen »zur weiteren treuhänderischen Verwaltung« übergeben worden. Nach der »Zerschlagung der Rest-Tschechei« im März 1939 übernahm die Oseg Grundstücke und Anwesen aus tschechischem Besitz, so das »Jagdhaus Fichtenbach«, das mit einem 4000 ha großen Jagdrevier und einer eigenen Forellenzucht ausgestattet war und vor allem »Gästen der Gauleitung« zur Verfügung gestellt wurde.[130]

In Hamburg gründete der Gauleiter und Reichsstatthalter Karl Kaufmann die »Hamburger Stiftung von 1937«, deren Einnahmen sich aus unterschiedlichsten Quellen speisten. So erwarb der Gauleiter über Strohmänner den Aktienbesitz von Industrieunternehmen wie der »Chemischen Fabrik Siegfried Kroch AG« in

Hamburg-Wandsbek, deren jüdische Eigentümer nach dem Novemberpogrom 1938 die Verfügungsgewalt über ihr Unternehmen verloren hatten.[131] Ein Großteil des Stiftungsvermögens stammte jedoch aus sogenannten Spenden, die den städtischen Unternehmen zwangsweise abgenötigt worden waren, »Arisierungsspenden« und öffentlichen Haushaltsmitteln zur »Förderung vaterländischer Organisationen«, die sich zu einem Stiftungsvermögen von 8,6 Millionen Reichsmark summierten.[132] Im Krieg verschaffte sich die Stiftung zusätzliche Einnahmen, indem Beauftragte des Gauleiters unter Umgehung von Steuergesetzen und Zollbestimmungen in den besetzten Gebieten Möbel und Spirituosen einkauften und mit Gewinn im »Altreich« weiter veräußerten.[133]

Da sich sämtliche Auszahlungsanweisungen des allein anordnungsberechtigten Gauleiters Kaufmann erhalten haben, kann die Verwendung der Stiftungsmittel lückenlos belegt werden. Wie schon in der Stiftungssatzung festgelegt, konzentrierten sich die Ausgaben vor allem auf zwei Schwerpunkte, nämlich »vaterländische Einrichtungen (insbesondere Gliederungen der NSDAP) zu fördern« sowie »hilfsbedürftige Partei- und Volksgenossen zu unterstützen«.[134] Diese Verwendungszwecke wurden als »gemeinnützig« anerkannt und die Stiftung deshalb von der Steuerpflicht befreit. Zahlungen an NS-Organisationen wurden im allgemeinen in Form unverbindlicher, nicht näher spezifizierter »Zuschüsse« geleistet, die es den Empfängern – in der Regel die Führer von SA, SS und HJ – ermöglichten, die Gelder nach eigenem Gutdünken zu verwenden: »zur freien Verfügung des SS-Gruppenführers Prützmann«, »zu Fürsorgezwecken«, »für allgemeine Zwecke des SS-Oberabschnittes Nord-West«, »zur persönlichen Verwendung innerhalb des NSFK« lauteten die Auszahlungsanweisungen, die die tatsächliche Verwendung der Mittel eher verschleierten als präzise benannten.[135]

Darüber hinaus schreckte der Gauleiter nicht davor zurück, seinen Untergebenen persönliche Geldgeschenke zukommen zu lassen. NSDAP-Kreis- und Gauamtsleiter erhielten ebenso persönliche Darlehen wie der NSDAP-Ratsherr Max Peperkorn, dem der Gauleiter für dessen Firma van Dissel, Rode & Co. ein Darlehen von 125 000 RM aus Stiftungsmitteln überwies.[136] Das Gros der Geldzahlungen richtete sich jedoch an einfache »alte Kämpfer«, von denen mehr als zweihundert »entschuldet« wurden. Die Beträge, die sich im allgemeinen zwischen 100 und 5000 RM bewegten, wurden den Empfängern in der Regel durch den Gauleiter persönlich übergeben; durch den Akt der Übergabe wurde so ein Fürsorge-Treue-Verhältnis und die persönliche Bindung des Empfängers an den Gauleiter symbolisch inszeniert.[137]

Die Stabilisierung personaler Bindungen durch materielle Zuwendungen setzte sich als zentrales Herrschaftsprinzip auf allen Ebenen der NS-Hierarchie fort. In Hamburg verfügten fast alle nationalsozialistischen Behördenchefs und Senatoren über Sonderfonds, die nicht im Staatshaushaltsplan aufgeführt waren und zur Finanzierung von Gefolgsleuten und Günstlingen dienten. So wurden aus einem Sonderfonds des Präsidenten der Gesundheits- und Fürsorgebehörde zu »Unterstützungszwecken« Gelder an Führer und Angehörige von Parteigliederungen, aber auch an Behördenangestellte und Beamte gezahlt.[138] Der Hamburger Innensenator und SA-Führer Alfred Richter ließ seinen Getreuen aus einem Schwarzfonds der Polizeibehörde außerplanmäßige Abfindungen, Beihilfen für Reisen und Kuren sowie Zuschüsse zu Krankenbehandlungen aller Art zukommen.[139] »Geburtstagsblumen« für den Hamburger Gestapochef Bruno Streckenbach finden sich ebenso unter den verzeichneten Ausgaben wie die Erstattung von Geldstrafen, zu denen berüchtigte SA-Schläger wegen Mißhandlung politischer Häftlinge verurteilt worden waren. Auch sie wurden auf Anweisung des Innensenators aus dem Sonderfonds beglichen. Ein Ausgabenbeleg bot ein bezeichnendes Beispiel nationalsozialistischer »Opferbereitschaft«: Während Innensenator Richter in Ansprachen an die Bevölkerung beständig an deren Spendenwilligkeit appellierte, ließ er sich aus dem Sonderfonds »Spenden bei Tellersammlungen anläßlich seiner Teilnahme an Sitzungen verschiedener Ortsgruppen der NSDAP« in Höhe von 8,60 RM (!) erstatten.[140]

Die finanzpolitischen Machenschaften vieler nationalsozialistischer »Hoheitsträger«, ihre Sonderfonds und Stiftungen blieben der Führung des NS-Regimes zwar nicht verborgen, doch ging sie – vor allem im Hinblick auf die Stiftungen der Gauleiter – einer Auseinandersetzung mit den selbstbewußten Regionalsatrapen aus dem Weg.[141] Ein Mitarbeiter der Partei-Kanzlei kam zu dem vernichtenden Urteil, daß eine wirksame Finanzkontrolle »nach dem Grundsatz: ›Wo kein Kläger ist, ist auch kein Richter‹« faktisch nicht stattfinde.[142]

Dies erboste vor allem NSDAP-Reichsschatzmeister Schwarz, dessen Finanzkontrolle sich die »Hoheitsträger« der Partei durch ihre Stiftungen und Sonderfonds entzogen. In einem Schreiben an Bormann, den Leiter der Partei-Kanzlei, beklagte er deshalb, es sei »mit einer sauberen und gesunden Finanzgebarung nicht vereinbar, wenn Gauleiter entweder als Hoheitsträger der Partei oder als Reichsstatthalter, Oberpräsidenten oder Minister durch Stiftungen, Vereine oder Wirtschaftsunternehmen sich auf unkontrollierte Weise Geldmittel beschaffen, sogenannte schwarze Kassen anlegen und eigenmächtig darüber verfügen«.[143] Dennoch sah sich der Reichsschatzmeister außerstande, gegen die Stiftungen der Gauleiter einzuschreiten, die ihm gegenüber auf ihre staatliche Funktion als Reichsstatthalter oder Oberpräsident verwiesen und sich Interventionen seitens der Partei verbaten.[144]

Auch Göring, der sich bei Bormann »sehr energisch«[145] über die schwarzen Kassen der Gauleiter beklagte, und Himmler, der sie als »unerwünscht«[146] bezeichnete, leiteten keine entsprechenden Gegenmaßnahmen ein, war ihnen doch das System der Sonderfonds aus langjähriger eigener Handhabung nur zu vertraut. Beide bezogen Spenden der deutschen Wirtschaft in erheblicher Höhe, die sie auf entsprechenden Sonderkonten deponierten. Während Göring das Konto »Göring Kunstfonds« vor allem zur Finanzierung seiner privaten Kunstsammlung verwendete[147], nutzte Himmler seine Sonderkonten nicht nur für die persönliche

Lebenshaltung, sondern auch zur Finanzierung von SS-Formationen sowie für Geschenke und Zuwendungen an seine Mitarbeiter und Untergebenen.[148] Beim Bankhaus Stein des Bankiers Kurt von Schröder war ein »Sonderkonto S« eingerichtet, auf das jährlich ungefähr eine Million Reichsmark Spenden seitens des »Freundeskreis Reichsführer SS« eingingen.[149] Ein weiteres »Sonderkonto R« besaß Himmler bei der Dresdner Bank. Die Dresdner Bank betätigte sich überdies als Finanzier der SS-eigenen Unternehmen[150] und stellte Himmler Kredite in Höhe von sechs Millionen Reichsmark zur »Entschuldung« von SS-Führern zur Verfügung.[151] Geschenke und Zuwendungen, Urlaubszuschüsse und Entschuldungskredite kennzeichneten zum einen die SS-spezifische Kameraderie, zum anderen den fürsorglich-patriarchalischen Führungsstil Himmlers, der sich um die privaten Belange auch subalterner Untergebener persönlich kümmerte.[152]

Zudem verfügte Himmler durch seine Machtstellung über Ressourcen, die andere NS-Führer für ihre privaten Belange gerne in Anspruch nahmen, zum Beispiel Häftlinge aus Konzentrationslagern, die zu privaten Diensten aller Art herangezogen wurden. So setzte NSDAP-Reichsleiter Max Amann, der Leiter des Eher-Verlages, mit Genehmigung Himmlers regelmäßig KZ-Häftlinge aus Dachau für Bau-, Dachdecker- und Gärtnerarbeiten auf seinem Grundstück in St. Quirin am Tegernsee ein.[153] Für die Ehefrau des »Stellvertreter des Führers«, Ilse Heß, wählte Himmler aus einer Liste von Bibelforschern, die in den Konzentrationslagern Sachsenhausen und Ravensbrück einsaßen, persönlich einen Gärtner aus.[154] Solche Gesten Himmlers dienten zweifellos dazu, seine Stellung innerhalb der nationalsozialistischen Kameraderie zu akzentuieren, und waren ein Beispiel dafür, wie die Korruption die Beziehungen unterschiedlichster Herrschaftsträger des NS-Systems strukturierte und die personellen Bündnisse innerhalb des Regimes materiell fundierte. Wie an zahlreichen Beispielen gezeigt werden konnte, kam darin keine persönliche Eigenart Himmlers zum Ausdruck, sondern ein allgemeines Herrschaftsprinzip der nationalsozialistischen »Bewegung«, in der – einschließlich Hitler – zahlreiche »Hoheitsträger« ihre Machtstellung durch materielle Zuwendungen abzusichern suchten.

2. Kapitel
Kernbereiche der Korruption im »Dritten Reich«

Korruption innerhalb der NSDAP und nationalsozialistischer Organisationen

Die NSDAP, ihre Gliederungen und angeschlossenen Verbände gehörten nicht nur zu den Hauptnutznießern eines korrupten Herrschaftssystems, sondern gleichzeitig auch zu den Hauptgeschädigten. Durch opulente staatliche Finanzzuweisungen, Spenden, Sammlungseinnahmen und Mitgliedsbeiträge flossen erhebliche Geldsummen in die Parteikassen, die zahlreiche Politische Leiter für persönliche Zwecke unterschlugen und veruntreuten.

Vom 1. Januar 1934 bis zum 31. Dezember 1941 strengte der Reichsschatzmeister der NSDAP vor öffentlichen Gerichten 10 887 Strafverfahren gegen NSDAP-Mitglieder an, die sich eines Vergehens »zum Schaden des Parteivermögens« schuldig gemacht hatten.[155] Diese Zahl der Verfahren ist schon deswegen bemerkenswert hoch, weil die moralische Hemmschwelle, sich am Parteivermögen zu vergreifen und damit die eigenen Parteigenossen zu bestehlen, sicherlich höher lag als bei der Bereicherung am »anonymen« öffentlichen Eigentum. An jedem Werktag setzte der Reichsschatzmeister durchschnittlich vier bis fünf entsprechende Strafverfahren in Gang. Geht man davon aus, daß allen Verfahren gewöhnlich umfangreiche Prüfungen und Untersuchungen vorausgingen, dann läßt sich insgesamt schlußfolgern, daß der Reichsschatzmeister sowie seine Revisoren und Kassenprüfer einen erheblichen Teil ihrer Arbeitskraft darauf verwenden mußten, gegen korrupte Parteifunktionäre vorzugehen und unterschlagenem Parteivermögen nachzujagen; dabei stellten die zur Anzeige gebrachten Fälle nur die Spitze eines Eisberges dar, weil viele Unterschlagungen »intern« bereinigt wurden.[156]

Zudem beschränkten sich Unterschlagung und Untreue keineswegs auf die NSDAP, sondern waren in den Gliederungen und angeschlossenen Verbänden der Partei noch stärker verbreitet. Von den Strafverfahren, die sich im weitesten Sinne als »NS-Unterschlagungen« kennzeichnen lassen, entfielen beispielsweise in Hamburg nur ungefähr 15 % auf die NSDAP selbst, während die Unterschlagungen in der NSV und der DAF fast zwei Drittel dieser Fälle ausmachten.[157]

Wie die organisierte Pg.-Förderung oder das korrupte Finanzgebaren vieler NSDAP-Führer wurzelten auch Untreue und Unterschlagungen in der Struktur und Sozialpsychologie der nationalsozialistischen Bewegung. Schon vor 1933 häuften sich parteiintern Meldungen über Diebstähle und Unterschlagungen zum Nachteil der NSDAP: Da wurden Versicherungsgelder der SA-Hilfskasse veruntreut, Spenden für private Zwecke verbraucht, Schreibmaschinen, Büroeinrichtungen und Geldkassetten aus den Parteibüros entwendet oder Abonnementgelder der nationalsozialistischen Parteizeitungen unterschlagen.[158] Freilich drangen solche Fälle selten an die Öffentlichkeit und spielten allenfalls in parteiinternen Auseinandersetzungen eine Rolle. »Es gibt kaum eine NS-Gemeinschaft, in der es nicht einen Fall von Korruption oder Unterschlagungen gegeben hat«, warf beispielsweise eine Gruppe oppositioneller Parteimitglieder schon 1931 der Hamburger NSDAP-Parteileitung vor.[159]

Gefördert wurde die parteiinterne Korruption durch den Umstand, daß viele nationalsozialistische Aktivisten, die arbeitslos waren und nur über wenig Geld verfügten, die NSDAP oder auch die SA zum Mittelpunkt ihres Lebens gemacht hatten, für und vor allem von der Partei lebten und häufig zwischen Partei- und Privatbesitz keinen Unterschied machten. Dies zeigte sich beispielsweise am Fall eines Ortsgruppenleiters im brandenburgischen Müllrose, der fortgesetzt Unterschlagungen aus der Parteikasse begangen hatte.[160] Dieser hatte das Amt des Kassenleiters in Personalunion ausgeübt und konnte sich Auslagen erstatten lassen, die er »im parteidienstlichen Interesse« gemacht hatte. Eine Revision der Kasse im Jahre 1935 ergab, daß er seit vielen Jahren erhebliche Einnahmebeträge nicht verbucht »und seine privaten Gelder von denen der Ortsgruppe überhaupt nicht getrennt« hatte.[161] Wo sich private Mittel mit Einnahmen der NSDAP in dieser Weise vermischten und private Auslagen für die Partei vorgenommen wurden, war die Hemmschwelle gering, Einnahmen der Partei für private Zwecke zu verwenden, zumal eine Privatsphäre außerhalb der NSDAP für den Ortsgruppenleiter kaum existierte, der gewissermaßen in der »Bewegung« lebte.

Begünstigt wurden Unterschlagungen aus der Parteikasse durch den Mangel an Machtkontrolle, der für die »Führerpartei« typisch war, sowie durch deren ungeordnetes Finanzwesen, das nicht zuletzt in dubiosen Methoden der Geldbeschaffung zum Ausdruck kam. Wo Werber und Geldsammler der Partei ein Viertel der Sammeleinnahmen privat behalten durften[162] oder Angestellte durch prozentuale Beteiligung an den Beitragszahlungen entlohnt wurden[163], war der Vermengung von Partei- und Privateinnahmen faktisch Tür und Tor geöffnet, zumal in manchen Ortsgruppen Kassenbücher erst nach der »Machtergreifung« 1933 eingeführt wurden.[164]

Solche Tendenzen der informellen Geldbeschaffung waren in der SA noch stärker verbreitet, die sich nicht aus eigenen Mitgliedsbeiträgen finanzierte und von der NSDAP nur bescheidene Zuschüsse erhielt.[165] Angesichts dieser ungenügenden Finanzausstattung war die SA auf das systematische »Organisieren« und »Requirieren« von Geldspenden und Sachwerten angewiesen. Fast jede größere SA-Einheit beschäftigte »Besorger«, die Geldspenden einwarben und vor allem Lebensmittellieferungen von nationalsozialistischen Sympathisanten für die SA-Küchen organisierten. Was bei diesen Gelegenheiten für private Zwecke verwendet wurde, war kaum zu kontrollieren. Bei ihren Kameraden genossen die »Besorger« ein hohes Ansehen, zumal wenn sie die gespendeten Lieferungen nicht nur für dienstliche Zwecke verwendeten, sondern auch »kameradschaftliche Zuwendungen« daraus abzweigten.

Welcher Gruppendruck bisweilen auf den »Besorgern« lastete, zeigte der Fall eines solchen »SA-Verpflegungswartes«, der 1935 wegen Betrugs zu zwei Jahren Zuchthaus verurteilt wurde.[166] Dieser hatte sich den Ruf eines geschickten Requirierers erworben, der sowohl seine Dienstvorgesetzten als auch seine Kameraden laufend privat mit Zigaretten, Lebensmitteln, Benzin, Öl, Möbeln und Wäsche belieferte. Wie das Gericht feststellte, war er jedoch bald nicht mehr imstande, »den sich immerfort steigernden Wünschen seiner Kameraden und Vorgesetzten auf Besorgung aller möglichen Dinge« nachzukommen.[167] Um sich »sein Ansehen als geschickter Sammler und nützlicher Mensch« zu erhalten, orderte er schließlich mit gefälschten Auftragsschreiben riesige Warenmengen, die er seinen Vorgesetzten gegenüber als »Spenden« deklarierte, u. a. mehr als 2 800 Zentner Briketts und 4 600 Zentner Kartoffeln. Als der Schwindel aufflog, wurde zwar der Verpflegungswart verurteilt, nicht aber die Vorgesetzten, die ihn faktisch zum Betrug angestiftet hatten.

In zahlreichen weiteren Fällen von Betrug und Unterschlagung zeigte sich, daß insbesondere im SA-Milieu die Grenzen zwischen Partei- und Privatbesitz fließend waren, gefördert durch Kameraderie und eine häufig mangelhafte oder gar fehlende Buchführung. So hieß es in einer Stellungnahme des Gauleiters von Westfalen-Nord, Alfred Meyer, zu den Unterschlagungen eines SA-Standartenführers: »Eine geordnete Buchführung hat bis zum November 1934 nicht bestanden. Ein- und Ausgänge wurden lediglich in einer Kladde vermerkt. Belege über Ausgaben wurden entweder verspätet abgeliefert oder gar nicht hergestellt.«[168] In einem Urteil über den Verwaltungsführer einer SA-Brigade sprach das Amtsgericht Altona von einer »Zettelwirtschaft«: »Eine geordnete Kassen- und Buchführung bestand nicht.«[169] Jährliche Revisionsberichte über die Kassenführung in SA- und

SS-Einheiten zeichneten oft ein ähnliches Bild.[170] Manche kamen »ohne irgendwelche Buchführung« aus.[171]

Nach der Machtübernahme 1933 suchte der NSDAP-Reichsschatzmeister dem Problem ungeordneter Kassenführung durch verstärkte Prüfungen und Revisionen beizukommen, stand aber nun vor dem Problem, daß sich die SA, aber auch zahlreiche weitere NS-Organisationen und Berufsverbände von der NSDAP abgespalten und eigene Revisionseinrichtungen aufgebaut hatten, die erst nach und nach wieder in das zentrale Reichsrevisionsamt der NSDAP eingegliedert wurden, im Falle der DAF beispielsweise erst am 1. Juli 1943.[172] Doch selbst innerhalb der NSDAP blieb – wie bereits geschildert – die zentrale Kontrolle der Parteifinanzen eine Fiktion.[173]

Darüber hinaus suchte Reichsschatzmeister Schwarz die parteiinterne Finanzkontrolle durch verstärkte bürokratische Organisation des Kassenwesens zu verbessern, die bisweilen karikaturhafte Züge annahm. So sollte beispielsweise der »Gesamtkassenstab« einer NSDAP-Ortsgruppe idealtypisch aus insgesamt 16 Personen bestehen und neben den Ämtern des »Ortsgruppenkassenleiters« und seines »ständigen Vertreters« auch so illustre Funktionen wie die eines »Wertmarkenbestandsbuchführers«, »Kontobuchführers«, »Grundbuchführers«, »Mitarbeiters für das Meldewesen« oder des »Verbindungsmannes zum Propagandaleiter« umfassen.[174] In der Realität war eine derartig personalaufwendige Finanzorganisation kaum aufrechtzuerhalten, zumal neue NSDAP-Ortsgruppen nach der Machtübernahme 1933 wie Pilze aus der Erde schossen und die personelle Fluktuation unter den Kassenleitern extrem hoch war.[175]

Die Machtübernahme 1933 entwickelte sich für die Bekämpfung der Korruption innerhalb der NSDAP und der NS-Organisationen zum Kardinalproblem. Unter den 1,6 Millionen »Märzgefallenen«, die im Frühjahr 1933 in die Partei geströmt waren und im Mai 1933 bereits zwei Drittel aller Parteigenossen ausmachten, befanden sich zahlreiche Konjunkturritter und zwielichtige Existenzen, die trotz einschlägiger Vorstrafen schnell und ungehindert in einflußreiche Positionen gelangten. Wegen Unterschlagung vorbestrafte Kassenleiter waren in der NSDAP, ihren Gliederungen und angeschlossenen Verbänden zwar nicht die Regel, stellten aber auch keine Ausnahme dar. In ihren monatlichen Lagemeldungen berichteten die Staatspolizeistellen übereinstimmend, daß die Auswahl von »Amtswaltern« der Partei »nicht mit der genügenden Sorgfalt« betrieben und insbesondere auf die Vorlage polizeilicher Führungszeugnisse verzichtet werde.[176] Im Oktober 1934 meldete die Staatspolizeistelle Aachen in einem regionalen Lagebericht, daß von zehn wegen Unterschlagung angezeigten Kassierern der NSBO »acht nicht unwesentlich einschlägig vorbestraft waren«.[177] In Hamburg hatte der überwiegende Teil derjenigen, die wegen Unterschlagungen zum Nachteil von NS-Organisationen verurteilt worden waren, entsprechende Vorstrafen vorzuweisen.[178]

Die Lageberichte der SOPADE, des Exilvorstandes der SPD, wiesen auf Vorbestrafte in NS-Organisationen hin, die dort Unterschlagungen begingen, sich vor Entdeckung absetzten und in anderen NS-Organisationen erneut straffällig wurden.[179] Der Volksmund spitzte derartige Vorkommnisse in dem Satz zu: »Kassenwalter wird nur, wer zwei Vorstrafen wegen Unterschlagung oder Betrug vorweisen kann.«[180] Erst nach 1937 gingen die Fälle von Unterschlagung und Untreue langsam zurück.

Neben dem unkontrollierbaren Mitgliederzuwachs förderte eine weitere Begleiterscheinung der »Machtergreifung« die Korruption innerhalb der NS-Organisationen. Vor allem bei der Zerschlagung der Gewerkschaften und der Linksparteien requirierten die Nationalsozialisten in großem Umfang »staatsfeindliches Vermögen«, das nur zum Teil geordnet erfaßt, oftmals hingegen unkontrolliert verteilt wurde: Angehörige der SA raubten beim Sturm auf die Gewerkschaftszentralen die Geldschränke aus[181], die Betriebe der NS-Parteipresse eigneten sich die Einrichtungen und Maschinen der sozialdemokratischen Konkurrenz an[182], und manches Vereinsvermögen der Arbeiter-Sport- und -Kulturvereine wanderte in geheime Finanzdepots und schwarze Kassen der

Nationalsozialisten. Einem Versuch des Reichsfinanzministers aus dem Jahre 1936, das eingezogene »staatsfeindliche Vermögen« nachträglich zu erfassen, war deshalb kein Erfolg beschieden. »Die bei Durchführung der Einziehungen im Jahre 1933 herrschenden besonderen Zeitverhältnisse und Umstände machten ihre verwaltungsmäßige Erfassung fast völlig unmöglich«, teilte beispielsweise das Hamburger Staatsamt dem Reichsfinanzministerium lapidar mit.[183]

»Üble Auswüchse«[184] nahm die Korruption vor allem in der Deutschen Arbeitsfront und der Nationalsozialistischen Volkswohlfahrt an, in denen Fälle von Unterschlagung, Betrug und Untreue besonders häufig auftraten. Nicht nur in den Berichten der SOPADE, sondern auch den Monatsberichten der Staatspolizeistellen nahmen Meldungen über Korruption in NSV und DAF einen breiten Raum ein.[185] Allein in Berlin wurden monatlich in beiden Organisationen durchschnittlich 25 000–30 000 RM unterschlagen.[186] Beide Organisationen boten dafür ideale strukturelle Voraussetzungen, waren sie doch nach der nationalsozialistischen Machtübernahme regelrecht aus dem Boden gestampft worden und innerhalb kürzester Zeit zu Massenorganisationen herangewuchert, deren Mitgliederzahlen die der NSDAP bei weitem übertrafen. So gehörten der DAF im Jahre 1942 insgesamt 25,1 Millionen Mitglieder an, während die NSV 1943 rund 17 Millionen Mitglieder aufzuweisen hatte.[187] Angesichts des explosionsartigen Wachstums beider Organisationen kam die Sorgfalt bei der Auswahl von Mitarbeitern zwangsläufig zu kurz. Dementsprechend häuften sich Meldungen über »verkrachte Existenzen« in exponierten Positionen.[188]

Gleichzeitig handelte es sich bei DAF und NSV um Konzerne, die durch Mitgliedsbeiträge, Sammlungseinnahmen und Eingliederung wirtschaftlicher Unternehmen ein Milliardenvermögen verwalteten. Die DAF, die allein 1942 insgesamt 677 Millionen RM an Mitgliedsbeiträgen einnahm[189], verfügte über eine breite Palette von Wirtschaftsunternehmen, die u. a. Versicherungsunternehmen, Wohnungs- und Siedlungsgesellschaften, Baugesellschaften, Verlage, Druckereien und Einzelhandelsgeschäfte umfaßte.[190] Die NSV nahm durch Sammlungen aller Art – so für das Winterhilfswerk des deutschen Volkes (WHW) – viele Milliarden Reichsmark ein. Allein die jährlichen WHW-Sammlungen erbrachten jeweils mehrere hundert Millionen RM und machten während des Krieges mehr als ein Prozent des Volkseinkommens aus.[191]

Die Sammlungseinnahmen stellten für viele Organisationsangehörige eine ebenso große Versuchung dar wie die Lebensmittel und Mangelwaren, die die NSV während des Krieges verwaltete und verteilte. Unterschlagungen und Bereicherungen beschränkten sich jedoch nicht auf die einfachen Angestellten und ehrenamtlichen Sammler, sondern waren insbesondere in den oberen Funktionärsrängen der NSV verbreitet. Zahlreiche Gau- und Kreisamtsleiter der NSV mußten wegen Korruptionsaffären zurücktreten und sich gerichtlich verantworten, wie die folgende unvollständige Auflistung von Korruptionsfällen zeigt:

So wurde der NSV-Gauamtsleiter in Berlin, Richard Mähler, zu vier Jahren Zuchthaus wegen Untreue und passiver Bestechung verurteilt, weil er Goldspenden an die NSV privat vereinnahmt hatte und sich von einem Architekten hatte bestechen lassen, der Bauaufträge für die NSV ausführte und sich um das Amt eines NSV-Vertrauensarchitekten bewarb.[192] Einer seiner Vorgänger und Gründer der NSV, der Reichstagsabgeordnete Karl Spiewok, war in eine Korruptionsaffäre um den Ankauf von Kraftwagen verwickelt. Der Berliner NSV-Gaukassenwalter Emil Weiß hatte sich aus der Gaukleiderkammer mit Anzugstoffen und goldenen Ringen preisgünstig eingedeckt und wurde ebenso zu einem Jahr Gefängnis verurteilt wie der NSV-Reichskassenleiter Karl Janowsky, der sich an Lebensmittelbeständen für Bombengeschädigte vergriffen hatte. Dessen Bruder Wilhelm Janowsky, NSV-Gauamtsleiter in Schleswig-Holstein und ehemaliger persönlicher Referent des NSV-Reichsvorsitzenden und »Oberbefehlsleiters« Erich Hilgenfeldt, wurde wegen desselben Delikts sogar zum Tode verurteilt und hingerichtet.[193] Der Reichsamtsleiter im NSV-Hauptamt, Erich Wulff, hatte einer Berliner Firma fortlaufend Druckaufträge für WHW-Abzeichen erteilt und dafür im Gegenzug den Pferderennstall des Unternehmens erhalten. In Köln, Jena, Hameln, Hildesheim und Wien vergriffen sich Abteilungs- und Kreisamtsleiter der NSV an den Sonderlagern für Verwundeten- und Wehrmachtsbetreuung. In Göttingen, Dresden, Salzburg und Wesermünde wurden NSV-Kreisamtsleiter und in Mecklenburg der NSV-Gauorganisationsleiter wegen Unterschlagung und Untreue verurteilt, in Solingen der NSV-Kreisamtsleiter wegen Wechselfälschung festgenommen.[194]

Diese Aufzählung ließe sich um zahlreiche »Ortsgruppenwalter« und regionale WHW-Beauftragte ergänzen, die sich ebenfalls an NSV- und WHW-Geldern bereicherten. Dabei wurden – wie in Düsseldorf – Beträge bis zu 75 000 RM unterschlagen.[195] Bedenkt man, daß derartige Fälle justizieller Verfolgung eher die Spitze des Eisberges darstellten, dann läßt sich für die NSV insgesamt von einem korrupten Funktionärsmilieu sprechen.

Eine ähnliche Entwicklung nahm die Deutsche Arbeitsfront (DAF), wo sich Korruptionsaffären zum einen im Bereich der Kassen- und Geldverwaltung, zum anderen in den DAF-eigenen Unternehmen häuften. Während die zahlreichen Unterschlagungen von Mitgliedsbeiträgen, bei denen die DAF nach Mitteilung der SOPADE »den ersten Platz«[196] unter allen NS-Organisationen einnahm, vor allem von Einzeltätern begangen wurden, verwies die Korruption in den DAF-Unternehmen auf ein korruptes Beziehungsgeflecht innerhalb der NS-Eliten. Wie erwähnt, beruhten viele personelle Bündniskonstellationen im NS-Herrschaftssystem auf dem Austausch von Geschenken und materiellen Gefälligkeiten, bei denen nicht nur Mittel der öffentlichen Hand, sondern auch die Finanzen der NS-Organisationen hemmungslos in Anspruch genommen wurden. Ein Paradebeispiel für eine derartige Ausgabenpraxis boten die DAF-Bauunternehmen, der Verband sozialer Baubetriebe GmbH (VsB) bzw. die Deutsche Bauaktiengesellschaft (Deubau), die aus gewerkschaftlichen Bauunternehmen hervorgegangen waren.[197] Die Geschäftspolitik der DAF-Unternehmen war ebenso primitiv wie wirkungsvoll:

Um Bauaufträge seitens des Staates und der Parteiorganisationen zu erhalten, wurden führende Persönlichkeiten der »Bewegung« mit Geschenken und Schmiergeldern systematisch bestochen, wobei derartige Methoden nicht nur der Akquirierung von Bauaufträgen, sondern auch der Pflege politischer Beziehungen dienten, um die Stellung der DAF innerhalb des NS-Herrschaftssystems zu stärken. Im Zentrum derartiger Bemühungen stand der DAF-Provisionsvertreter Anton Karl, der einerseits mit zahlreichen Parteigrößen aus der Münchner Region persönlich bekannt war, andererseits sieben Vorstrafen wegen Diebstahl, Unterschlagung und Untreue hinter sich hatte.[198] Allein 1936/37 gab Karl mehr als 580 000 RM an Bestechungs- und Schmiergeldern aus.

Zu den Beschenkten und Umworbenen gehörte u. a. SS-Obergruppenführer Sepp Dietrich, Führer der »Leibstandarte Adolf Hitler«, der mit goldenen Zigarettenetuis, Jagdgewehr, Seidenhemden und -krawatten, einer Italienreise für die Ehefrau, Gemälden und vielen Dingen mehr bedacht wurde.[199] Aus Anlaß der Parteifeiern zum 9. November lud Karl die Offiziere und Angehörigen der Leibstandarte regelmäßig zu Gelagen und Festessen ein. Im Gegenzug erhielten die Bauunternehmen der DAF Aufträge für Umbauarbeiten an der Kaserne der Leibstandarte in Berlin-Lichterfelde zugeschanzt.

Der Präsident des Deutschen Fremdenverkehrsverbandes, Alt-Pg. und Staatsminister a. D. Hermann Esser, vergab an den Verband sozialer Baubetriebe einen umfangreichen Bauauftrag für ein »Haus des Deutschen Fremdenverkehrs« in Berlin. Als Gegenleistung erwarb Esser durch Vermittlung Anton Karls ein Wohnhaus in Berlin-Wannsee im Werte von 170 000 RM zum Preis von 90 000 RM. Der komplette Kaufpreis wurde Esser durch einen Vorzugskredit bei der DAF-eigenen »Bank der Deutschen Arbeit« zur Verfügung gestellt. Darüber hinaus übernahm die DAF Einrichtungs- und Umbaukosten in Höhe von 56 000 RM.[200]

Auch andere hohe NS-Führer kamen auf diese preiswerte Art und Weise zu ihren Wohnhäusern, darunter der NSDAP-Reichsleiter und Chef der »Kanzlei des Führers«, Philipp Bouhler, und SS-Gruppenführer Karl Wolff, der Stabschef Himmlers. So erwarb Bouhler ein Landhaus in Nußdorf am Inn im Wert von rund 97 000 RM für 56 000 RM, während Wolff für sein Anwesen in Rottach-Egern am Tegernsee statt 142 000 RM lediglich 41 600 RM bezahlen mußte.[201]

Zu den Beschenkten gehörte auch SS-Brigadeführer Christian Weber, Präsident des Münchner Kreistages, NSDAP-Ratsherr und »Wirtschaftsbeauftragter« der »Hauptstadt der Bewegung«. Weber gehörte als »Falstaff von München« zu den korruptesten Nationalsozialisten, dessen aufwendige Festveranstaltungen im Rahmen des »Christian-Weber-Programmes« die Stadt München allein 10 Millionen RM kosteten.[202] Weber ließ sich von DAF-Provisionsvertreter Karl in seinem Wohnhaus u. a. ein »Jagdzimmer« und ein »Herrenzimmer« einrichten sowie einen Silberpokal für die Pferderennen in München-Riem stiften. Obwohl Weber über opulente Einnahmequellen verfügte – für sein persönliches Büro erhielt er von der Stadt München 72 000 RM, für seine Tätigkeit als Wirtschaftsbeauftragter 70 000 RM, von Hitler empfing er eine Dotation von 50 000 RM, von der Stadt München eine »Ehrengabe« von 25 300 RM[203] –, ließ er sich von Karl auch die Kosten für eine »Reparatur der Klingelleitung« an seinem Haus erstatten – in Höhe von 1,50 RM![204] Für das Verhalten Webers war der Vorgang insofern symptomatisch, als in seinem Auftreten Protzerei und Bereicherungssucht mit kleinlichstem Geiz eine charakteristische Synthese eingingen. Dem DAF-Provisionsvertreter erklärte er, »er habe den heutigen Staat mit aufgebaut, es sei also seine Firma und er könne daher Geschenke ohne weiteres entgegennehmen«.[205]

Zu den von Karl »geschmierten« Würdenträgern des Regimes gehörte auffallenderweise auch die unmittelbare Umgebung Hitlers, zum Beispiel »Reichsbildberichterstatter« Heinrich Hoffmann sowie Hitlers Adjutanten, SA-Obergruppenführer Wilhelm

Brückner und SS-Obergruppenführer Julius Schaub, die den Kern von Hitlers subalterner »Chauffeureska« bildeten und in erster Linie die Staffage für die Monologe des Diktators abgaben. Auch Hoffmann, Brückner und Schaub wurden von Karl mit den entsprechenden Geschenken – wie Teppichen und goldenen Zigarettenetuis – bedacht, wobei Hoffmann sich erkenntlich zeigte, indem er Karl von dem geplanten Bauvorhaben für das »Haus des Deutschen Fremdenverkehrs« informierte und für den DAF-Provisionsvertreter Fürsprecherdienste leistete.[206]

Alle Transaktionen Karls wären ohne das Wissen, die Mithilfe und die aktive Förderung hoher DAF-Funktionäre nicht möglich gewesen, insbesondere des Deubau-Direktors Josef Bücherl, des DAF-Schatzmeisters Paul A. Brinkmann und besonders des Leiters der wirtschaftlichen Unternehmungen der DAF und Direktors der »Bank der Deutschen Arbeit«, Werner Boltz. Abgeschirmt wurde das korrupte Netzwerk durch die »Deutsche Wirtschaftsprüfungs- und Treuhandgesellschaft mbH«, die eigentlich das Geschäftsgebaren der DAF-Unternehmen überwachen sollte, aber mit den Unternehmensleitungen persönlich und personell verflochten war, so daß sich die Kontrolltätigkeit der Treuhandgesellschaft lediglich auf die Prüfung von Jahresabschlüssen beschränkte.[207]

Eine Schlüsselstellung in diesem Korruptionssumpf nahm die »Bank der Deutschen Arbeit« ein, deren Direktor Boltz für die Bestechungs- und Schmiergeldzahlungen über 285 000 RM bereitgestellt hatte. Auch sonst zeigte sich die Bank gegenüber führenden Vertretern des Regimes ausgesprochen freigebig, wie Fritz Wiedemann, einer der Adjutanten Hitlers, in seinen Memoiren zu berichten wußte:

»Eines Tages erschien bei mir eine junge, in der Reichstheaterkammer angestellte Dame und erklärte mir, sie habe 2000 Mark Schulden. Sie möchte bei einer Bank ein Darlehen in dieser Höhe aufnehmen, um ihre Gläubiger abzufinden; das Bankdarlehen könne sie aus ihrem Monatsgehalt in einem Jahr leicht abdekken. Ich sagte: ›Gehen Sie doch mal zur ‹Bank der Deutschen Arbeit›, die ist meines Wissens für solche Zwecke da.‹ Die Leitung der Bank erklärte jedoch, sie könne ein solches Darlehen nur gegen bankmäßige Sicherheit geben. Nun, das schienen solide Grundsätze zu sein. Nach einigen Tagen erschien jedoch ein Abgesandter des Direktoriums bei mir und erklärte lebhaft: ›Es hat uns sehr leid getan, daß wir der Dame, die Sie uns geschickt haben, nicht helfen konnten. Wir schlagen ihnen einen anderen Weg vor. Sie, Herr Hauptmann, nehmen ein Darlehen von 20 000 Mark auf, daraus geben Sie der Dame die nötigen 2000 Mark. Dann bleiben ihnen noch 18 000 Mark, die Sie sicher brauchen können. Sie haben ja auch eine Molkerei. Jedesmal an Weihnachten werden Ihnen 10 000 Mark gutgeschrieben, dann sind Sie in zwei Jahren den Kredit los und können einen neuen aufnehmen!‹ Ich traute meinen Ohren nicht und konnte nur fragen: ›Wie bitte?‹ Daraufhin wiederholte der Vertreter der ›Bank der Deutschen Arbeit‹ etwas ungeduldig seinen Vorschlag und versicherte mir, das sei ein ganz übliches Verfahren. Er nannte mir auch die Namen einiger anderer Herren, die die Dienste der Bank in dieser Weise in Anspruch genommen hätten und setzte vorwurfsvoll hinzu: ›Der Führer weiß das und ist damit einverstanden.‹«[208]

Zu den »anderen Herren«, die in den Genuß dieser bemerkenswerten weihnachtlichen Vermögensbildung kamen, gehörten u. a. – und hier schließt sich der Kreis – die Hitler-Adjutanten Schaub und Brückner, die zu Weihnachten 1935 jeweils 20 000 RM »als Geschenk von Dr. Ley« erhielten.[209] Auch die SS-Oberführer Heinrich Höflich und Max Schmeller sowie SS-Standartenführer Otto Reich nahmen Vorzugskredite der »Bank der Deutschen Arbeit« in Anspruch. Dem Führer der »Leibstandarte Adolf Hitler«, SS-Obergruppenführer Sepp Dietrich, war die Bank in besonderer Weise zu Diensten. 1934 finanzierte sie ihm den Kauf einer Villa in Bad Saarow mit einem Kredit von 50 000 RM, der dem vollen Kaufpreis entsprach. Zu Weihnachten 1935 erhielt Dietrich die übliche »Gutschrift« von 20 000 RM als Geschenk Leys. Im Jahre 1937 verlor der SS-Gruppenführer das Interesse an seinem Anwesen und verkaufte es an die »Bank der Deutschen Arbeit« – zum Preis von 100 000 RM und damit dem Doppelten des ursprünglichen Kaufpreises.[210] Ohne auch nur einen Pfennig Eigenkapital aufwenden zu müssen, hatte Dietrich durch den bloßen An- und Verkauf einer Villa einen erheblichen Gewinn erzielt.

Während DAF-Kassierer auch wegen kleiner Unterschlagungen den Gerichten übergeben wurden, betrieben höchste Würdenträger des Regimes mit Billigung Hitlers und Leys eine besondere Form der nationalsozialistischen Vermögensbildung, die letztlich von den zahlreichen Beitragszahlern der NS-Institutionen finanziert wurde. Die Korruption innerhalb nationalsozialistischer Organisationen ging daher auch mit einer regimespezifischen Doppelmoral einher und macht überdies erneut deutlich, wie hochgradig korrupt und verfilzt das Beziehungsgeflecht gerade im Umfeld Hitlers war.

Jagd, Villen, Kunstraub: Zum Lebensstil der NS-Elite

»Nach nur neun Jahren Herrschaft war die führende Schicht so korrumpiert, daß sie selbst in der kritischen Phase des Krieges nicht auf ihren gewohnten aufwendigen Lebensstil verzichten konnte. Für ›repräsentative Verpflichtungen‹ benötigten sie allesamt große Häuser, Jagdsitze, Güter und Schlösser, reichliche Dienerschaft, eine opulente Tafel, einen erlesenen Keller«, beschrieb Rüstungsminister Albert Speer in seinen »Erinnerungen« den Lebensstil der nationalsozialistischen Führungsschicht.[211] Während Speers Privathaus in Berlin-Schlachtensee, das er 1935 bezogen hatte, nur 125 Quadratmeter Wohnfläche aufwies, waren die Spitzen des Reiches fast durchweg in »riesige Villen« und »Schlösser« eingezogen, wo sie einen »pompösen Lebensstil« pflegten.[212] Speers Entscheidung, auf Architektenhonorare für seine Bauten zunächst zu verzichten – ein Entschluß, der »von idealistischer Hingabe im Stil der Zeit inspiriert« gewesen sei, wurde von Göring mit völligem Unverständnis quittiert: »Alles Unsinn mit Ihren Idealen. Geld müssen Sie verdienen!«[213]

Nicht erst in seinen Erinnerungen, sondern schon 1945 hatte Speer in Vernehmungen vor den Alliierten einen großen Teil der nationalsozialistischen Führungsschicht als »korrupt und verbraucht« bezeichnet. Insbesondere die Gauleiter hätten »in einem zu großen Rahmen« gelebt und ein »schlechtes Vorbild für das Volk« abgegeben.[214]

So zutreffend der Rüstungsminister und Lieblingsarchitekt Hitlers die Lebenshaltung der nationalsozialistischen Führungsschicht auch charakterisiert hatte, so fragwürdig war seine Selbststilisierung zum bescheidenen »Idealisten«, der sich materiell nicht habe korrumpieren lassen und bereits unangenehm berührt gewesen sei, wenn Hitler seiner Geliebten Eva Braun ein Geldkuvert zugesteckt habe.[215]

Hatte das Jahreseinkommen Speers im Jahre 1932 insgesamt 1660 RM betragen, so gab er 1943 ein Jahreseinkommen von 211 933 RM an.[216] Ein Großteil dieser Einkünfte stammte nicht aus seinem Gehalt als Minister, sondern aus seiner Nebentätigkeit als Architekt, für die er exklusiv und auf besondere Anweisung des Reichsfinanzministeriums von der Gewerbesteuerpflicht befreit war. Wie der ehemalige Vorsteher des Finanzamtes Berlin-Mitte nach 1945 feststellte, entzog Speer aufgrund dieses Steuerprivilegs, das ausschließlich führenden Parteibonzen vorbehalten war, dem Reichsfiskus jährlich ca. 15 000 bis 20 000 RM.[217] Während Speer zu Beginn des »Dritten Reiches« tatsächlich nicht in opulenten Verhältnissen gelebt hatte, hatten sich danach seine Lebenshaltung sowie seine Einkommens- und Vermögensverhältnisse binnen kürzester Zeit radikal verändert. Im Jahre 1940 verfügte Speer nach eigenen Angaben über ein persönliches Vermögen von 1 423 000 RM. Mit Ausnahme des wohlhabenden Reichsministers von Ribbentrop besaß zu dieser Zeit kein anderer Reichsminister oder Reichsleiter der NSDAP ein derartiges Privatvermögen bzw. hatte es gegenüber dem Finanzamt angegeben.[218]

Im Jahre 1941 bezog Speer mit seiner Familie ein neues Haus in der Berliner Lichtensteinallee. Hatten die Baukosten für sein erstes Haus in Schlachtensee nach eigenen Angaben noch 70 000 RM betragen, so schlugen allein die Umbaukosten für sein neues Domizil mit 1 673 631 RM zu Buche.[219] Ein Jahr später legte sich der neuernannte Rüstungsminister ein Gut im Oderbruch zu, für das er einen ritterburgähnlichen Herrensitz entwarf, die Villa »Alt Ranft«, deren monumentalistischer Größenwahn das damalige Selbstverständnis Speers getreulich widerspiegelte.[220] Zur »Arrondierung« seines Gutes schenkte ihm Göring im März 1943 ein mindestens 100 ha großes Waldgelände. Auf besondere Anweisung des Staatssekretärs im Reichsfinanzministerium, Fritz Reinhardt, war dieser Transfer von öffentlichem Eigentum des preußischen Staates in den Privatbesitz Speers sowohl von der Schenkungs- als auch der Einkommensteuer befreit. Der Einheitswert des Waldgeländes ist niemals bekanntgeworden, weil Speer die am 1. Januar 1944 vom Finanzamt angeforderte Vermögenserklärung unbeantwortet ließ.[221] Mochte Speer – sofern man seinen Bekundungen Glauben schenken mag – noch 1933 eher bescheiden-idealistisch gesinnt gewesen sein, so bewegte er sich in den Folgejahren in dem Dunstkreis von Amtsmißbrauch, Hybris und angemaßten Privilegien so vorbehaltlos, daß der Rüstungsminister mit einigem Grund nicht als Außenseiter, sondern als typischer Repräsentant der korrupten Führungskamarilla des »Dritten Reiches« bezeichnet werden kann.

Mit ähnlichen Methoden hatte sich auch der Reichsminister für Volksaufklärung und Propaganda, Dr. Joseph Goebbels, ein ansehnliches Vermögen verschafft. Noch 1932 hatte Goebbels als Berliner Gauleiter ein Jahreseinkommen von 619 RM angegeben. Im Jahre 1943 betrugen seine Gesamteinkünfte 424 317 RM, von denen ca. 300 000 RM aus Honoraren stammten, die der Propagandaminister für seine wöchentlichen Leitartikel für die Zeitung »Das Reich« seitens des Eher-Verlages erhielt.[222] Diese exorbitant hohe Summe stellte – vergleicht man sie mit seinem ministeriellen Jahresgehalt von 38 000 RM – weniger ein reales

Entgelt für erbrachte Leistungen dar als vielmehr eine bewußte materielle Alimentierung des Propagandaministers durch den Eher-Verlag und seinen Leiter Max Amann, der seinerseits von den guten Beziehungen zum Propagandaminister geschäftlich profitierte und im Jahre 1944 fast 80 % des gesamten Pressemarktes kontrollierte.

Obwohl Goebbels' wöchentliche Kommentare dem Minister keine Kosten verursachten, machte er dennoch gegenüber dem Finanzamt 20 % seiner Einnahmen als steuerfreie Betriebsausgaben geltend. Nach Berechnung der zuständigen Beamten des Finanzamtes Berlin-Mitte setzte Goebbels auf diese Weise mindestens 400 000 RM steuerfrei ab.[223]

Auch bei der Suche nach luxuriösen privaten Anwesen entfaltete der Minister, der in der Zeit vor 1933 über kein nennenswertes Privatvermögen verfügt hatte, ein besonderes Talent. Im März 1936 erwarb Goebbels von der Reichshauptstadt Berlin eine Villa auf der Wannseeinsel Schwanenwerder, nachdem der Berliner Oberbürgermeister Julius Lippert deren jüdische Eigentümerin, die Ärztin Charlotte Herz, zuvor gezwungen hatte, das Anwesen für 117 500 RM an die Stadt Berlin zu verkaufen. Grundbuchrechtlich aufgelassen wurde das Grundstück jedoch auf den Namen des Reichspropagandaministers, der es im Jahre 1939, als er vorübergehend in Geldschwierigkeiten steckte, für 180 000 RM an den Industriellen Alfred Ludwig weiterverkaufte, die Villa aber weiterhin nutzte, ohne Miete zu bezahlen.[224] Ähnlich verfuhr Goebbels mit einem angrenzenden Grundstück, das er an die UFA-GmbH verkaufte, die es ihm wiederum kostenfrei zur Verfügung stellte und sogar die laufenden Unterhalts- und Betriebskosten übernahm.[225]

Ein weiteres Domizil besaß der Propagandaminister am Bogensee in Lanke/Kreis Niederbarnim. Im Jahre 1936 hatte es ihm die Stadt Berlin auf Lebenszeit zur Verfügung gestellt, ohne freilich auf ihr Eigentum an Grund und Boden zu verzichten.[226] In der Folgezeit baute Goebbels das Haus mit einem Finanzaufwand von 2,2 Millionen RM luxuriös aus. Am 1. April 1940 räumte die Stadt Berlin dem Propagandaminister zusätzlich ein lebenslanges Nutzungsrecht für ein umliegendes, 210 ha großes Waldgelände am Bogensee ein, einschließlich der Berechtigung, darauf Gebäude zu errichten. Im Gegenzug gingen die von Goebbels errichteten Gebäude in den Besitz der Stadt Berlin über, die sich verpflichtete, bei Beendigung des Nutzungsrechtes dem Propagandaminister eine durch eine Schätzungskommission festzusetzende Vergütung für dessen finanzielle Aufwendungen zu zahlen.

Obwohl Goebbels damit gar nicht mehr Eigentümer seiner Baulichkeiten war, verkaufte er sie im Oktober 1940 durch »formlose« Vereinbarung an die »Cautio Treuhand GmbH«, eine Reichsfilmgesellschaft, die ihm wiederum ein lebenslanges Wohn- und Nutzungsrecht einräumte. Damit hatte Goebbels gleich mehrere Fliegen mit einer Klappe geschlagen. Er hatte Baulichkeiten, die ihm gar nicht gehörten, an ein Unternehmen verkauft, das ihm qua Amtsstellung unterstand. So konnte er zwei luxuriöse Anwesen – auf Schwanenwerder und in Lanke – kosten- und entgeltfrei nutzten und hatte gleichzeitig durch den Verkauf erhebliche Gewinne erzielt, die eigentlich als Spekulationsgewinn zur Einkommensteuer hätten herangezogen werden müssen, was jedoch unterblieb. Überdies genoß Goebbels auf Anweisung des Reichsfinanzministeriums ein weiteres steuerliches Privileg, nämlich seine Steuern halbjährlich nachträglich zu bezahlen, statt sie vierteljährlich im voraus zu entrichten.[227]

Schließlich warf Goebbels sein Auge auf ein drittes Domizil, das nach bewährtem Muster durch die UFA-GmbH erworben, umgebaut und ihm unentgeltlich zur Verfügung gestellt werden sollte, nämlich ein Schloß in Weidlingen bei Wien, das in einem besonders schönen Teil des Wienerwaldes lag und von ausgedehnten Parkanlagen umgeben war. Dort sollte Goebbels »als Schirmherr der deutschen Kunst, insbesondere des deutschen Films, Empfänge von Künstlern, namentlich von Filmschaffenden, veranstalten«.[228] Ob die Pläne angesichts des fortgeschrittenen Kriegsverlaufs noch in die Tat umgesetzt wurden, geht aus den Quellen nicht hervor.

Wenn in den vorstehenden Ausführungen die Korruption in der NS-Führungsschicht am Beispiel von Goebbels und Speer illustriert wurde, dann vor allem deshalb, weil beide Personen innerhalb des NS-Führungszirkels gewöhnlich am wenigsten mit Korruption assoziiert werden, im Gegensatz zum »Renaissancemenschen« Hermann Göring, dessen Prunksucht schon während des »Dritten Reiches« zum Tagesgespräch der Bevölkerung gehört hatte und Gegenstand zahlreicher Witze gewesen war. Sowohl Goebbels als auch Speer waren überdurchschnittlich intelligent und verfügten über Kenntnisse und Fähigkeiten, die sie über den Durchschnitt führender NS-Funktionäre weit hinaushoben. Sie verdankten ihre Position nicht ausschließlich einer langjährigen Zugehörigkeit zur NS-Kameraderie und hatten sich – bei aller persönlichen Fixierung auf Hitler – die Fähigkeit zu einem selbständigen Urteil bewahrt. Beide hatten überdies das korrupte Gebaren anderer NS-Funktionsträger scharf kritisiert, wie Speers Nachkriegsaussagen und seine Erinnerungen sowie die Tagebuchaufzeichnungen von Goebbels deutlich machen, in denen der Propagandaminister einzelnen Gauleitern vorwarf, sie regierten »wie die Paschas«.[229] Ihre eigenen Steuerprivilegien, die Verquickung von öffentlichem Amt und privatem Grunderwerb, ihr skrupelloser Amtsmißbrauch und das Repräsentationsbedürfnis, das mit immer größeren und luxuriöseren Anwesen gestillt werden mußte, waren innerhalb der NS-Führung offenbar so weitverbreitet, daß Goebbels und Speer sie gar nicht als Korruption, sondern als übliches Verhalten begriffen, das kaum noch Unrechtsbewußtsein auslöste. Auf diese Weise mutierte Steuerhinterziehung zum Gewohnheitsrecht, das man wie ein selbstverständliches Privileg in Anspruch nahm. Innerhalb kürzester Zeit verschoben und veränderten sich auch persönliche Gewohnheiten und Grundhaltungen; die schärfsten Kritiker angeblicher »Bonzenwirtschaft« der Weimarer Republik etablierten nun eine tatsächliche »Bonzenherrschaft« nie gekannten Ausmaßes.

Während die Wohn- und Repräsentationssitze von NS-Führern, zum Beispiel der Berghof Hitlers und das Jagdhaus Görings in der Schorfheide, sich in den ersten Jahren des »Dritten Reiches« noch in überschaubaren Dimensionen hielten[230], wuchsen sie in den Folgejahren zu gewaltigen Anlagen heran. Allein der Ausbau des Jagdhauses Carinhall zur luxuriösen Residenz des »Reichsmarschalls« Hermann Göring kostete den Steuerzahler mehr als 15 Millionen Reichsmark. Die bloßen Verwaltungskosten für »Carinhall« schlugen jährlich mit 475 000 RM zu Buche, von denen drei Viertel vom Reich und ein Viertel vom Staat Preußen zu tragen waren.[231] Darüber hinaus besaß Göring einen »Reichsjägerhof« im ostpreußischen Rominten, eine Villa im Hof des Reichsluftfahrtministeriums in Berlin, ein »Alpenhaus« auf dem Obersalzberg, die Burg Veldenstein bei Neuhaus an der Pegnitz sowie insgesamt fünf Jagdhäuser in Pommern, auf dem Darß, in Nidden und am Fluß Pait in Ostpreußen sowie am Königssee.[232]

Auf Reisen benutzte der »Reichsmarschall« einen luxuriösen Sonderzug, der ständig u. a. zehn Automobile sowie eine Bäckerei mitführte. Die Inneneinrichtung der Waggons bestand u. a. aus edelsten Hölzern. Allein die beiden von Göring bewohnten Wagen kosteten den Staat – ohne die Einrichtungskosten – insgesamt 1,32 Millionen RM. Im Jahre 1937 schenkte der Reichsverband der Deutschen Automobilindustrie dem damaligen Preußischen Ministerpräsidenten die Yacht »Carin II«, deren Baukosten 750 000 RM betragen hatten. Görings Kunstsammlung, die aus geschenkten, angekauften, aber auch in großem Stil geraubten Stücken bestand, umfaßte u. a. 1375 Gemälde, 250 Skulpturen und 168 Wandteppiche, die einen Gesamtwert von mehreren hundert Millionen RM aufwiesen.[233]

Gegenüber dem Finanzamt suchte Göring sein Privatvermögen kunstvoll zu verschleiern und gab im Jahre 1940 lediglich ein Vermögen von 216 000 RM an. Im Jahre 1943 bezifferte er sein Jahreseinkommen auf lediglich 40 000 RM. Nachfragen des Finanzamtes Berlin-Mitte, das sich über diese Angaben erstaunt zeigte, wurden vom Staatssekretär im Reichsfinanzministerium, Fritz Reinhardt, regelmäßig abgeblockt, der die Beamten anwies,

»wegen der in den Steuererklärungen von Göring angegebenen Zahlen keine Ermittlungen anzustellen«.[234] Von seinem Jahresgehalt als Preußischer Ministerpräsident in Höhe von 15 795 RM zahlte Göring ganze 190 RM Steuern.[235]

Fast alle Prominenten des »Dritten Reiches« genossen eine solch skandalöse Vorzugsbehandlung, deren Tarnung gegenüber der Öffentlichkeit dadurch erleichtert wurde, daß nach Erlassen des Reichsfinanzministeriums aus den Jahren 1937 und 1939 die steuerlichen Belange der Reichsminister und NSDAP-Reichsleiter ausschließlich und exklusiv von den Finanzämtern Berlin-Mitte und München-Nord bearbeitet werden sollten. Auch nach dem Ableben eines »Prominenten« wurden dessen Akten nicht dem zuständigen Wohnsitzfinanzamt zugeleitet, um den Kreis der Eingeweihten nicht zu vergrößern. Statt dessen wurden nunmehr auch die Steuerakten der Prominentenwitwen von den Finanzämtern in Berlin und München geführt.[236]

Wenn es um die Vergrößerung ihres Besitzes ging, schreckten die NS-Machthaber auch vor kriminellen Methoden nicht zurück. So hatte Hitler im August 1939 angeordnet, das im Gau Salzburg gelegene Schloß Fuschl dem Reichsaußenminister von Ribbentrop als »Sommerresidenz« herzurichten, um dem Minister einen luxuriösen Aufenthaltsort in der Nähe des Obersalzbergs zu verschaffen. Der Besitzer des Schlosses, Baron Gustav Remitz, war nach dem »Anschluß« Österreichs als vermeintlicher »gehässiger aktiver Feind und Schädiger der nationalsozialistischen Bewegung« verhaftet und im Konzentrationslager Dachau inhaftiert worden.[237] Als »Wiedergutmachung des durch Herrn Remitz in Salzburg entstandenen Schadens« wurden das Schloß und der Besitz des Barons und seiner Familie zunächst zugunsten des Landes Österreich eingezogen und später der Stiftung »Schloß Fuschl« des Reichsaußenministers übergeben, der ob der gewaltsamen Enteignung keine Skrupel kannte und lediglich veranlaßte, daß der Tochter des Barons eine symbolische Entschädigungssumme »gnadenhalber« gewährt wurde.[238] Zur »Arrondierung« von Schloß Fuschl eignete sich der Außenminister in der Folgezeit eine ganze Reihe weiterer Landgüter in der unmittelbaren Umgebung an, deren Besitzer, die im Schriftverkehr des Außenministeriums als »schwarze Brüder, von den Pfaffen in übelster Weise aufgewiegelt« bezeichnet wurden, ihrer Vertreibung und einem Grundstückstausch zustimmen mußten.[239] Die Repräsentationssucht des eitlen Außenministers (»Ribbensnob«) ging so weit, daß er um Schloß Fuschl eine zwei Kilometer lange »Seepromenade« anlegen ließ, um »auch im Freien ungestört Besprechungen führen zu können«.[240]

Der aufwendige Lebensstil der NS-Führungsschicht strahlte auch auf die Regionalfürsten der Partei aus, obwohl sich viele Gauleiter anfänglich noch als Hüter »sozialistischer« Parteitraditionen begriffen und einen eher volkstümlich-jovialen Stil der Selbstinszenierung gepflegt hatten. Im Laufe der Jahre wuchs jedoch ihre Neigung, durch luxuriöse Repräsentation ihre Stellung in der NS-Machthierarchie zum Ausdruck zu bringen und damit sinnbildlich ihre Verfügungsgewalt über wertvolle Ressourcen zu demonstrieren.

An der Spitze solcher Bemühungen stand auch hier der ostpreußische Gauleiter Erich Koch, der sich 1940 u. a. das ehemals polnische Gut Krasne zum luxuriösen Herrschaftssitz ausbaute. Als während des Krieges die private Bautätigkeit weitgehend eingeschränkt und später vollständig untersagt war, beschäftigte Koch rund 400 Bauarbeiter, um Krasne nach seinen Plänen neu zu gestalten.[241] Allein die Inneneinrichtung, für die schwedischer Marmor gegen Devisen beschafft werden mußte, verschlang insgesamt 1,5 Millionen RM. Für den Festsaal hatte Koch von Hermann Göring einen Teppich im Werte von 600 000 RM erworben. Als sich herausstellte, daß die Maße des Teppichs die des Festsaals überstiegen, ließ Koch den Saal komplett abreißen und nach den Maßen des Teppichs neu errichten. Die Räume des Herrensitzes waren mit Kunstwerken ausgestattet, die Koch in seiner Eigenschaft als Reichskommissar für die Ukraine aus Museen in Kiew, Charkow, Poltawa und Lemberg »entliehen« hatte.

Aufwendig dekorierte Gutshöfe und Herrenhäuser waren für

viele Gau- und Reichsleiter zentrale Insignien einer narzißtischen Selbstinszenierung, mit der die nationalsozialistischen Parvenüs aristokratisches Gebaren imitierten und sich im Glanze ihrer Macht sonnten. Davon legte das mit Millionenaufwand umgebaute Gut Pleikershof[242] des fränkischen Gauleiters Julius Streicher ebenso Zeugnis ab wie das Gut Rottland[243] von DAF-Reichsleiter Robert Ley, das – wie es sein Biograph Ronald Smelser formuliert hat – »konkrete Symbol für Leys Korruption und Gigantomanie, für seine Bestrebungen, einen gesellschaftlichen Status zu erreichen«.[244]

Nachdem Ley das Gut 1935 erworben hatte, ließ er sämtliche Gebäude abreißen, im monumentalen Stil wieder aufbauen und die Räume u.a. mit wertvollen Gemälden ausstatten. Die eher bescheidenen Umgestaltungsvorschläge seines Gutsverwalters tat Ley mit der bezeichnenden Bemerkung ab: »Ihr Vorschlag war nicht schlecht, und wenn ich noch der kleine Ley wäre, hätte es so gehen können. Aber der bin ich nicht mehr. Ich muß hier etwas Schönes, architektonisch Schönes entstehen lassen. Eines Tages wird der Führer mit auf den Hof kommen, um sich meinen Privatbesitz einmal anzusehen. Was würde er sagen, wenn ich hier engherzig und kleinlich verfahren würde und wenn ich diesen Umbau nicht zu einem Symbol nationalsozialistischer Macht und Größe ausgestalten würde?«[245]

Dieser aufschlußreichen Bemerkung zufolge betrieb Ley den luxuriösen Ausbau seines Gutes, um nicht nur seine persönliche Machtstellung in der NS-Hierarchie und gegenüber dem »Führer« zu akzentuieren, sondern auch die Macht des Nationalsozialismus durch pompöse Repräsentation zum Ausdruck zu bringen. Für das Selbstverständnis nationalsozialistischer »Hoheitsträger« waren solche Bemerkungen sehr viel charakteristischer als die parallelen Bemühungen, durch populistische Aktionen wie »Eintopfsonntage« vermeintliche Einfachheit und »Volksnähe« zur Schau zu stellen.

Auch der mecklenburgische Gauleiter Friedrich Hildebrandt – ein ehemaliger Landarbeiter – war in besonderer Weise bestrebt, seinen neugewonnenen politisch-gesellschaftlichen Status durch den Besitz eines Gutshofes zum Ausdruck zu bringen. Er erwarb das Landgut Gößlow im Kreis Hagenow zu einem symbolischen Preis und auf typische Weise, nämlich durch Mißbrauch seiner Amtsstellung, von der Friedrich-Heinrich-Landstiftung, deren Kuratoriumsvorsitzender er war.[246]

Auch die demonstrative Jagdleidenschaft vieler Gauleiter und hoher NS-Führer war wohl vor allem darauf zurückzuführen, daß sie die traditionell privilegierte Ausübung der Jagd mit adeligem Lebensstil identifizierten. Ein attraktives persönliches Jagdrevier, in das man Freunde und Gönner einladen konnte, gehörte folglich zu den wichtigsten Statussymbolen der NS-Elite. Neben »Reichsjägermeister« Göring tat sich dabei erneut der ostpreußische Gauleiter Koch hervor, der gleich in vier Forstämtern das Jagdrecht exklusiv ausübte.[247]

Martin Bormann, der Leiter der Partei-Kanzlei, sah sich im Frühjahr 1942 veranlaßt, in einem internen Vermerk vor der grassierenden Jagdleidenschaft vieler Funktionäre zu warnen, und bezog sich dabei ausdrücklich auf die Angaben eines Gauleiters: »Der Gauleiter schilderte mir weiter, es sei geradezu erschreckend gewesen, daß nach Abschluß der Gauleiter-Tagung viele Gauleiter in ihren Hotels während des ganzen Abends, ja bis in die Nacht hinein, kein anderes Thema gekannt hätten, als ihre verfluchte Jägerei! Versuche, irgendeine wichtige politische Frage anzuschneiden, seien während dieser ganzen Zeit völlig fruchtlos gewesen. Der Gauleiter betonte weiter, es sei unglaublich, wieviel gute Zeit, die verantwortliche nationalsozialistische Führer eigentlich in der heutigen Zeit auf ihre politische Arbeit verwenden müßten, von manchen Parteigenossen auf die Ausübung der Jägerei verwandt würde!«[248]

Mit welcher Phantasie und Beharrlichkeit die Gauleiter ihre persönlichen Jagdreviere erwarben und ausgestalteten, zeigt das Beispiel des Hamburger Gauleiters Karl Kaufmann, der als leidenschaftlicher Jäger vor dem Problem stand, daß sein »Stadtgau« weder über größere Waldflächen noch über nennenswerten

Wildbestand verfügte. Als nach dem »Groß-Hamburg-Gesetz« vom Januar 1937 eine größere Waldfläche im Norden der Stadt, der sogenannte Duvenstedter Brook, geschlossen auf das Hamburger Staatsgebiet überging, sah der Gauleiter jedoch die Gelegenheit gekommen, sich ein persönliches Jagdrevier zu verschaffen. Er erklärte den Duvenstedter Brook zum Naturschutzgebiet, das fortan von der Allgemeinheit nicht mehr betreten werden durfte, umzäunte das Gelände auf Kosten der Stadt mit einem elf Kilometer langen Wildgatter, bestückte es mit Rot- und Damwild und ließ schließlich das gesamte Gebiet von der Hamburger Stadtkämmerei zum Vorzugspreis verpachten – an sich selbst.[249]

Zum Lebensstil der NS-Elite gehörte auch ein geradezu obsessives Sammeln von Kunstwerken, das – wie der amerikanische Historiker Jonathan Petropoulos herausgearbeitet hat – in der Regel keinem originären Kunstinteresse entsprang, sondern einem »individuellen und kollektiven Narzißmus«[250], kündete doch das auffällig plazierte Bild eines »alten Meisters« vom Wohlstand und der Machtstellung seines Besitzers. Dabei kam die herausgehobene Stellung Hitlers im nationalsozialistischen Herrschaftssystem in spezifischer Weise zum Ausdruck: Seinem antimodernen Kunstgeschmack paßten sich fast alle führenden Nationalsozialisten willfährig an, beim alljährlichen »Einkaufsbummel« auf der »Großen Deutschen Kunstausstellung« genoß der »Führer« ein Erstzugriffsrecht, und die Verwendung sogenannter Beutekunst stand unter ausdrücklichem »Führervorbehalt«. Allein die Gemäldesammlung Hitlers umfaßte mehr als 5000 »alte Meister«. Das geplante »Führermuseum« in Linz hatte mehr als viermal so viele Kunstwerke ausstellen können wie der Pariser Louvre.[251]

Der Sammelleidenschaft Hitlers, der sich selbst als verhinderter Künstler begriff, eiferten viele Nationalsozialisten nach. Sie kauften in großem Umfang Gemälde, Wandteppiche und Skulpturen, um ihre Dienst- und Privatsitze damit aufwendig auszustatten. Nicht wenige der Kunstwerke stammten aus konfisziertem jüdischen oder beschlagnahmtem »Feindbesitz«. In den besetzten Gebieten wüteten professionelle Kunstplünderorganisationen wie der »Einsatzstab Reichsleiter Rosenberg« oder das »Sonderkommando Künsberg«, deren Beute auf verschlungenen Wegen auch in die Sammlungen von Nationalsozialisten gelangte.[252] Allein Hermann Göring eignete sich auf diesem Wege Hunderte von Gemälden an. Die zentrale Sammelstelle der Alliierten für geraubte Kunstwerke verzeichnete bis März 1949 insgesamt 249 683 Objekte.[253]

Der korrupten Aneignungspraxis entsprach auch der unklare Status der meisten Kunstsammlungen, die sowohl die Dienstsitze der führenden Nationalsozialisten wie ihre Privaträume zierten. Mittel zum Ankauf stammten häufig sowohl aus öffentlichen Haushalten wie von privaten Konten, aus Spenden oder dubiosen persönlichen Verfügungsfonds. Mit öffentlichen Mitteln angekaufte Gemälde wurden zu Geburtstagen bedenkenlos verschenkt und gingen auf diese Weise in Privatbesitz über. Solche Geschenke sollten Macht und kultivierte Lebensart demonstrieren, vor allem aber die Bande innerhalb der nationalsozialistischen Herrschaftsclique festigen. Deshalb verwundert es nicht, daß Hitler nicht nur Kunstpräsente seiner Untergebenen empfing, sondern auch selbst viele Kunstwerke verschenkte, um politische Loyalität zu erkaufen.

Zu den kuriosen Aspekten dieser Selbstinszenierung durch Kunst und Kultur gehörte die Tatsache, daß selbst Landsknechtsnaturen wie Martin Bormann und Robert Ley umfangreiche Kunstsammlungen anlegten, da sie sich dem von Hitler ausgehenden Sog nicht entziehen wollten und um die Bedeutung wußten, die Kunstbesitz als Statussymbol im nationalsozialistischen Machtgefüge hatte. Als wollte Hitler die Bemühungen seiner Untergebenen um die Demonstration feiner Lebensart karikieren, schenkte er Robert Ley zu dessen Geburtstag ein Gemälde Hans Grützners, das der Wesensart des DAF-Reichsleiters und seinem öffentlichen Image weitaus eher entsprach. Der Titel des Bildes lautete: »Der zechende Mönch«.[254]

»Gangster-Gau« und »Skandalizien«

Nach allem überrascht nicht, daß sich in den ab 1939 vom Deutschen Reich annektierten oder besetzten Gebieten schon nach kurzer Zeit ebenfalls eine ausgedehnte Korruption entwickelte. So beklagte 1944 das Reichskriminalpolizeiamt »zahlreiche Korruptionsvorgänge in diesen Gebieten« und bezeichnete die »Korruptionsgefahr« im Vergleich zum »Altreich« dementsprechend als »weitaus ernster«.[255] Zu dieser Entwicklung im Rahmen der deutschen Besatzungsherrschaft trugen vor allem drei Elemente bei, die sich wechselseitig bedingten und verstärkten:

Erstens hierarchisierte die nationalsozialistische Reichsführung die Bevölkerung der besetzten Gebiete – vor allem in Osteuropa – nach rassistischen Kriterien und verfolgte eine Politik, die u. a. die Vernichtung und Enteignung »feindlicher« bzw. »minderwertiger« Bevölkerungsgruppen zum Ziele hatte. Im Zuge der nationalsozialistischen Rassen- und Vernichtungspolitik wurden in den besetzten Gebieten riesige Vermögenswerte zusammengeraubt, auf die relativ leicht und unkontrollierbar zugegriffen werden konnte, so daß sich zahlreiche Angehörige der deutschen Besatzungsadministration gefahrlos an fremdem Eigentum bereichern konnten.[256] Dabei legten vor allem führende Vertreter der Besatzungsapparate ein rassistisch motiviertes »Herrenmenschentum« an den Tag, das sich in großspurigem Auftreten und eitlem Repräsentationsgehabe manifestierte. Überdies leistete in den besetzten Gebieten der Sowjetunion der Grundsatz, daß sich die kämpfende Truppe »aus dem Lande« versorgen sollte, allen Formen wilden Plünderns und Requirierens durch Wehrmachtssoldaten und -einheiten Vorschub.[257]

Zweitens trugen die Strukturen der Besatzungsverwaltung, in der die Cliquenbildung besonders ausgeprägt war, zur Förderung der Korruption bei. Bürokratisch wenig differenziert, ohne normative Bindungen, agierte die Besatzungsadministration überwiegend informell und hatte noch weniger als die Verwaltung im

»Altreich« mögliche Kontrollen zu fürchten. Sie war in erster Linie der rücksichtslosen Durchsetzung nationalsozialistischer Prinzipien verpflichtet, zum Beispiel der Rassenpolitik, die mit dem Anspruch auf weitgehende wirtschaftliche Ausbeutung verbunden war. Vor allem im Osten dominierte der Typus einer »totalitären Kolonialverwaltung«[258], die einer weitgehend entrechteten Bevölkerungsmehrheit gegenüberstand und sich vielfach aus Personen mit zweifelhafter Vergangenheit zusammensetzte. Propagandaminister Goebbels bezeichnete die besetzten Ostgebiete in diesem Zusammenhang als »Schuttabladeplatz für im Reich gescheiterte Beamte und Offiziere«.[259]

Drittens: Diese Kombination von uneingeschränktem Herrschaftsanspruch einer als »Herrenmenschen« auftretenden Besatzungsclique und Rechtlosigkeit der Beherrschten wirkte sich geradezu korruptionsfördernd aus. Korruption war einer der wenigen Mechanismen der Interaktion zwischen Herrschern und Beherrschten, weil den Beherrschten kaum andere Formen der Interessenwahrnehmung zur Verfügung standen.[260] Gleichzeitig führte der unbegrenzte Ausbeutungsanspruch der deutschen Besatzer dazu, daß die Beherrschten gezwungen waren, sich auf dem schwarzen Markt zu versorgen, aber auch zahlreiche Güter dorthin zu verschieben, wo sie von den Besatzern zu extremen Überpreisen aufgekauft werden mußten, um Güter und Rohstoffe für die deutsche Kriegswirtschaft sicherzustellen. Diese Schattenwirtschaft wurde von den Besatzern jedoch nicht nur als notwendiges Übel in Kauf genommen, sondern sogar gefördert, weil ihnen die informellen Herrschaftsbeziehungen und undurchschaubaren Verhältnisse die günstige Gelegenheit boten, ihrerseits einträgliche Geschäfte zu machen und sich zu bereichern. Das Reichskriminalpolizeiamt stellte deshalb fest, daß die Schattenwirtschaft »beinahe begrüßt« worden sei, »weil sie die Möglichkeit gab, ohne strenge und bindende Vorschriften in ›großzügiger‹ Weise zu verfahren«.[261] So entwickelten sich die besetzten Gebiete nicht zuletzt zu einem Tummelplatz für Glücksritter, Schieber und Abenteurernaturen, die im Schatten undurchsichtiger Verhältnisse agierten und schnellen Gewinn zu erzielen vermochten. Alle diese Entwicklungen verdichteten sich in besonderer Weise in den annektierten polnischen Gebieten und im »Generalgouvernement«. Ein SS-Richter verglich Polen mit einem »Sumpf von Korruption, Schiebertum usw. [...], in dem sich eben auch die höchsten Dienststellen gebadet haben«.[262]

Im Generalgouvernement regierte mit Hans Frank der Inbegriff des korrupten Besatzungspotentaten. Frank, der noch 1935 eine umfassende Bestrafung von Korruption und »mangelnder Lauterkeit« von Amtsträgern gefordert hatte[263], machte im Generalgouvernement in erster Linie durch Vetternwirtschaft und sein luxuriöses Repräsentationsbedürfnis von sich reden. Der dortige Höhere SS- und Polizeiführer, SS-Obergruppenführer Friedrich Wilhelm Krüger, attestierte ihm 1943 »Eitelkeit und Selbstgefälligkeit« und faßte das Wirken Franks in dem sarkastischen Satz zusammen: »Die Hauptaufgabe sah Reichsminister Dr. Frank bis heute darin, durch eine prunkhafte Repräsentation seine große Machtfülle sowohl dem Reich gegenüber, als auch den in seinen Diensten stehenden Deutschen und der fremdstämmigen Bevölkerung zum sichtbaren Ausdruck zu bringen.«[264] Auch wenn der mit Frank intim verfeindete Krüger sicherlich kein unparteiischer Beobachter der Verhältnisse war, machte Frank selbst keinen Hehl daraus, daß seiner Meinung nach nur eine »das große Reich würdig darstellende Repräsentation die Verwaltungsautorität aufrechterhalten« könne, wie er dem Chef der Reichskanzlei, Hans Heinrich Lammers, im März 1942 mitteilte, um dann fortzufahren: »Nur wirkliche Herrennaturen können im Osten führen. Diese aber kann ich nicht nach dem Maße kleiner, spießiger Verhältnisse auftreten lassen, sondern muß ihnen eine großzügigere Lebensatmosphäre gewährleisten. Dies wird für den ganzen kommenden Bereich unseres großen Weltreiches der Fall sein.«[265]

Frank besaß neben Wohnsitzen in München und Berlin im Generalgouvernement nicht weniger als vier Residenzen, darunter das Königsschloß in Krakau, das Belvedere-Palais in Warschau und das Potocki-Palais in Krzeszowice, die er reichhaltig mit erbeuteten und geplünderten Kunstwerken ausstattete. Diese stammten nicht nur aus Polen. Zum Ankauf von Kunstwerken im besetzten Westeuropa hatte Frank aus seinem Verwaltungsetat eigens Gelder abgezweigt, auf die SS-Oberführer Kajetan Mühlmann, einer der professionellen Kunstplünderer der Nationalsozialisten, bei seinen »Einkaufstouren« zurückgreifen konnte.[266] Zu Repräsentationszwecken unterhielt Frank, für den eine Trennung von Staats- und Privateigentum nicht existierte, sowohl ein großes Pelz- als auch ein Warenlager, die aus beschlagnahmten oder mit Staatsmitteln angekauften Produkten bestanden. Daraus bezogen der Generalgouverneur, seine Familie und die Angehörigen seines Stabes Luxuswaren für ihren persönlichen Bedarf; allein die Ehefrau Franks unterhielt eine riesige Pelzkollektion aus Persianer-, Breitschwanz-, Biber-, Bisam- und Hermelinmänteln, Maulwurf- und Hermelinjacken sowie mindestens zehn Silber- und Blaufuchscapes.[267] Zu den Bezugsadressen des Generalgouverneurs gehörte der Judenrat in Warschau, der Frank u. a. einen goldenen Füllfederhalter, seiner Ehefrau Pelzmäntel und seiner Schwägerin goldene Armbänder und Brillantringe liefern mußte.

In weiten Teilen glich das Generalgouvernement einem Frankschen Familienunternehmen. So hatte der Generalgouverneur seinen Schwager Marian Bayer als Obertreuhänder und Bevollmächtigten für insgesamt elf polnische Textilfabriken eingesetzt. Für diese Ernennung zeigte sich Bayer in besonderer Weise erkenntlich, indem er ohne Bezugsscheine rund 3000 Meter Stoff an den Generalgouverneur und seine Familienangehörigen, aber auch an leitende Beamte und Offiziere abgab.[268] Die eigentliche Vetternwirtschaft Franks bestand darin, daß in zahlreichen Schlüsselstellungen des Generalgouvernements persönliche Bekannte und Freunde aus dem Nationalsozialistischen Rechtswahrerbund (NSRB) tätig waren, was den HSSPF des Generalgouvernements zu der höhnischen Bemerkung veranlaßte: »In dieser Hinsicht dürfte das vielgeprägte Wort des ersten ›Rechtsstaates‹, als welchen Dr. Frank das Generalgouvernement ansieht, seine volle Berechtigung haben.«[269]

Als Staatssekretär fungierte mit Dr. Josef Bühler ein Kompagnon Franks aus der gemeinsamen Rechtsanwaltskanzlei. Das Amt des Distriktsgouverneurs in Radom schanzte Frank dem ehemaligen Direktor der Akademie für Deutsches Recht zu, Dr. Karl Lasch. Diesem hatte das Oberste Parteigericht der NSDAP im September 1941 »schwere charakterliche Mängel« sowie die Eigenschaft bescheinigt, »sich leicht über die Grenzen des Erlaubten und der Anständigkeit hinwegzusetzen, wenn es seinem eigenen Vorteil dient«.[270] In seiner Amtsführung machte Lasch durch eine Kette von Korruptionsskandalen von sich reden. So hatte er u. a. Bundesbrüdern, Studienfreunden und Mitgliedern der Akademie für Deutsches Recht einträgliche Stellungen als Treuhänder verschafft und im Gegenzug umfangreiche »Spenden« für den Ausbau seiner Dienstwohnung und die Errichtung eines Gästehauses erhalten. Mit anderen Distriktsgouverneuren wie Dr. Ludwig Fischer in Warschau pflegte Lasch umfangreiche Tauschgeschäfte, bei denen jeweils mehrere Zentner Rohkaffee und Teppiche den Besitzer wechselten.[271] Schließlich hatten die Verfehlungen Laschs selbst für die Verhältnisse im Generalgouvernement einen Umfang angenommen, der zum Sturz des Distriktgouverneurs und einer Anklage vor dem Sondergericht Breslau führte. Am 3. Juni 1942 beging Lasch in der Haft Selbstmord. Der von ihm betreute Distrikt Galizien wurde unter den »Reichsdeutschen« spöttisch auch als »Skandalizien« bezeichnet. Das Kürzel »GG« (Generalgouvernement) stand als Synonym für »Gangster-Gau«, während Generalgouverneur Frank angesichts seiner Prunksucht mit dem Spottnamen »Stanislaus der Verspätete« bedacht wurde, der mit »Salve« grüße (Schieber aller Länder, vereinigt euch).[272] Propagandaminister Goebbels apostrophierte den Generalgouverneur in seinem Tagebuch als »König von Polen«.[273]

Die Korruption im Generalgouvernement beschränkte sich keineswegs auf die Herrschaftsclique rund um den Generalgouverneur. Auch in den unteren und mittleren Rängen der Besatzungshierarchie – wie beispielsweise bei den Kreishauptleuten – fanden sich zahlreiche korrupte Amtsträger, die ihre administrative Tätigkeit als persönliches Regiment inszenierten und nicht verwalteten, sondern herrschten.[274] Wie die Sicherheitspolizei beklagte, hatte sich zudem zwischen den Reichsdeutschen verschiedenster Institutionen – wie der Wehrmacht, der Besatzungsverwaltung, der Wirtschaft und der Justiz – ein Netzwerk von undurchsichtigen Beziehungen herausgebildet. Dieses war gegen Einwirkung von außen weitgehend abgeschottet, so daß »das völlige Fehlen der notwendigen Kontrolle der Korruption volle Entfaltungsmöglichkeit«[275] gewährte, während gleichzeitig die Kriminalpolizei »stärkemäßig den außergewöhnlich korrupten Verhältnissen nicht gewachsen«[276] war. So berichtete ein Organisationsleiter einer Wirtschaftsprüfungsgesellschaft, daß die Angehörigen der Behördendienststellen »einen Großteil der Arbeitszeit« darauf verwendeten, »Beschaffungsmöglichkeiten und Sonderzuteilungen zu ermitteln« und Schwarzmarktgeschäfte zu tätigen.[277] Dafür setzten viele Angehörige der Besatzungsverwaltung sogenannte Haus- bzw. Hofjuden ein, d. h. jüdisches Haus- und Dienstpersonal, das sie für persönliche Zwecke ausbeuteten und mit der Besorgung von Mangelwaren beauftragten.[278] Die Sicherheitspolizei sah in der »hemmungslosen Gier der Deutschen nach dem Besitz verknappter Waren« einen wesentlichen Motor der Korruption. Ein Teil des Besatzungspersonals fühlte sich überdies »verpflichtet, den ›deutschen Herrenmenschen‹ unter Beweis zu stellen«, provozierte »in der herausforderndsten Weise Skandale« gegenüber der einheimischen Bevölkerung, die insbesondere in den Geschäften »in der unmöglichsten Weise angeschrien und handgreiflich ›belehrt‹« würde.[279]

Diese bemerkenswert kritische Wahrnehmung des korrupten Besatzungsalltags wurde auf seiten der Sicherheitspolizei jedoch nicht mit den strukturellen Ursachen in Verbindung gebracht. Der HSSPF im Generalgouvernement personalisierte statt dessen das Problem der Korruption, indem er ausschließlich den ihm verhaßten Generalgouverneur »persönlich verantwortlich«[280] machte und die Korruptionsskandale im übrigen dazu nutzte, den institutionellen Einfluß der SS im Herrschaftsapparat des Generalgouvernements zu vergrößern. Noch grotesker nahmen sich demgegenüber rassistische Erklärungsversuche aus, die die Korruption dem vermeintlich unheilvollen Einfluß »fremden Volkstums« zuzuschieben versuchten: »Leider hat der deutsche Mensch im Generalgouvernement nicht die innerliche Stärke gehabt, der deutschen Art treu zu bleiben, sondern ist dem materialistisch-polnisch-jüdischen Lebensstil verfallen.«[281]

Ein Blick über die Grenzen des Generalgouvernements zeigt, daß nahezu sämtliche Erscheinungsformen der Korruption – wenngleich in unterschiedlicher Intensität – auch in den übrigen besetzten Gebieten Ost- und Westeuropas anzutreffen waren. Während sich die SS im Generalgouvernement über den korrupten Generalgouverneur und die Besatzungsverwaltung mokierte, gab sie anderswo im Hinblick auf persönliche Bereicherung, praktiziertes »Herrenmenschentum« und luxuriösen Repräsentationsaufwand selber den Ton an. Oftmals waren es gerade die Höheren SS- und Polizeiführer, die ihren Machtrausch und ihr Parvenügehabe hemmungslos auslebten. Die hinter der Front ihr Mordhandwerk verrichtenden Einsatzgruppen, die SS- und Polizeiführer sowie die Befehlshaber der Ordnungspolizei verfügten fast sämtlich über schwarze Kassen und Sonderfonds[282] aus beschlagnahmtem »Feindbesitz« und unterhielten eigene Nachschub- und Beschaffungsstellen, die mit Millionensummen kostbarste Einrichtungsgegenstände, Teppiche, Kunstwerke etc. in ganz Europa aufkauften, um den SS- und Polizeieinheiten ein möglichst luxuriöses Dasein zu ermöglichen.

So beklagte der Reichsrechnungshof »die Einstellung, insbesondere der hohen Polizeioffiziere, die mit dem Anspruch auftreten, sich auf Kosten des Reiches im Feindesland friedensmäßig einzurichten, selbst wenn die Einrichtungsgegenstände über Tausende von Kilometern aus der Heimat herbeigeschafft werden müssen oder nur zu ungewöhnlich hohen Preisen in den besetzten Gebieten zu haben waren«. So ließ der Befehlshaber der Einsatzgruppe C, SS-Brigadeführer Max Thomas, Badezimmereinrichtungen in Kitzbühel beschaffen und in seinem Stabsquartier in Schitomir einbauen.[284] So kaufte der SS-Wirtschafter Rußland-Süd in Kiew im südfranzösischen Cannes die gesamte Ausstattung eines Hotels zum Preis von einer Million RM auf, um damit Heime für Führer, Unterführer und weibliche Angestellte in Südrußland auszustatten.[285] Obwohl genügend Unterkünfte vorhanden waren, errichtete der Befehlshaber der Ordnungspolizei in Kiew einen Wohnblock von zwölf Häusern, die er aufwendigst u. a. mit Teppichen ausstatten ließ, die pro Stück bis zu 11 000 RM kosteten.[286]

Der Befehlshaber der Ordnungspolizei in Riga ließ sein Stabsquartier ebenfalls »herrichten«. Darunter verstand er u. a. den »Einbau von Kaminen aus italienischen Travertinisteinen neben Zentralheizung, erstklassige Parkettfußböden, Belegen der Wände mit wertvollsten Tapeten oder mit Kacheln, Fenster mit Glasmalereien«. Darüber hinaus richtete er sich »ein Schlafzimmer für 2 Personen im Stil Ludwigs XIV.« als »Alarmquartier« ein.[287] Sein Kollege in Rostow orderte Ende 1942 gleich 23 Eisenbahnwaggons mit wertvollsten Bekleidungs- und Ausrüstungsgegenständen, die unmittelbar nach ihrer Ankunft in die Hände der Roten Armee übergingen. Manche SS- und Polizeiführer und Kommandeure der Ordnungspolizei (»HSSPF Tiflis«, »KdO Bergvölker«, »KdO Nordkaukasien« etc.) scheuten nicht vor Millionenausgaben zurück, obwohl sie ihren Einsatzort niemals erreichten, weil das ihnen zugedachte Territorium von der Wehrmacht niemals erobert werden konnte.[288]

Der Lebenshaltung und dem Repräsentationsgebaren von SS- und Polizeieinheiten mochten auch die »Gefolgschaftsmitglieder« des Reichsministeriums für die besetzten Ostgebiete nicht nachstehen. So beschafften sich beispielsweise die »Aufbaustäbe« Charkow und Krim Motorboote und Reitpferde, die in den Niederlanden gekauft wurden und nach Rußland verfrachtet werden mußten.[289]

Zu den zentralen Korruptionsphänomenen in den besetzten Gebieten gehörte die Bereicherung an sogenanntem Feindvermögen, das zum einen in zahllosen Schwarz- und Sonderfonds versickerte. Zum anderen wurde die treuhänderische Verwaltung des Vermögens durch eine kaum überschaubare Zahl von Sonderkommissaren, Sonderbeauftragten, Sammeltreuhändern und Treuhandgesellschaften, in denen sich die chaotische Struktur des nationalsozialistischen Herrschaftssystems widerspiegelte, zu einer der wichtigsten Quellen der Korruption. »Wir selbst wissen nicht mehr, was Behörde ist und was nicht, was zu einer Behörde gehört, zu einer behördenähnlichen Gesellschaft oder zu der großen Gruppe eigennütziger Hyänen des Schlachtfeldes«, schrieb eine Dienststelle des Reichsfinanzministeriums an ihren Minister Graf Schwerin von Krosigk.[290] Überall schossen in den besetzten Gebieten privatrechtliche Gesellschaften aus dem Boden, bei denen – wie der Reichsfinanzminister sarkastisch bemerkte – »die viel berufene Unternehmerinitiative sich hauptsächlich in der Höhe der erreichten Gehaltsfestsetzung« äußerte.[291] Treuhänder und Beauftragte genehmigten sich häufig »märchenhafte« Gehälter, weil sie an bestehende Tarifbestimmungen nicht gebunden waren. Über eine Treuhandverwaltung des Reichskommissariats Ostland in Riga wurde im Juli 1942 berichtet, sie habe sich »als erstes 10 PKW, davon 8 zusammen etwa 30000 M Wert, ferner einen Mercedes Benz (Wert unbekannt) und einen Alfa Romeo (Wert 12500 M)« gekauft:

»Die Einrichtung für die Dienstwohnung des Vorsitzenden des Verwaltungsrats kostet über 13000 RM. Trotzdem fehlt ein Inventarverzeichnis. Die leitenden Fachkaufleute erhalten monatlich 1500 bis 2000 M, die weiblichen Angestellten vielfach 300 M und darüber, so daß im Durchschnitt für jeden Reichsdeutschen nicht viel unter 700 M gezahlt werden. Das ist viel mehr als ein Regierungsrat oder Amtsrat, also ein höherer Beamter in verantwortlicher Stellung, erhält. Die 6 Vorstandsmitglieder beziehen zwischen 1100 und 2500 M, dazu kommt die Weihnachtszuwendung mit 550 bis 1000 M für die kurze Tätigkeit

1941 und für verschiedene Personen 200 M monatlich als Aufwandsentschädigung [...]. Das entspricht dem Einkommen eines Staatssekretärs [...]. Für einen ausgeschiedenen kommissarischen Leiter eines Unternehmens sollen für 5 Monate Tätigkeit 20 000 M vergütet werden, mit Zustimmung des Gauleiters [...]. Unter diesen Umständen ist es nicht zu verwundern, daß die Aufwendungen dieser Treuhandverwaltung etwa 30 % der Einnahmen betragen. Das Personal kostet davon 47 %, der Vorstand allein nochmals 26 %. 25 % der gesamten Einnahmen aus einem Vermögen von mehreren hundert Mio RM werden auf diese Weise verbraucht.«[292]

Für die Tätigkeit der Haupttreuhandstelle Ost (HTO), die das enteignete Vermögen von Polen und Juden in den 1939 »eingegliederten« Ostgebieten Danzig-Westpreußen, Wartheland und Oberschlesien verwaltete, hatte sich das geflügelte Wort »eine Treuhand wäscht die andere« eingebürgert. Die HTO gewährte ihren Mitarbeitern nicht nur opulente Treuhänderhonorare[293], sondern gab ihnen auch die Gelegenheit, Unternehmen zum Vorzugspreis selbst zu erwerben. So konnte der Leiter der HTO in Kattowitz, NSDAP-Gauwirtschaftsberater Dr. Artur Jakob, die Sosnowitzer Röhren- und Eisenwerke auf der Basis einer Preisbewertung kaufen, die nur 60 % des Unternehmenswertes anrechnete und zudem den firmeneigenen Grundbesitz überhaupt nicht berücksichtigte.[294] Leitende Angestellte der HTO, darunter Dr. Walter Lorenz, der Hauptreferent im Gau Danzig-Westpreußen, schoben sich jahrelang ohne Bezugsberechtigung Spinnstoffe und Textilien gegenseitig zu.[295]

Die Kassen der HTO dienten verschiedensten Organisationen und Personen als willkommene Finanzierungsquelle. So wurden die Kosten für den Wohnungsumbau des Regierungsvizepräsidenten Dr. Walter Moser in Litzmannstadt in Höhe von 312 000 RM aus Treuhandmitteln bezahlt.[296] Der Höhere SS- und Polizeiführer Posen ließ sich vermeintliche »Dienste der SS« mit 300 000 RM vergüten. Die Gestapo in Kattowitz erhielt 100 000 RM ausbezahlt, ohne einen Verwendungsnachweis zu führen.[297] Über den gleichen Betrag durfte sich der NSDAP-Gauleiter von Danzig-Westpreußen, Albert Forster, freuen – als Gegenleistung »für die Absicherung des polnischen Vermögens vor Inkrafttreten der HTO«.[298]

Angesichts dieser institutionalisierten Bereicherung schlug Reichsfinanzminister Graf Schwerin von Krosigk im Jahre 1942 Alarm. In einem Rundschreiben merkte er an: »Der Osten verlangt vom Reich Zuschüsse über Zuschüsse, statt ihm Überschüsse oder wenigstens aus dem Preisgefälle zwischen den Ostgebieten und dem Reich die Schleusengewinne abzuliefern, die nach dem Wort des Führers die deutsche Kriegsschuld verzinsen und tilgen helfen sollen. Die hohen Gehälter, der Aufwand der Gesellschaften, die das Vermögen des Reichs verwalten, und darüber hinaus der Aufbau auf den verschiedensten Gebieten der Wirtschaft gehen zu einem beträchtlichen Teil zu Lasten des deutschen Steuerzahlers.«[299]

Korruption und Bereicherung am »Feindvermögen« einerseits und massive Aufwendungen für prunkhafte Repräsentation schmälerten den Ertrag des Reiches aus der Ausbeutung der besetzten Gebiete, so daß sich die Ausbeutungspolitik der Nationalsozialisten mit der von ihnen geschaffenen Herrschaftsstruktur als nicht kompatibel erwies.

Ähnliches galt für den schwarzen Markt, dessen Überpreise dem Reich erhebliche Kosten verursachten und der in allen besetzten Gebieten, besonders jedoch im besetzten Ost- und Südosteuropa, verbreitet war.[300] Für dessen Existenz waren nicht allein schrankenloser Ausbeutungsanspruch bei gleichzeitiger Warenknappheit oder Obstruktionsstrategien der einheimischen Bevölkerung verantwortlich, die sich Ablieferungsverpflichtungen entzog und Güter verschob. Auch die Angehörigen der Besatzungsverwaltung, Wehrmacht und Polizei sowie die in den besetzten Gebieten tätigen deutschen Firmen waren intensiv am Schwarzhandel beteiligt.

Dies zeigte u. a. ein Geheimbericht der Auslandsbriefprüfstelle der Deutschen Reichspost aus dem Jahre 1943. Die Auslandsbriefprüfstelle hatte monatelang Tausende von Privatbriefen überprüft und mitgelesen, die Angestellte deutscher Firmen in der Ukraine ihren Angehörigen im »Altreich« geschickt hatten. Sie kam zu dem eindeutigen Ergebnis:

»Das Tauschgeschäft ist das einzige, was einen hohen Prozentsatz der Schreiber an der Arbeit in der Ukraine überhaupt interessiert.«[301] Was die Prüfstelle über das Verhalten der »Osthyänen« berichtete – so wurden Firmenangestellte und Angehörige der Zivilverwaltung allgemein bezeichnet –, fiel wenig schmeichelhaft aus und warf ein bezeichnendes Licht auf einen Besatzungsalltag, in dem Korruption nahezu allgegenwärtig war: »Die Durchführung des Tauschhandels in großem Stil ist nur durch Bestechung, Korruption und grobe Unregelmäßigkeiten möglich. Die ›großen Sendungen‹ werden in dienstliche Transporte hineingeschmuggelt. Ganze Waggons werden ins Reich mit Hilfe von Transportangestellten und korrupten Eisenbahnangestellten verschoben. Transportbegleiter sind begehrte ›Beziehungen‹ und werden in großem Stile ›geschmiert‹. [...] Die ›Tauschware‹ und die Sendungen ins Reich stammen oft genug aus Veruntreuungen. Von der ›Hilfe‹ eines Bekannten bei der ›Kartenstelle‹ ist die Rede, und der Leiter eines Fleischereibetriebes berichtet ganz naiv, daß er noch einen zu kleinen Umsatz habe, ›um viel auf die Seite zu bringen‹. [...] Die Briefe versichern, daß in der Ukraine das Geld auf der Straße liege, und daß man sich in kürzester Zeit Vermögen erwerben könne. ›Du kannst über Nacht eine reiche Frau werden.‹ Einfache Leute können nach Hause schreiben, daß sie sich schon Tausende ›verdient‹ hätten. Andere wollen sich aus ihren Erlösen in der Ukraine in der Heimat Autos und Grundstücke erwerben. Im Stile der Neureichen werden für die Frauen Juwelen und kostbare Pelze angeschafft.«[302]

Einerseits wurden von den deutschen Angestellten im Rahmen des Schleichhandels Reichseigentum veruntreut und bewirtschaftete Waren in großem Umfang verschoben. Andererseits leisteten sie insofern einen persönlichen Beitrag zur Ausplünderung der besetzten Gebiete, als sie auf dem Wege des Schleichhandels oft minderwertigen Schund gegen wertvolle Güter einzutauschen vermochten. Vor allem die besetzten Ostgebiete glichen daher bisweilen einem »Trödelmarkt des Reiches«, auf dem »alles verkümmert« wurde. Im Jahre 1943 beklagte der HSSPF Rußland-Mitte und Weißruthenien, »daß sich Angehörige von SS- und Polizeiverbänden in immer zunehmenderem Maße aus der Heimat Waren […] schicken lassen, um sie aus Geldgier zu Wucherpreisen an die russische Bevölkerung zu verschachern«.[303] Im Hinblick auf die Ukraine fühlte sich ein Beobachter »an den ›Handel‹ mit Negerstämmen und ›Tausch‹ von Glasperlen gegen Elfenbein«[304] erinnert.

Aus diesen wie zahlreichen anderen Quellen geht hervor, daß die Korruption in den besetzten Gebieten keine Männerdomäne war. Auch Frauen betrieben in ihren zahllosen Funktionen – als Verwaltungskräfte im Besatzungsapparat, Wehrmachtsangehörige, Mitarbeiterinnen der NSV, SS-Helferinnen, KZ-Aufseherinnen – Korruptionsgeschäfte aller Art. Weder die öffentlichen Tätigkeitsbereiche von Frauen noch der häusliche Raum waren korruptionsfreie Zonen. Wie die Pelzkollektion der Ehefrau des Generalgouverneurs demonstrierte, profitierten auch die Ehefrauen von NS- und SS-Führern, die nicht selten am Einsatzort ihrer Männer wohnten, von der Korruption: »Sie beuteten die Häftlinge der Konzentrationslager aus, die sie als Dienstpersonal verpflichteten. Sie partizipierten an der Korruptionswirtschaft, die in allen Konzentrationslagern gedieh. Sie beraubten die jüdische Bevölkerung in den besetzten Gebieten, lebten in den enteigneten Häusern und nahmen Einrichtungsgegenstände und Kleidung der ehemaligen jüdischen Eigentümer in Besitz.«[305] In puncto Korruption verhielten sich Frauen nicht prinzipiell anders als Männer; der wesentliche Unterschied zwischen den Geschlechtern bestand allein in den unterschiedlichen Handlungsräumen, die Frauen geringere Zugriffsmöglichkeiten auf entsprechende Ressourcen eröffneten.[306]

Nicht nur die unteren und mittleren Ränge der Besatzungsadministration, sondern auch hohe Dienststellen von Staat, Partei und Wehrmacht waren vielfach in korrupte Schwarzmarktgeschäfte verwickelt. Der Direktor der Warschauer Gasanstalt, Scheiermann, verschob über 1000 Tonnen Koks auf den schwarzen Markt, wo er zum Zehnfachen des offiziellen Preises abgesetzt werden konnte.[307] Der NSDAP-Reichsamtsleiter und Vizepräsident der Gauwirtschaftskammer Berlin, Karl Protze, betätigte sich im Protektorat Böhmen und Mähren als Schleichhändler, wo er insbesondere Haushaltgeräte aufkaufte und verschob.[308] Ebenfalls im Protektorat kaufte der Generaldirektor der Prag-Film AG., SA-Sturmbannführer Karl Schulz, jahrelang Lebens- und Genußmittel sowie Spinnstoffe auf, die er an Freunde und Bekannte im »Altreich« abgab. Zu den Abnehmern gehörten zahlreiche Direktoren von Filmgesellschaften, darunter der Generaldirektor der UFA Film AG., ein Abteilungsleiter der Reichskulturkammer, der Reichsfilmdramaturg von Reichmeister sowie Ministerialdirigent Hippler und Ministerialrat Fischer vom Reichspropagandaministerium.[309]

Im stellvertretenden Generalkommando des X. Armeekorps in Hamburg hatte sich ein regelrechter Schmugglerring gebildet, der in großem Stil Weine und Spirituosen aus Frankreich als »Wehrmachtsgut« unverzollt ins Reich schmuggelte, an Offizierskasinos abgab oder mit erheblichem Gewinn an Zivilisten verkaufte. An diesen Transaktionen waren u. a. ein Generalmajor, zwei Oberstleutnants sowie ein NSDAP-Gaustellenleiter beteiligt.[310]

Zwar hatte Göring in seiner Eigenschaft als Beauftragter für den Vierjahresplan die Beteiligung am Schwarzmarkt offiziell verboten[311], doch zeitigte diese Anordnung aus verschiedenen Gründen nur geringe Erfolge: Die mit der Bekämpfung des Schwarzmarkts beauftragten Devisenschutzkommandos verfügten nur über eine unzureichende personelle Ausstattung und vermochten sich gegen die Besatzungsadministration nicht durchzusetzen. Zudem wurden sie selbst am schwarzen Markt tätig – zum Teil in direktem Auftrag Görings – und stellten somit ihre eigene Glaubwürdigkeit in Frage.[312] Nicht nur im Osten, sondern auch im besetzten Westeuropa erwiesen sich deutsche Amtsträger als bestechlich, besserten durch Schwarzmarktgeschäfte ihre Gehälter auf und konnten so ein Etappenleben führen, »das auf keinen Fall ihren Dienstbezügen angepaßt« war, wie es der Sonderbeauftragte Görings, Oberst Joseph Veltjens, formulierte.[313]

Analog zum Ämterchaos und zu den polykratischen Tendenzen nationalsozialistischer Herrschaft versuchten zahlreiche Dienststellen, sich auf dem Schwarzmarkt exklusive Bezugsquellen zu sichern, ignorierten bestehende Verbote, bestachen ihrerseits einheimische Schwarzhändler und beschäftigten eigene Aufkäufer, die sich partiell gegenseitig überboten und die Preise hochtrieben.[314] So tätigte allein die Reichsjugendführung 1943/44 im Protektorat Böhmen und Mähren 634 Großeinkäufe auf dem schwarzen Markt.[315] Reichsführer SS Heinrich Himmler verwies zwar mehrfach auf das Verbot von Schwarzmarktgeschäften und forderte »eine strikte und beispielhafte korrekte Durchführung dieses Befehls«[316], was jedoch die SS nicht daran hinderte, selbst umfangreiche Aufkäufe auf dem schwarzen Markt vorzunehmen.[317] So waren beispielsweise die Wachkompanie des Reichssicherheitshauptamtes in Berlin wie auch die Einsatzgruppen im Osten mit Schwarzmarktware aus den Niederlanden ausgerüstet.[318]

Diese regimespezifische Doppelmoral konterkarierte alle Bemühungen, den Schwarzmarkt und seine inhärenten Korruptionserscheinungen wirksam zu bekämpfen. Sie scheiterten jedoch nicht nur an den Schwierigkeiten, innerhalb des nationalsozialistischen Herrschaftssystems wirksame Kontrollmechanismen zu etablieren, sondern an den strukturellen Ursachen des Schwarzmarktes, in erster Linie an der Diskrepanz, die zwischen den tendenziell unbegrenzten Warenanforderungen des Deutschen Reiches und der realen Warenknappheit bestand.

Lagersystem und Korruption

Typische Elemente der Korruption im »Dritten Reich« verdichteten sich auch im nationalsozialistischen Lagersystem und spiegelten sich vor allem in den Konzentrationslagern wie in einem Mikrokosmos wider. Die wichtigsten strukturellen Grundlagen dafür wurden bereits in den ersten Jahren der NS-Herrschaft gelegt, in denen sich die Lager sukzessive als ein der öffentlichen Kontrolle entzogener Raum etablieren konnten: durch ihre Herauslösung aus der allgemeinen Verwaltung bzw. den traditionellen Behörden[319], was u. a. zur Folge hatte, daß die Finanzen der Konzentrationslager der öffentlichen Finanzkontrolle weitgehend entzogen wurden[320], sowie durch ihre weitgehende Abschottung gegenüber Zugriffen der Justiz und gegenüber der Öffentlichkeit.

Kennzeichnend für das System der Konzentrationslager und ihre Herrschaftsverfassung war eine Konzentrationslager-SS, die gegenüber den Häftlingen über »absolute Macht« (Sofsky)[321] verfügte. Obwohl sie formal in eine Vielzahl von Befehlswegen und Dienstvorschriften eingebunden war, agierte sie faktisch weitgehend autonom und schützte sich vor Sanktionen von außen durch Kameraderie, Patronage, Gruppen- und Cliquenbildung, so daß Mechanismen der bürokratischen Kontrolle »systematisch außer Kraft gesetzt« waren.[322] Ihr stand eine Häftlingsgesellschaft gegenüber, für die der Tauschhandel und die systematische Bestechung zu den Grundlagen ihres Überlebenskampfes gehörten. Schon die Vorschriften der Lagerordnung, die beispielsweise ordnungsgemäße Kleidung voraussetzten, konnten, wenn etwa eine Mütze verlorengegangen oder gestohlen worden war, nur durch heimliche Tauschgeschäfte eingehalten werden. Die Bestechung von Funktionshäftlingen und SS-Aufsehern konnte den Inhaftierten zwar Vergünstigungen und vorübergehende Erleichterungen verschaffen, hob jedoch die lagerinternen Machtverhältnisse und die Statushierarchie nicht auf.[323]

Auch wenn die Konzentrationslager keinen statischen Herrschaftskomplex bildeten, sondern während des »Dritten Reiches« vielfältige Funktionsveränderungen erfuhren, so daß sich die Schutzhaftlager zu Beginn nationalsozialistischer Herrschaft von den späteren Vernichtungslagern im Osten in krasser Weise unterschieden, wiesen die verschiedensten Lager dennoch ähnliche strukturelle Ursachen von Korruption auf. So verfügten die Häftlinge unter NS-Herrschaft faktisch in keinem Lager über einen auf normativen Grundlagen beruhenden, abgesicherten und einklagbaren Rechtsstatus, während die Lagerführung auf der anderen Seite keinem effizienten Kontrollsystem unterlag.

Neben den strukturellen Grundlagen des Lagersystems leistete die Personalauswahl und Rekrutierung von Kommandanten und Wachpersonal der Korruption Vorschub. So war es durchaus symptomatisch, daß der Kommandant des KZ Sachsenburg, Alexander Reiner, 1934 wegen Korruption und Schwarzhandel als SS-Abschnittsführer in Danzig hatte zurücktreten müssen und in den Bereich der Konzentrationslager »strafversetzt« worden war.[324] Auch die Wachmannschaften der frühen Lager, die sich häufig aus arbeitslosen Aktivisten und Straßenkämpfern der NS-Bewegung zusammensetzten, zeichneten sich vielfach durch Verhaltensweisen aus, in denen sich Brutalität und Gewalttätigkeiten mit Bereicherung und Korruption mischten. In einem Schreiben an den Reichsführer SS Heinrich Himmler bezeichnete der Inspekteur der Konzentrationslager, Theodor Eicke, die erste Wachmannschaft des Lagers Dachau als »korrupte Wachabteilung von 120 Mann«, die sich in erster Linie durch »Untreue, Unterschlagung und Korruption« hervorgetan habe.[325] Die Wertsachen der Gefangenen wurden bei der Aufnahme ins Lager ebenso unterschlagen wie Gelder und Pakete, die Angehörige ins Lager gesandt hatten.[326] Die SS-Wachmannschaften bedienten sich der Häftlinge, um Dinge für ihren persönlichen Bedarf zu »organisieren«, und nutzten die vorhandenen Lagereinrichtungen, z. B. die Tischlerei, um sich für private Zwecke ganze Zimmer- und Wohnungseinrichtungen herstellen zu lassen. »Diejenigen aus der Wachmannschaft, die sich nicht in skrupelloser Weise bereicherten, bildeten ein verschwindende Minderheit«, hieß es in einem Bericht über das Konzentrationslager Lichtenburg.[327]

Eugen Kogon hat am Beispiel Buchenwalds das »Drohnendasein der SS« auf Kosten der Häftlinge eindringlich geschildert.[328] Im Zentrum der Korruption standen vor allem die Verwaltungsführer mit unmittelbarer Verfügung über Gelder und Güter – eine einflußreiche Position, die sie weidlich zur Unterschlagung von Sachwerten und Anlegen schwarzer Kassen ausnutzten. Vor allem die SS-Kantinenverwaltung – »ein Korruptionsnest ohnegleichen« – habe systematisch Häftlingsgelder veruntreut, Lebensmittel unterschlagen und außerhalb des Lagers umfangreiche Schwarzmarktgeschäfte getätigt.[329] Die meisten SS-Führer behandelten die Bedarfsartikel und Erzeugnisse der von ihnen geleiteten Häftlingswerkstätten – Bildhauerei, Photoabteilung, Buchdruckerei und -binderei, Gärtnereien etc. – wie »Privatbesitz«.[330] Auch der Reichsführer SS Himmler machte in diesem Zusammenhang keine Ausnahme, verwendete er doch u. a. die Erzeugnisse der dem KZ Dachau angeschlossenen Porzellanmanufaktur Allach, um SS-Führern zu runden Geburtstagen, der Geburt von Kindern oder zum »Julfest« Porzellanfiguren (»SS-Fahnenträger«, »Fechterfigur«), Kaffeeservice, »Kinderfries-Leuchter«, »Julleuchter« und dergleichen mehr zu schenken, so daß die Produkte der Häftlingsarbeit eine wichtige Grundlage für Himmlers paternalistische Geschenkrituale bildeten.[331]

Was dem Reichsführer SS recht war, war den Kommandanten der Konzentrationslager billig, auch wenn nicht alle gleichermaßen als korrupt angesehen werden können. Zu den Prototypen des korrupten Kommandanten gehörten vor allem Hans Loritz, Alex Piorkowski und Karl Koch.

Hans Loritz, der von 1936 bis 1939 das KZ Dachau und von 1940 bis 1942 das KZ Sachsenhausen leitete, pflegte innerhalb und außerhalb des Lagers einen betont protzigen Lebensstil. So war beispielsweise der Luftschutzkeller im Lager Sachsenhausen mit einem »germanischen Bierkeller«, zwei Kegelbahnen und einer Schießanlage ausgestattet, um dem Kommandanten den Aufenthalt während der Luftangriffe zu verschönern. SS-intern wurde die Anlage auch als »Vergnügungspark« bezeichnet.[332] In St. Gilgen am Wolfgangsee ließ sich Loritz eine luxuriöse Villa durch ein Häftlingskommando erbauen. Ein ehemaliger Häftling berichtete in diesem Zusammenhang: »Loritz genießt alle Vorteile seiner Stellung. Er läßt vom KZ Sachsenhausen vier Lastwagen mit Klinkersteinen und Bäumen nach St. Gilgen bringen. Häftlinge müssen ihm Ölbilder malen, etwa 60 Teppiche und Brükken werden für ihn gewebt, Lampenschirme aus Leder gemacht, Wäschekörbe, Tische, Sessel aus Flechtwerk, Briefbeschwerer mit Helmverzierung aus Silber, kunstvolle Zahnstocher geschnitzt, nicht zu vergessen ein großes Schutzgitter aus Schmiedeeisen für drei Fenster, woran allein vier Häftlinge zweieinhalb Monate arbeiteten.«[333]

Einer der Nachfolger von Loritz im Amt des Dachauer Lagerkommandanten, Alex Piorkowski, hatte ebenfalls ein Grundstück in St. Gilgen aus jüdischem Eigentum in seinen Besitz gebracht, obwohl die Gestapo in Wien das Grundstück beschlagnahmt hatte und ein Verkauf an Piorkowski die Zustimmung des Reichsfinanzministers vorausgesetzt hätte. Bei dieser illegalen Transaktion konnte sich Piorkowski jedoch auf die Unterstützung seines SS-Kameraden verlassen, des Salzburger Gauleiters und SS-Brigadeführers Gustav Adolf Scheel, der den Grundstückskauf hinter den Kulissen in die Wege leitete.[334] In seiner Dachauer Amtszeit tat sich Piorkowski vor allem als Schieber und Schwarzhändler hervor. So entwickelte sich das Lager zu einem Zentrum für die Verschiebung von Lebensmitteln, Radioapparaten und Kunstgegenständen, in deren Mittelpunkt die »Kantinengemeinschaft Dachau« stand.[335]

Als einer der korruptesten KZ-Kommandanten galt jedoch Karl Koch, der von 1937 bis 1942 das Konzentrationslager Buchenwald leitete. Koch nutzte im November 1938 die Masseneinlieferung von knapp 10 000 Juden, um deren Gelder und Wertsachen an sich zu bringen und auf Sonderkonten und in schwarzen Kassen zu deponieren. In diesem Zusammenhang unterschlug er mindestens 200 000 RM, von denen er einen Teil innerhalb seiner Entourage verteilte.[336] Von Angehörigen der Häftlinge übersandte Gelder wurden als »Strafgelder« oder »Spenden« einbehalten; Autos, Motorräder und andere Wertgegenstände wechselten durch »Überschreibung« die Besitzer.[337] Jüdische Zeugen seiner persönlichen Bereicherung ließ Koch »auf der Flucht« erschießen oder durch Phenolinjektionen ermorden.

Alle drei Kommandanten – Loritz, Piorkowski und Koch – verloren im Jahre 1942 ihre Ämter im Rahmen eines großen Personalrevirements, als rund ein Drittel der KZ-Kommandanten ausgewechselt wurden. Korruption spielte bei der Ablösung vieler Kommandanten zwar eine, aber keine entscheidende Rolle. Viel wichtiger waren die funktionalen Veränderungen der Konzentrationslager im Zuge des kriegswirtschaftlichen Einsatzes von KZ-Häftlingen, denen die älteren, durch die »Kampfzeit« geprägten Kommandanten nicht mehr genügten, deren Amtsführung durch Grausamkeit, Korruptheit und Alkoholismus gekennzeichnet war.[338] Überdies lieferte nicht die Korruption als solche ein Ablösungsmotiv, sondern die Tatsache, daß diese in Gestalt von Luxusvillen und Schiebergeschäften den Arkanbereich des Lagers verlassen und damit die Abschirmung der Konzentrationslager gegenüber der Öffentlichkeit gefährdet hatte.

Korruption allein reichte freilich für die Ablösung eines Kommandanten nicht aus. Dies zeigte nicht zuletzt der »Fall Koch«, der 1941 durch Ermittlungen des HSSPF Fulda-Werra, Erbprinz zu Waldeck-Pyrmont, ins Rollen kam. Da der Erbprinz – glaubt man den Angaben Kogons[339] – selbst korrupt war, gingen die Ermittlungen gegen Koch offensichtlich auf persönliche Rivalitäten und Interessengegensätze zwischen den SS-Führern zurück.[340] Nachdem die Buchprüfungen im KZ Buchenwald entsprechende Verfehlungen ergeben hatten, wurde Koch im Dezember 1941 wegen Verdunkelungsgefahr verhaftet, aber nach Intervention u. a. Oswald Pohls, des späteren Chefs des SS-Wirtschafts- und Verwaltungshauptamtes, wieder entlassen. Nicht nur die SS-interne Kameraderie kam dem Buchenwalder Kommandanten zugute, sondern auch der Umstand, daß der Erbprinz mit seiner Verhaftungsaktion in den Verantwortungsbereich anderer SS-Führer eingedrungen war.[341] Pohl versicherte Koch sofort seiner Unterstützung und schrieb ihm mit demonstrativer Entrüstung: »Ich werde mich mit der ganzen Machtfülle meiner Person vor Sie stellen, wenn wieder einmal ein arbeitsloser Jurist seine gierigen Henkershände nach Ihrem unschuldigen weißen Leib ausstrecken sollte.«[342]

Auch der Reichsführer SS Himmler zog Koch zunächst aus der Schußlinie und betraute ihn 1942 mit der Leitung des Konzentrationslagers Lublin-Majdanek. Erst als er dort aus der Perspektive der SS sichtbar versagte, seine ihm übertragenen Aufgaben nicht wahrnahm und somit seinen Wert für die SS verlor – so hatte er u. a. einen Massenausbruch sowjetischer Kriegsgefangener nicht verhindern können –, wurden die Ermittlungen gegen Koch von seiten der SS- und Polizeigerichtsbarkeit wieder aufgenommen. Im August 1943 wurde er erneut verhaftet, Ende 1944 zum Tode verurteilt und Anfang April 1945 in Buchenwald erschossen.

Die Federführung in den Ermittlungen gegen Koch hatte das im Herbst 1943 neugeschaffene »SS- und Polizeigericht z. b. V.« übernommen. Vor allem der SS-Richter Dr. Konrad Morgen dehnte die Korruptionsermittlungen bald auf zahlreiche andere Konzentrationslager aus und will nach eigenen Angaben fünf Kommandanten sowie 200 SS-Offiziere und Angehörige der Mannschaftsdienstgrade abgeurteilt haben.[343] Ohne die unmittelbare Rückendeckung Himmlers wären Untersuchungen derartigen Umfangs wohl kaum möglich gewesen. Aus Sicht des Reichsführers SS gefährdete die Korruption den SS-spezifischen Moralkodex und konterkarierte seine Bemühungen, Massenmord und »Anständigkeit« innerhalb der SS miteinander in Einklang zu bringen. Dieser Logik zufolge konnte auch ein Massenmörder »Anständigkeit« für sich reklamieren, wenn er sein Mordhandwerk in uneigennütziger Pflichterfüllung verrichtet, d. h. dabei keine persönlichen Interessen verfolgt hatte.[344] Gleichzeitig ließ sich Himmler niemals allein von seinen persönlichen moralischen Überzeugungen leiten, trug funktionalen und machtpolitischen Aspekten in weitem Umfang Rechnung und schwankte deshalb offenbar in seiner Haltung gegenüber den Ermittlungsverfahren, demonstrierte doch die anlaufende Prozeßlawine nur zu augenfällig, wie wenig selbst das perverse ideologische Konstrukt der »Anständigkeit« mit der Realität innerhalb der SS zu tun hatte.[345]

Karin Orth hat in ihrer Untersuchung über die Konzentrationslager-SS darauf hingewiesen, daß die Konstruktion der »Anständigkeit« gleichwohl für einen Teil der KZ-Kommandanten einen essentiellen Bestandteil ihres Selbstverständnisses darstellte.[346] Gerade die subjektive Abgrenzung von korrupten Lagerführern wie Koch habe sie befähigt, getreu dem Himmlerschen Ideal noch kompromißloser und unbarmherziger nach den weltanschaulichen Grundsätzen der SS zu verfahren. Dies ist sicher nicht zu bezweifeln, auch wenn sich hinter der Konstruktion der »Anständigkeit« nicht zuletzt eine rückblickende Selbststilisierung verbarg, die als Verteidigungsstrategie in Ermittlungsverfahren und Gerichtsprozessen nach 1945 eine wichtige Rolle spielte. Die Ablösung hochgradig korrupter KZ-Kommandanten wie Koch durch »anständige« Lagerführer im Himmlerschen Sinne beseitigte die Korruption in den Konzentrationslagern jedoch keineswegs, bestanden doch ihre strukturellen Ursachen unverändert fort. Deshalb verwundert es nicht, daß SS-Richter Morgen bei seinen Ermittlungen in Dachau im Juni 1944, zwei Jahre nach Ablösung des korrupten Kommandanten Piorkowski, »riesige Mengen Beutegut aus Italien (Stoffe, Seife, Lebens- und Genußmittel)«[347] vorfand, das »in großen Mengen gestohlen und verschoben worden« war. Vor allem die fortdauernde Unterschlagung von Lebensmittelbeständen durch das Lagerpersonal führte zu einer katastrophalen Ernährungssituation der Häftlinge, die maßgeblich zur mangelnden Rentabilität des Sklavenarbeitereinsatzes beitrug.

In der zweiten Kriegshälfte stellten die Verhältnisse in den Vernichtungslagern des Ostens in puncto Korruption zudem alles in den Schatten, was sich bis dahin in den Lagern des »Altreiches« abgespielt hatte, wurden doch – wie in Auschwitz – die jüdischen Häftlinge schon bei ihrer Ankunft von korrupten Wachen und SS-Offizieren gnadenlos ausgeplündert, die sich Juwelen, Uhren, Gold, Geld und Devisen in großem Umfang aneigneten[348], oder – wie in Sobibor – noch nach ihrer Ermordung für private Zwecke der Wachmannschaften »verwertet«, die sich eine geheime Goldschmiede eingerichtet hatten, in der Zahngold zu Barren geschmolzen und vom Lagerpersonal vereinnahmt wurde.[349] Die pervertierte »Anständigkeit« im Himmlerschen Sinne hob die strukturellen Ursachen der Lagerkorruption nicht auf, die sich zudem nicht nur in den Konzentrationslagern, sondern auch in anderen Lagern als wirkungsmächtig erwiesen.

Rechtlosigkeit der Inhaftierten, erhebliche bis unbegrenzte Machtbefugnisse des Lagerpersonals und die geringe Kontrolle von außen waren beispielsweise auch in den »Arbeitserziehungslagern« an der Tagesordnung, die sich als Sonderlager der Geheimen Staatspolizei nach außen wirkungsvoll abschirmten. So konnte vom Lagerpersonal ungestraft das Eigentum der Häftlinge – einschließlich Bargeld – einbehalten, unterschlagen und für persönliche Zwecke verwertet werden.[350] Auch in den »Fremdarbeiterlagern« fanden sich alle Spielarten der Korruption und Bereicherung, vor allem die Unterschlagung von Lebensmitteln zu Lasten der ausländischen Arbeitskräfte.[351] Im Vergleich zu den Konzentrationslagern war hier lediglich der Bewachungsapparat geringer ausgeprägt und differenziert, so daß die Bestechlichkeit des Lagerpersonals den ausländischen Arbeitskräften partielle Freiräume schuf, die in den Konzentrationslagern nicht vorhanden waren.

3. Kapitel
Judenverfolgung und Korruption

Im Frühsommer 1939 verfaßte Hans Reichmann, der bis Anfang 1939 als Syndikus des »Centralvereins deutscher Staatsbürger jüdischen Glaubens« (CV) in Berlin tätig gewesen war, in seinem Exil in London einen eindringlichen Bericht über seine Erlebnisse im nationalsozialistischen Deutschland.[352] In diesem Zusammenhang beschrieb er ausführlich die allgegenwärtige Korruption, mit der Juden konfrontiert waren. Reichmann berichtete von hohen SS-Führern, die das Geld von Juden gegen »Honorar« ins Ausland schmuggelten, von Polizeipräsidenten, die sich die Paßerteilung an Juden durch »Spenden« vergüten ließen, und von Wirtschaftsberatern der NSDAP, die sich im Rahmen der »Arisierung« bereicherten. Als besonders auffallend hob er jedoch hervor, daß sich korruptes Verhalten nicht auf NS-Funktionäre beschränkte, sondern auch niedere Beamtenränge »vom Korruptions-Teufel erfaßt« worden waren:

»Dieser Staat hat eines seiner Fundamente selbst unterhöhlt: Er hat seine Beamtenschaft korrumpiert. Die Brandschatzung der Juden wird eines Tages nach den Maßstäben der attischen Tragödie gerächt werden. Der Staat, der schuldig wurde, als er die Juden plünderte, dessen Diener sich mitschuldig machten und am Raub teilhatten, wird zugrunde gehen, weil seine Beamten Ehre, Sicherheit, Pflichtgefühl verloren haben. […] Ein Bekannter, der in ein Devisen-Strafverfahren verwickelt war, wird überraschend aus der Haft entlassen. ›Was hat das gekostet?‹ frage ich ihn und diese volkstümliche Wendung charakterisiert die Situation im heutigen Deutschland, das einmal sauber war. ›Von fünf Mark aufwärts bis zu 50 000 Mark, vom Gefängniswärter bis zu den höchsten Stellen – alle haben sie genommen.‹«[353]

Die Schilderung Hans Reichmanns deutet an, daß auch die schleichende Entrechtung der Juden, die Vernichtung ihrer wirtschaftlichen Existenz, ihre forcierte Zwangsauswanderung und schließlich ihre Deportation und Ermordung von allen Formen der Bereicherung begleitet wurde, die für die Korruption unter nationalsozialistischer Herrschaft typisch waren. Dies war jedoch insofern bemerkenswert, als es nicht an offiziellen An- und Verordnungen mangelte, die ein strikt »gesetzliches« Vorgehen gegen Juden anmahnten und jede Form der individuellen und institutionellen Bereicherung zu unterbinden suchten.

So hatte Göring als Beauftragter für den Vierjahresplan im Einvernehmen mit dem Stellvertreter des Führers angeordnet, daß die »Ausschaltung der Juden aus dem deutschen Wirtschaftsleben« ausschließlich eine »Aufgabe des Staates« sei, auf »streng gesetzlicher Grundlage« zu erfolgen habe und der Nutzen »allein dem Reiche« zustehen solle.[354] Dementsprechend hatte NSDAP-Reichsschatzmeister Schwarz allen Amtsträgern und Dienststellen der NSDAP untersagt, in diesem Zusammenhang finanzielle Leistungen entgegenzunehmen, zum Beispiel bei der »Überführung jüdischer Betriebe«, und überdies jede Beteiligung der Partei an wirtschaftlichen Unternehmungen verboten.[355] Mit besonderem Pathos drohte der Reichsführer SS Heinrich Himmler jedem SS-Angehörigen eine »unnachsichtige« Bestrafung an, der den gesetzlichen Bestimmungen zuwiderhandelte und »bei der Übernahme jüdischer Vermögenswerte« einen »ungerechtfertigten Vorteil« zu erlangen suchte.[356] Diese Anordnungen wurden durch komplementäre Befehle von Gauleitern ergänzt, die – wie der Badische Gauleiter Robert Wagner – den Erwerb jüdischen Eigentums »durch Parteistellen und durch führende Parteigenossen«[357] untersagten, oder – wie der Salzburger Gauleiter Friedrich Rainer – sogar allen »Amtswaltern« der Partei die Beteiligung an »Arisierungen« verboten.[358]

Die Häufung derartiger Anordnungen deutete bereits an, daß

sich der staatliche Verfügungsanspruch auf das jüdische Eigentum nur teilweise durchzusetzen vermochte. Vielmehr standen die finanz- und devisenpolitischen Interessen des Reiches in einem latenten Spannungsverhältnis zu individuellem Bereicherungsstreben und den Interessen der Partei und ihrer Repräsentanten. Einerseits verknüpften sich mit der Verfügungsgewalt über das Eigentum von Juden immer auch Fragen der Macht und des institutionellen Einflusses, die vor allem das Verhältnis von Partei und Staat berührten. Andererseits zeigten sich die antisemitischen Aktivisten – vor allem in der NSDAP und ihren Organisationen – nicht bereit, ihre individuellen »Ansprüche« dem alleinigen Verfügungsrecht des Reiches unterzuordnen. Unter Verweis auf ihre »Opfer« in der »Kampfzeit« forderten sie ihren persönlichen Anteil an der einzubringenden Beute ein und unterstrichen dies durch eine Vielzahl von Einzelaktionen, mit denen sie bereits unmittelbar nach der nationalsozialistischen Machtübernahme ihre Ansprüche geltend machten.

Ausmaß und Bedeutung von Korruption bei der Verfolgung der Juden sollen im folgenden anhand von drei thematischen Schwerpunkten näher analysiert werden: der Bedeutung individueller Bereicherung im Rahmen antisemitischer Gewaltaktionen, der institutionellen und »wilden« Korruption im Prozeß der »Arisierung« und schließlich anhand des Stellenwertes und der Funktion von Korruption innerhalb der nationalsozialistischen »Vernichtungspolitik«.

Antisemitische Gewalt und individuelle Bereicherung

Der antisemitische Terror der nationalsozialistischen Machtergreifungsphase war nicht nur durch gewalttätige Übergriffe auf Juden gekennzeichnet, sondern richtete sich von Anfang an auch gegen ihren materiellen Besitz, den die nationalsozialistische Propaganda nicht als persönliches Eigentum respektierte, sondern ideologisch als »abgegaunertes« bzw. »geraubtes Volksvermögen« umdefinierte.[359] Welches Ausmaß an Haß und Sozialneid die NS-Propaganda entfachte, wird an einer Äußerung Otto Wageners deutlich, der 1933 das wirtschaftspolitische Amt der NSDAP leitete und noch nach 1945 im Agitationsstil des »Stürmer« den Antisemitismus rechtfertigte, »wenn man« – so Wagener – »die Tausende und Abertausende von Selbstmorden, die deutsche Menschen begangen haben, weil sie von Juden geschröpft, enteignet und in Zinsknechtschaft genommen worden waren, betrachtet, und dann die reich gewordenen Juden und ihre Weiber sieht, wie sie den gestohlenen Schmuck und die durch den Schweiß und das Blut ihrer Opfer erworbenen Juwelen an ihren schmutzigen Fingern und an ihren feisten Händen tragen«.[360]

Durch solche Haßpropaganda von moralischen Hemmungen dispensiert und im Vollgefühl der politischen Macht gingen daher viele NS-Aktivisten bereits im Frühjahr 1933 auf »Beutejagd«. In Hamburg raubten SA-Trupps bei fingierten Haussuchungen in Wohnungen von Juden Schmuck und Geld und mißhandelten Repräsentanten der Jüdischen Gemeinde, die ultimativ zur Aushändigung des Tresorschlüssels aufgefordert wurden.[361] Andere SA-Angehörige suchten mit Drohbriefen an Juden entsprechende Gelder zu erpressen.[362] In München taten sich bei der Beraubung von Juden vor allem SS-Stürme hervor, deren Angehörige diese Gelegenheit überdies zu privaten Racheakten nutzten. So überfiel ein entlassener Angestellter seinen ehemaligen jüdischen Chef und ließ sich aus dem Kassenschrank der Firma einen größeren Geldbetrag aushändigen.[363] In Berlin entführten und beraubten SA-Angehörige den jüdischen Direktor einer Trikotagenfabrik aus Zschopau, inhaftierten und folterten ihn tagelang in ihrem »Sturmlokal«, um ein hohes Lösegeld zu erpressen.[364] Mitarbeiter der NS-Volkswohlfahrt (NSV) in Berlin praktizierten ein besonders perfides Verfahren der persönlichen Geldbeschaffung: Sie nahmen Juden in Kenntnis ihrer Abstammung als Mitglieder in die NSV auf, um sie dann wegen »Einschleichens in die NSV« vorzuladen und ihnen Geld abzupressen.[365] In Pillau und Elbing beschafften sich Angehörige des Sicherheitsdienstes der SS einen Ausweis mit der faksimilierten Unterschrift des ostpreußischen Gauleiters, suchten wohlhabende Juden in ihren Wohnungen auf und erpreßten unter Drohungen jeweils größere Geldbeträge.[366] In Breslau ließ sich ein SA-Obersturmbannführer von den Inhabern eines jüdischen Kaufhauses eine »Spende« von 15 000 RM aushändigen, die er größtenteils auf das Sparkonto seiner Ehefrau überwies.[367] Ebenfalls in Breslau hatten sich Mitarbeiter der Abteilung Nachrichtendienst bei der NSDAP-Kreisleitung auf die Erpressung von Juden spezialisiert, die vorgeladen und unter Einsatz von Drohungen und Gewalt zu Geldzahlungen gezwungen wurden.[368] Dieses Vorgehen bewertete der ermittelnde Oberstaatsanwalt beim Landgericht Breslau als »nationalsozialistischen Übereifer« und amnestierte die begangenen Straftaten nach dem »Straffreiheitsgesetz« vom August 1934[369] – ein Verfahren, das bei der Aburteilung des Raub- und Gewalt-Antisemitismus häufig angewandt wurde.

Derartige Delikte ebbten zwar seit Mitte 1934 langsam ab. Im Kielwasser »radau-antisemitischer« Aktionen der Partei im Sommer 1935 traten sie allerdings erneut auf, um dann während des »Anschlusses« Österreichs im Frühjahr 1938 einen traurigen Höhepunkt zu erreichen.

Gewalttätige Übergriffe und die systematische Plünderung jüdischen Besitzes waren vor allem in Wien weitverbreitet. So wußten die Deutschland-Berichte der SOPADE zu berichten: »Bald begannen die Demolierungen und ›Requirierungen‹, d. h. Plünderungen jüdischer Geschäfte, die Erpressungen bei jüdischen Geschäfts- und Privatleuten. In den Läden erschienen vierzehn- bis sechzehnjährige Burschen, von etwa 20- bis 25jährigen SA-Männern angeführt, und ›requirierten‹ Lebensmittel, Schuhe, Anzüge, Stoffe usw. Häufig wurde die Beute mit Lastkraftwagen abtransportiert. Auf diese Weise wurden z. B. fast sämtliche jüdischen Geschäfte der Innenstadt (Kärntnerstraße, Rotenturmstraße, Mariahilferstraße, Am Graben) heimgesucht. [...] Die Ausräumung des Warenhauses Schiffmann in der Taborstraße dauerte drei Tage. Arbeiter mit Hakenkreuzbinden leerten die Lager, Männer im Braunhemd hielten die neugierige Menge fern. [...] Die Polizei versagte jeden Schutz.«[370]

Während der pogromartigen Ausschreitungen hatten überdies rund 25 000 selbsternannte »Kommissare« jüdische Unternehmen besetzt und ihre materiellen Bedürfnisse hemmungslos befriedigt, nachdem die jüdischen Inhaber entfernt worden waren.[371] Viele dieser Kommissare hätten »›Mein‹ und ›Dein‹ verwechselt«, formulierte sarkastisch Josef Bürckel, der »Reichskommissar für die Wiedervereinigung Österreichs mit dem Deutschen Reich«.[372]

Gewalttätige Vermögensbeschlagnahmungen[373] solchen Ausmaßes fanden im »Altreich« allenfalls während der Exzesse des Novemberpogroms 1938 statt, als es ebenfalls zu »wilden« Beschlagnahmungen und Plünderungen kam. So drang im Gau Süd-Hannover-Braunschweig die SS in Geschäfte und Wohnungen von Juden ein, beschlagnahmte Geld, Wertsachen, Schreibmaschinen und Kraftwagen. Über entsprechende Vorfälle in Stettin wußte der NSDAP-Reichsschatzmeister zu berichten: »Bei den betreffenden Juden erschienen einige Parteigenossen von der Kreisleitung und schnitten zuerst die Telefonleitung durch. Dann legten sie dem Juden notariell vorbereitete ›Schenkungsurkunden‹ vor, unter Hinweis darauf, daß dieser Gelegenheit habe, etwas zu verschenken. Auf einige gewagte Entgegnungen wurde mit der Drohung des Erschießens erwidert.«[374] In München requirierte die HJ-Führung während der Pogromnacht bei wohlhabenden jüdischen Unternehmern gewaltsam »Sühnegelder«, die u. a. zur Beschaffung von Uniformen verwendet wurden.[375]

Die NSDAP-Gauleitung in Berlin wußte Pogrom und Bereicherung auf besonders zynische Weise miteinander zu verbinden. So preßte Gaupropagandaleiter Wächter hohen Vertretern der Berliner Juden, u. a. Leo Baeck, eine »freiwillige Spende« in Höhe von fünf Millionen RM als »Wiedergutmachung« für entstandene Schäden ab.[376] Aus diesem sogenannten Scherbenfonds wurden u. a. das »Staatsbegräbnis des Parteigenossen vom Rath«

in Höhe von 300 000 RM finanziert, während die Berliner Parteiorganisation 200 000 RM und die SA und SS 70 000 RM »für tagelangen Einsatz, auch nachts« erhielten. Politische Leiter der NSDAP, die sich bei den nächtlichen Plünderungen und Zerstörungen Hemd und Mantel zerrissen hatten, wurden ebenso aus dem »Scherbenfonds« entschädigt wie die Witwe eines Obersturmführers, dessen plötzlicher Tod auf die »übermenschlichen Anstrengungen« bei der Vorbereitung des Staatsbegräbnisses zurückgeführt wurde.[377]

Bei »Beschlagnahmungen« und Plünderungen während des Novemberpogroms taten sich jedoch nicht nur Nationalsozialisten hervor. Auch »Volksgenossen« nutzten eifrig die Gunst der Stunde, um sich zu bereichern. So wurden beispielsweise in der Pfalz und in Baden während des Novemberpogroms 190 Plünderungsfälle gezählt. Nur in 53 Fällen waren NSDAP-Mitglieder an derartigen Aktionen beteiligt.[378]

Die »Arisierung« als Kristallisationspunkt der Korruption

Raub und »wilde« Beschlagnahmungen jüdischen Eigentums spiegelten nicht nur den prekären Rechtsstatus von Juden im nationalsozialistischen Deutschland, sondern auch den Erwartungsdruck nationalsozialistischer Aktivisten wider, die sich vor allem von der NSDAP eine Umverteilung jüdischen Eigentums in ihren persönlichen Besitz versprachen und deshalb den staatlichen Verfügungsanspruch vehement ablehnten. Symptomatisch brachte diese Grundhaltung der stellvertretende Leiter des Gaues Weser-Ems zum Ausdruck, der in einem Brief an den Stellvertreter des Führers die Befürchtung äußerte, daß der »jüdische Besitz dem Staate zufallen« und die Parteigenossen »leer ausgehen« könnten. Deshalb sei notwendig, »daß die Partei ihre Ansprüche geltend« mache.[379]

Ganz in diesem Sinne forderte beispielsweise Christian Weber, der mit dem »Amt für den 8./9. November« die Interessenvertretung der »Blutordensträger« innerhalb der NSDAP leitete, die im November 1938 verhängte »Judenvermögensabgabe« zugunsten »alter Kämpfer« zu verwenden. Aus deren Erträgen sollten 10 Millionen RM abgezweigt werden, um »Blutordensträger« bei der »Arisierung« jüdischer Geschäfte zu unterstützen.[380]

Die größten Erwartungen der Nationalsozialisten richteten sich auf die seit 1933 zunächst schleichende und dann 1938 gesetzlich forcierte »Arisierung« jüdischen Eigentums. Die NSDAP hatte sich in diesem Prozeß insofern eine Schlüsselstellung verschafft, als seit 1936/37 entsprechende Kaufverträge zwischen jüdischen Eigentümern und »arischen« Erwerbern den NSDAP-Gauwirtschaftsberatern zur Genehmigung vorgelegt werden mußten, zudem viele Gauleiter und hohe NSDAP-Funktionsträger auch auf die staatlichen Genehmigungsinstitutionen entscheidenden Einfluß ausübten.[381] Wie aber ließen sich die hochgesteckten Erwartungen der Partei und vieler Parteigenossen mit dem staatlichen Verfügungsanspruch vereinbaren?

Wie im folgenden gezeigt werden wird, verhielten sich die Repräsentanten des Regimes in dieser Frage widersprüchlich und ambivalent und versuchten, unterschiedlichsten Ansprüchen gleichzeitig gerecht zu werden – und dabei nicht zuletzt ihre institutionellen und individuellen Interessen zu verfolgen.

Dies zeigte sich am Beispiel des Reichsschatzmeisters der NSDAP, der sich in seinen offiziellen Verlautbarungen geradezu als Gralshüter des staatlichen Konfiskationsanspruches stilisierte, hatte er doch die Annahme finanzieller Leistungen durch die NSDAP im Rahmen der »Arisierung« strikt untersagt und gegenüber dem Stabsleiter des Stellvertreters des Führers (StdF), Martin Bormann, noch einmal ausdrücklich bekräftigt, daß die NSDAP aus der »Arisierung« »keinen materiellen Gewinn schlagen dürfe«.[382] Dies hinderte den Reichsschatzmeister jedoch nicht daran, in engem Zusammenwirken mit Bormann Hunderte von Grundstücken aus jüdischem Eigentum für die NSDAP zu Vorzugskonditionen zu erwerben. Auf Initiative Bormanns hatte das Reichswirtschaftsministerium die Genehmigungsbehörden im

Rahmen der Grundstücks-»Arisierung« angewiesen, »auf den Raumbedarf der NSDAP Rücksicht zu nehmen«.[383] Auch das Reichsfinanzministerium kam den Grundstücksinteressen des NSDAP-Reichsschatzmeisters beflissen entgegen. Finanzminister Schwerin von Krosigk, der Anfang 1943 den Verkauf aus eingezogenem »staatsfeindlichem« Vermögen eingestellt hatte, um zurückkehrenden Soldaten nach Kriegsende den Grunderwerb zu ermöglichen, nahm die NSDAP auf Bitten des Reichsschatzmeisters ausdrücklich von dieser Verkaufssperre aus.[384]

In Österreich wurden der NSDAP Grundstücke aus jüdischem Eigentum weitgehend unentgeltlich zugewiesen. Dieses Vorgehen, das dem Alleinverfügungsanspruch des Deutschen Reiches widersprach, brachte die Gestapo mit der bestehenden Rechtslage durch eine bizarre Formulierung in Einklang, mit der sie die Grundstücke »zu Gunsten des Deutschen Reiches, vertreten durch Reichsschatzmeister Schwarz, München, Braunes Haus« einzog.[385] In den Niederlanden schanzte der Reichskommissar für die besetzten niederländischen Gebiete, Arthur Seyß-Inquart, der NSDAP ebenfalls unentgeltlich Grundstücke aus jüdischem Besitz zu. Dafür wandte er aus staatlichen Mitteln über zwei Millionen RM auf, die offiziell als »Zuschuß« deklariert wurden, tatsächlich jedoch dem – entsprechend niedrig angesetzten – Kaufpreis entsprachen.[386] Auch in den eingegliederten polnischen Westgebieten konnte die NSDAP ihren Grundstücksbedarf durch besonderes Wohlwollen der Haupttreuhandstelle Ost decken.[387]

Hatte Reichsschatzmeister Schwarz schon bei der Bereicherung am Grundeigentum von Juden keine Skrupel gezeigt, gegen seine eigenen Anordnungen zu verstoßen, so sah er auch großzügig über die Annahme von »Spenden« durch Parteidienststellen im Rahmen der »Arisierung« hinweg. Er schritt keineswegs ein, als ihm beispielsweise der NSDAP-Gauschatzmeister Bayerische Ostmark mitteilte, daß eine Firma »für die objektive Vermittlungsarbeit des Gauwirtschaftsberaters Pg. Dr. Linhardt« 3000 RM gespendet hatte und in anderen Fällen über 70 000 RM »vollkommen freiwillig zugesagt« worden waren.[388] Für den

Reichsschatzmeister war entscheidend, daß ihm solche Vorgänge mitgeteilt und zur Genehmigung vorgelegt wurden. Als unerwünscht galten Schwarz nur jene Formen der finanziellen Bereicherung, die ohne seine Zustimmung erfolgten, weil sie den Anspruch des Reichsschatzmeisters auf die finanzielle Zentralgewalt innerhalb der NSDAP untergruben. Sonderfonds und schwarze Kassen, die bei Gliederungen, angeschlossenen Verbänden und den regionalen Apparaten der NSDAP während der »Arisierung« in großem Umfang angelegt wurden und ihnen eine entsprechende finanzielle Unabhängigkeit ermöglichten, schwächten gleichzeitig Schwarz' Machtinstrument der zentralen Finanzzuweisung. So wies der Reichsschatzmeister den Stabsleiter des StdF auf die Gefahr hin, »daß die Gauleiter teilweise die Lage dazu benutzen, um schwarze Kassen und Fonds anzulegen, über die sie selbständig ohne meine Zustimmung verfügen«.[389] Wenn also Schwarz offiziell die Annahme finanzieller Gegenleistungen durch die NSDAP verbot, dann ging es ihm keineswegs um die Durchsetzung des staatlichen Verfügungsanspruches im Rahmen der »Arisierung«, sondern ausschließlich um seine eigene Machtstellung in der Partei.

Auch der Beauftragte für den Vierjahresplan, Hermann Göring, der in seinen Anordnungen ein »gesetzliches« Vorgehen bei der »Arisierung« und den Anspruch des Deutschen Reiches auf Einzug der »Entjudungsgewinne« formuliert hatte, wich von diesen Grundsätzen nach eigenem Gutdünken ab. Bezeichnend dafür war Görings Verhalten in einer Korruptionsaffäre um die Grundstücks-»Arisierungen« im NSDAP-Gau Franken. Eine von Göring eingesetzte parteiamtliche Untersuchungskommission hatte in Nürnberg und Fürth zahlreiche Fälle von Korruption und Bereicherung aufgedeckt.[390] So waren jüdische Grundstücksinhaber nach dem Novemberpogrom 1938 auf die lokale »Arisierungsstelle« bei der DAF bestellt und unter Einsatz von Gewalt zum »Verkauf« ihrer Grundstücke an die NSDAP – vertreten durch den stellvertretenden Gauleiter Karl Holz – gezwungen worden. Der oktroyierte Kaufpreis betrug lediglich 10 % des

Grundstücks-Einheitswertes. Auf diese Weise hatten zahlreiche Dienststellen der NSDAP und ihrer Gliederungen Grundstücke aus jüdischem Eigentum zum Schleuderpreis erworben.

Anstatt die gewaltsamen »Arisierungen« sofort rückgängig zu machen und das von ihm propagierte »gesetzliche« Vorgehen sowie die Interessen des Staates durchzusetzen, ging es Göring in der Korruptionsaffäre vor allem darum, eine Desavouierung der NSDAP zu vermeiden. Er beließ daher nicht nur die geraubten Grundstücke im Besitz der Partei, sondern stellte darüber hinaus eine Million RM aus Reichsmitteln zur Verfügung, um den brutalen Raub nachträglich als ordnungsgemäßen Erwerb zu kaschieren.[391] Damit leistete Göring der Bereicherung der NSDAP auch noch mit öffentlichen Finanzmitteln Vorschub und stellte seine eigenen Anordnungen auf den Kopf.

Eine ähnliche, ausschließlich machttaktisch-situative Grundhaltung zur »Arisierung« läßt sich schließlich auch bei allen anderen Repräsentanten des NS-Regimes konstatieren, die in ihren offiziellen Anordnungen jede Form der Bereicherung durch Parteiangehörige untersagt hatten. So setzte der Reichsführer SS seine Ankündigung, SS-Angehörige »unnachsichtig« zu bestrafen, falls sie sich »ungerechtfertigte Vorteile« bei »Arisierungen« verschafften, zwar in einigen Fällen durchaus um – beispielsweise im Falle des SS-Standartenführers Günther Tamaschke, der ein jüdisches Unternehmen im Protektorat Böhmen und Mähren übernehmen wollte und deshalb aus der SS ausgeschlossen wurde. Dem Aktenvorgang ist jedoch zu entnehmen, daß die »Arisierung« Himmler nur den willkommenen Anlaß lieferte, den unliebsamen Tamaschke aus der SS zu entfernen. Dies sei – so bemerkte Himmler zu einem seiner Referenten – »eine fantastische Gelegenheit, Tamaschke, der sowieso eigentlich nicht zu uns gehöre und der ja nach seiner Ansicht bestimmt irgendwie jüdisches Blut habe, loszuwerden«.[392]

Daß Himmler die Beteiligung von SS-Angehörigen an der »Arisierung« keineswegs prinzipiell ablehnte, zeigte sich in einem anderen Fall, in dem er einen SS-Obersturmbannführer in dessen

Bemühungen sogar unterstützte. Dabei handelte es sich allerdings um keinen in Ungnade gefallenen SS-Führer, sondern um Fritz Kiehn, den Inhaber der »Efka«-Werke in Trossingen und Präsidenten der Industrie- und Handelskammer Stuttgart, der Himmler treu ergeben war und regelmäßig Spenden auf das »Sonderkonto R« des Reichsführers SS einzahlte.[393] Ob ein Vorteil bei der »Arisierung« »ungerechtfertigt« war oder nicht, entschied Himmler also nach höchst subjektiven Kriterien. Es versteht sich von selbst, daß lukrative »Arisierungen« durch SS-eigene Unternehmen nicht als »ungerechtfertigt« galten, beispielsweise die Machenschaften der »Gemeinnützigen Wohnungs- und Heimstättengesellschaft Dachau«, die in Berlin mehr als zwanzig Grundstücke aus jüdischem Eigentum erwarb, um SS- und Polizeiführern luxuriöse Repräsentationswohnungen bereitzustellen.[394] Auch der Handel der SS mit Auswanderungsgenehmigungen für Juden, um mit den erpreßten Devisenbeträgen die Anwerbung von Freiwilligen für die Waffen-SS zu finanzieren, wurde vom Reichsführer SS selbstverständlich gutgeheißen.[395]

Als letztes Beispiel nationalsozialistischer Doppelmoral bei der »Arisierung« sei der Salzburger NSDAP-Gauleiter erwähnt. Einerseits hatte er allen Amtswaltern der Partei die Beteiligung an »Arisierungen« untersagt, andererseits betätigte er sich als eifriger Immobilienmakler für die sogenannten Judenvillen im Salzkammergut, die er systematisch erfassen[396] und vor allem höheren Parteigenossen zukommen ließ. Auch die eigene Person nahm der Salzburger Gauleiter großzügig von seiner »Arisierungs«-Anordnung aus, hatte er doch seinen Rauchsalon mit Einrichtungsgegenständen aus der Sammlung Rothschild in Wien ausgestattet.[397]

Wie die aufgeführten Beispiele des NSDAP-Reichsschatzmeisters, des Vierjahresplanbeauftragten Göring, des Reichsführers SS und des Salzburger Gauleiters zeigen, hatte sich hinter der offiziellen Fassade von Anordnungen, die ein »gesetzliches« Vorgehen, den staatlichen Verfügungsanspruch und das persönliche Bereicherungsverbot proklamierten, eine Realität herausgebildet, in der die institutionelle und individuelle Korruption um so ungehinderter wucherten. Der Verfügungsanspruch des Reiches beispielsweise konnte sich schon deshalb nie vollständig durchsetzen, weil es im NS-Staat keine Institution gab, die einem abstrakten Staats- und Reichsinteresse verpflichtet gewesen wäre. Im Namen des Deutschen Reiches traten stets Nationalsozialisten auf, deren Amtsverständnis untrennbar mit ihren persönlichen Macht- und Herrschaftsinteressen verbunden, ja wesentlich durch diese bestimmt war. Zudem wurde der Verfügungsanspruch des Reiches durch die regionalisierte Genehmigungspraxis der »Arisierungs«-Verfahren geschwächt, hatte doch Göring das Procedere der »Arisierung« nicht den Institutionen des Reiches übertragen, zum Beispiel dem Reichswirtschaftsministerium, sondern an lokale und regionale Entscheidungsträger delegiert.[398]

Diese Genehmigungspraxis ermöglichte nicht nur einer Vielzahl von Parteiinstitutionen und NSDAP-Funktionären, sich an jüdischem Eigentum systematisch zu bereichern, sondern auch den Städten und Gemeinden, die im Rahmen der antijüdischen Enteignungspolitik partiell als Treuhänder des Reiches tätig wurden. So hatte das Reich im Zuge der Verordnung zum Einsatz des jüdischen Vermögens vom 3. Dezember 1938 allen Juden die Zwangsablieferung von Schmuck, Juwelen und Kunstgegenständen aus Gold, Platin und Silber auferlegt und die städtischen Pfandleihanstalten zu Ankaufs- und Sammelstellen des Reiches erhoben.[399] Die Pfandleihanstalten vergüteten dem jüdischen Eigentümer für seine Juwelen, Schmuck und Kunstgegenstände maximal ein Sechstel des tatsächlichen Wertes und hatten überdies das Recht erhalten, Gegenstände bis zu einem Höchstwert von 1000 RM (später auf 300 bzw. 150 RM vermindert) selbst zu erwerben. Dies kam einer verkappten Einladung gleich, die feststehenden Vergütungssätze abzusenken und die zum Niedrigpreis erworbenen Gegenstände gewinnbringend zugunsten der kommunalen Finanzhaushalte zu verwerten.

Aufgrund von Vorgängen in Nürnberg kam nach 1945 der

Court of Restitution Affairs in der amerikanischen Besatzungszone zu der Auffassung, daß es den städtischen Pfandleihanstalten gelungen sei, »einen größeren Teil der angekauften Gegenstände zu unterschlagen bzw. vom Reich zu stehlen. Niedere Abschätzungen, Teilbewertungen, nicht eingetragene Verkäufe an Parteigünstlinge, immer unter der RM 1000-, RM 300- und RM 150-Höchstgrenze, scheinen bei den Pfandleihanstalten allgemein üblich gewesen zu sein.«[400] Die Bereicherungsmöglichkeiten seien derart groß gewesen, daß der propagierte Verfügungsanspruch des Reiches von seinen Protagonisten nie als Verfügungsmonopol begriffen worden sei, sondern die Bereicherung anderer von Anfang an eingeschlossen habe. Deshalb seien die Entziehungspläne – so der Court of Restitution Affairs – »mit der deutlichen Absicht gefaßt worden [...], nicht nur dem Reich selbst, sondern auch den Gemeinden die Möglichkeit zu geben, aus der Entziehung jüdischen Vermögens Kapital zu schlagen«.[401]

Somit entwickelte sich die »Arisierung« insgesamt zu einem Bereicherungs-Wettlauf, in dem Günstlingswirtschaft und Korruption an der Tagesordnung waren und von dem zahlreiche Institutionen und Personen, ja wachsende Teile der deutschen Gesellschaft profitierten: Städte und Gemeinden, die NSDAP, die Parteimitglieder und eine große Zahl von Personen und Berufsgruppen außerhalb der Partei.

Die NSDAP nahm die Bereicherungschancen, die sich durch ihre Schlüsselposition innerhalb der »Arisierung« ergaben, mit besonderer Konsequenz wahr. Wie schon NSDAP-Reichsschatzmeister Schwarz befürchtet hatte, nutzten vor allem die Gauleitungen die »Arisierung«, um sich schwarze Finanzfonds außerhalb der Partei-, aber auch der öffentlichen Haushalte anzulegen, über die sie nach eigenem Gutdünken verfügen konnten und niemandem Rechenschaft ablegen mußten. Die Finanzfonds speisten sich zumeist aus Zwangs-»Spenden«, die den jüdischen Eigentümern, partiell auch den »arischen« Erwerbern bei der Genehmigung von »Arisierungs«-Verträgen abgepreßt wurden. Im Gau Saarpfalz hatte NSDAP-Gauleiter Bürckel zu diesem

Zweck die »Saarpfälzische Vermögensgesellschaft« gegründet. Sie ließ sich von jüdischen Eigentümern, die teilweise bereits in Konzentrationslager abtransportiert worden waren, Vollmachten unterschreiben, die die Vermögensgesellschaft mit der »Arisierung« ihres Besitzes beauftragten, und überwies anschließend 40 % des Verkaufserlöses auf ein Sonderkonto der Gauleitung.[402]

Geradezu bescheiden nahmen sich demgegenüber die Forderungen der NSDAP-Gauleitung Franken aus, die von den Erwerbern eine Spende von 1,5 bis 3 % in Höhe der Kaufsumme abverlangte, die zunächst auf ein Sonderkonto des Stürmer-Verlages bei der Bank der Deutschen Arbeit eingezahlt und von dort auf das Konto des Gauschatzamtes überwiesen wurden, wo sich auf diese Weise insgesamt ca. 350 000 RM einfanden.[403] Offensichtlich hatte Gauleiter Streicher zunächst mit dem Gedanken gespielt, mit Hilfe der Spenden sein Hetzblatt »Der Stürmer« zu subventionieren.

In München wurden die jüdischen Eigentümer von der lokalen »Arisierungsstelle« geplündert, die sich – ähnlich wie im Gau Saarpfalz – von jüdischen Grundeigentümern deren Verfügungsrechte übertragen ließ.[404] In Hamburg fungierte die »Hamburger Grundstücks-Verwaltungsgesellschaft von 1938 mbH« als Akquisiteur von »Arisierungsspenden« für NSDAP-Gauleiter Kaufmann, dem sie insgesamt mindestens 854 000 RM an Zwangsspenden zuleitete.[405]

Im Gau Württemberg-Hohenzollern überwies Gauleiter Murr die requirierten Spenden, die ungefähr eine Million Reichsmark ausmachten, einer Stiftung mit dem zynischen Titel »Wirtschaftsdank Württemberg«.[406] Die »Spenden« wurden u. a. zum Erwerb ehemals jüdischer Unternehmen verwendet.[407] Darüber hinaus finanzierte die Stiftung eine Zementfabrik in Dotternhausen, als deren persönlich haftender Geschäftsführer der NSDAP-Gauamtsleiter Rudolf Rohrbach fungierte.[408]

In Thüringen zog der NSDAP-Gauwirtschaftsberater bei »Arisierungen« 10 % der Kaufsumme ein und deklarierte die Zwangsabgaben als notwendige Aufwandsentschädigungen, um vermeintliche »Unkosten« finanziell auszugleichen.[409] Anschließend überwies er das Geld – insgesamt mehr als eine Million Reichsmark – auf ein Sonderkonto der Gauleitung. Ursprünglich sollte damit eine »Versorgungsstiftung für Angehörige der Alten Garde Thüringens« errichtet werden. Ein Großteil der eingezogenen Beträge wurde jedoch Parteigenossen als »Darlehen« überwiesen, um jüdische Firmen im Rahmen der »Arisierung« erwerben zu können.[410] Dieses Verfahren wurde auch in anderen Gauen praktiziert, zum Beispiel in Ostpreußen, wo der Sicherheitsdienst der SS in einem Jahreslagebericht vermerkte, daß »die NSDAP aus ihren Fonds manchem Parteigenossen durch Hergabe von Krediten zu einer gesicherten Existenz verholfen« habe.[411]

Die Förderung und Finanzierung von Parteigenossen im Rahmen der »Arisierung« hatte Martin Bormann in einer geheimen Anordnung zur »Ehrenpflicht« aller Gauleiter erklärt. Durch ein organisiertes System der Patronage sollte auch die staatlich forcierte Enteignung der Juden genutzt werden, um die materiellen Ansprüche der Parteigenossen zu befriedigen. Als Begründung mußte auch hier die zur standardisierten Leerformel erstarrte Behauptung von »wirtschaftlichen Nachteilen« während der »Kampfzeit« herhalten.[412]

Ihren Höhepunkt erreichte die institutionalisierte Begünstigung von Parteigenossen in den Jahren 1938/39, als die Handlungsspielräume der jüdischen Eigentümer im Zuge der forcierten Zwangs-»Arisierung« auf den Nullpunkt sanken und die Einflußmöglichkeiten der Partei so umfassend waren, daß vor allem die »Arisierung« des Einzelhandels zu einem regelrechten Förderprogramm für NSDAP-Mitglieder ausgestaltet werden konnte. »Voranstehen sollten alte und verdiente Parteigenossen, die in der Kampfzeit geschädigt sind«, hieß es dementsprechend in einem zusammenfassenden Bericht über die »Entjudung des Einzelhandels in Berlin«.[413] Überdies standen diesen – wie es offiziell hieß – »wertvollen Bewerbern« Vorzugskredite von Stadtbank und Sparkassen zur Verfügung, um ihnen den Zugriff auf jüdisches Eigentum zu erleichtern. Zur zweiten Kategorie der Bevorzugten gehörten »Parteigenossen, die sich selbständig machen wollen, die aber wirtschaftlich erfahren sein müssen«[414] – ein Kriterium, das in der Gruppe der »alten und verdienten Parteigenossen« offensichtlich nicht vorausgesetzt wurde. In der Realität entwickelte sich die »Arisierung« zu einem Bereicherungsmarkt, auf dem alle Kategorien von Parteigenossen – vom Blockwart bis zum Gauleiter – gleichermaßen tätig wurden.[415]

Hohe NSDAP-Funktionsträger, die sich schon aus Gründen der politischen Optik nicht als Großunternehmer etablieren konnten, bevorzugten vor allem den anonymen Aktienmarkt, beispielsweise Gauleiter Streicher, der aus jüdischem Besitz ein Aktienpaket der Nürnberger Mars-Werke zu 5 % des Nominalwertes erwarb, oder sein Hamburger Kollege Kaufmann, der aus einem Sonderfonds das gesamte Aktienpaket der Chemischen Fabrik Siegfried Kroch AG aufkaufte, um die Gewinne für seine »Hamburger Stiftung von 1937« zu vereinnahmen.[416]

Kreis- und Gauamtsleiter zeigten bereits weniger Skrupel, sich nach außen als Fabrikbesitzer zu etablieren. So erwarb der Gauschulungsleiter der NSDAP Württemberg-Hohenzollern ein Schieferwerk in Metzingen, das er neben seiner hauptamtlichen Tätigkeit betrieb und das zur Verzehnfachung seines bisherigen Jahreseinkommens beitrug.[417] Die »alten Kämpfer« und kleinen Parteigenossen wurden besonders in den staatlich kontrollierten oder konzessionierten Wirtschaftsbereichen bedacht und übernahmen vor allem Kinos, Lotto- und Tabakverkaufsstellen.[418]

Familien- und Verwandtschaftsdienste waren integraler Bestandteil der Parteigenossenförderung. So betätigte sich Gerhard Fiehler, der Bruder des Münchner Oberbürgermeisters, als Abwickler und Erwerber eines jüdischen Unternehmens für Leder- und Schuhmachereibedarfsartikel.[419] Benno Richter, der Bruder des Hamburger Innensenators, machte sich mit einem Fachgeschäft für Galanteriewaren selbständig.[420] Hans Rattenhuber, Adjutant des Reichsführers SS und Chef des Reichssicherheitsdienstes (RSD), kümmerte sich im besonderen um die Belange seines Cousins, des Münchner Privatbankiers Georg Eidenschink, der u. a. Brauereien des jüdischen Generaldirektors der Engelhardt-Brauerei, Ignaz Nacher, erwerben wollte. Rattenhuber besuchte den von der Gestapo inhaftierten Nacher in der Gefängniszelle und zwang ihn, eine entsprechende Erklärung zugunsten seines Cousins Eidenschink zu unterzeichnen und diesem noch zusätzlich eine »Aufwandsentschädigung« von 150 000 RM zukommen zu lassen.[421] Manche Nationalsozialisten camouflierten solche Erpressungen noch mit dem Mantel des fürsorglichen Entgegenkommens. So sicherte Christian Weber, Kreistagspräsident und nebenamtlicher Präsident des Rennvereins München-Riem, einer jüdischen Bürgerin ein lebenslanges Bleiberecht in Deutschland zu. Das Entgegenkommen bestand in einem Schenkungsvertrag, mit dem die Besagte ein Grundstück in Feldafing am Starnberger See dem Rennverein übereignete.[422]

Die NSDAP-Parteigenossen bildeten keineswegs die einzige Gruppe, die im Rahmen der »Arisierung« systematisch protegiert wurde und von dieser öffentlichen, institutionalisierten Seite der Korruption profitierte. Mittelständler, beruflicher Nachwuchs oder ehemalige Angestellte jüdischer Unternehmen gehörten ebenfalls zu den als förderungswürdig anerkannten Kategorien von Erwerbern.[423]

Darüber hinaus wäre die »Arisierung« ohne die Tätigkeit verschiedenster Berufsgruppen nicht möglich gewesen, die eine wichtige Mittlerfunktion einnahmen – unter ihnen Rechtsanwälte, Makler, Sachverständige, Schätzer, Treuhänder und Abwickler, denen sich vielfältige Möglichkeiten der Bereicherung boten.[424] Dieses »Vermittlungsgewerbe« zeichnete sich einerseits durch eine oft extreme Spezialisierung aus – so gab es Makler, die sich in erster Linie mit dem Verkauf von Apotheken aus jüdischem Besitz beschäftigten – und wies andererseits fließende Übergänge zu einem kriminellen Milieu von Betrügern und Winkeladvokaten auf, das jüdische Unternehmer mit falschen Versprechungen köderte und deren bedrückende Lage oft rücksichtslos zum eigenen Vorteil ausnutzte. Ein jüdischer Unternehmer verglich einen Teil der Vermittler mit »Aasgeiern, die einen Todgeweihten umkreisen«.[425] Als nach dem Novemberpogrom 1938 zahlreiche jüdische Unternehmer verhaftet und in Konzentrationslager eingeliefert worden waren, übernahmen Tausende von Treuhändern und Abwicklern die Verwaltung ihrer Unternehmen. Dabei handelte es sich um »bewährte« Vertreter aus Handel, Handwerk und Industrie, die fast ausnahmslos das Parteibuch der NSDAP besaßen, sich für ihre Tätigkeit oft fürstliche Honorare bewilligten und bisweilen die Gelegenheit nutzten, das verwaltete Unternehmen gleich selbst zu erwerben.[426]

Neben den institutionalisierten Formen der Bereicherung, die zum großen Teil gefördert, teilweise auch toleriert wurden, existierte im Rahmen der »Arisierung« eine verdeckte, offiziell bekämpfte Korruption, die in verschiedenen Varianten auftrat. Zum einen suchten sich Personen Vorteile beim Erwerb jüdischen Eigentums zu verschaffen, indem sie Amts- und Funktionsträger bestachen, um den »Zuschlag« als Erwerber zu erhalten oder die jüdischen Eigentümer mit Hilfe von Parteifunktionären unter Druck zu setzen. Solche Bestechungszahlungen wurden offiziell häufig als »Spenden« deklariert, müssen aber von den zugunsten der NSDAP requirierten, summarisch erhobenen Zwangs-»Spenden« insofern unterschieden werden, als sie Zahlungen an einzelne Amtsträger darstellten, die ausschließlich dem persönlichen Vorteil dienten.

Wie stark diese Bestechungspraxis bei der »Arisierung« verbreitet war, läßt sich nur vermuten, da solche Fälle nur selten aktenkundig wurden. Daraus sollte jedoch nicht vorschnell auf eine geringe Verbreitung geschlossen werden, fand doch die »Arisierung« generell in einem Dunstkreis von Korruption und Nepotismus statt, in dem sich die Grenzen zwischen geduldeter und bekämpfter Korruption verwischten und die Bereicherung so selbstverständlich war, daß Bestechungsgelder gar nicht mehr als anstößig empfunden wurden. So reagierte ein NSDAP-Kreisleiter, bei dem die Annahme einer Spende moniert worden war, ausgesprochen überrascht und verwies darauf, daß »eine derartige Handhabe in Westfalen-Nord üblich sei«.[427] Nur selten wurden deshalb Amts- und Funktionsträger wegen der Annahme von Bestechungszahlungen gerichtlich belangt.

Noch häufiger als direkte Bestechungen dürften kleine Geschenke und Zuwendungen gewesen sein, mit denen sich Interessenten bei der »Arisierung« das Wohlwollen von »Offiziellen« und »Amtswaltern« erkauften. So gab ein Aachener Immobilienmakler, der bei der »Arisierung« von Grundstücken große Gewinne erzielt und einzelne Grundstücke auch persönlich erworben hatte, einem amerikanischen Besatzungsoffizier freimütig Auskunft über seine Geschäftsstrategien:

»Wer als Geschäftsmann etwas erreichen wollte, brauchte Freunde im Staatsapparat. Direkte Bestechung war aber zu gefährlich. Man mußte indirekt vorgehen. Man lud den jeweiligen Dezernenten, vielleicht auch seine Familie, zu einem guten Essen ein und ließ die besten Weine auffahren. Das machte man ein paarmal, bis derjenige mürbe wurde und man sein Wohlwollen gewonnen hatte. In meiner Branche besuchte man zweckmäßigerweise die Lokale, in denen die Parteifunktionäre mit ihren Frauen oder Freundinnen verkehrten. So wurde man dort bekannt. Wochenlang ging ich täglich in das Lokal, wo der Aachener Kreisleiter Stammgast war. Das kostete mich eine Stange Geld, aber am Ende schlossen wir Bekanntschaft.«[428]

Neben der Bestechung gehörte der Amtsmißbrauch zur Kategorie der »unerwünschten« Korruption, wenn Mitarbeiter der an der »Arisierung« beteiligten Institutionen ihre Stellung ausnutzten, um sich systematisch persönliche Vorteile zu verschaffen. Das Spektrum solchen Amtsmißbrauchs reichte vom Kreiswirtschaftsberater der NSDAP, der unter dem Namen vermögensloser Verwandter Grundstücke von Juden aufkaufte[429], über Referenten bei »Arisierungsstellen«, die die Genehmigung von Unternehmensverkäufen von ihrer persönlichen Beteiligung abhängig machten[430], Gestapobeamten, die »Beschleunigungsgebühren« entgegennahmen[431], bis zum kleinen Finanzbeamten, der finanzielle Unbedenklichkeitsbescheinigungen nur gegen Bargeld ausstellte. »Er war einer von vielen und sagte sich gewiß als kleiner Beamter: Warum sollen nur die Großen nehmen?« beschrieb ein Berliner Modenhausbesitzer die Grundhaltung dieses korrupten Beamtentypus.[432]

Darüber hinaus tummelte sich im Umfeld der »Arisierung« ein kriminelles Milieu, das mit der Notlage der Juden einträgliche Geschäfte machte.[433] Da erpreßten Kriminelle »Schutzgelder« von jüdischen Geschäften, dienten sich Winkeladvokaten notleidenden Juden als Retter an, um sich anschließend mit Honorarvorschüssen aus dem Staube zu machen, während andere Beziehungen zu führenden Nationalsozialisten vortäuschten und von den Betroffenen hohe Geldsummen gegen weitgehende Versprechungen kassierten, die sich als vollkommen haltlos erwiesen. Als sich in der Endphase der »Arisierung« in Deutschland die Zahl der ausreisewilligen Juden drastisch erhöhte, ließen sich viele Konsuln vor allem süd- und mittelamerikanischer Länder die Erteilung von Visa mit erheblichen Bestechungszahlungen vergüten. Für ein Einreisevisum nach Argentinien mußte pro Person 5000 RM Schmiergeld entrichtet werden, während ein Visum nach Haiti bereits für 1000 RM zu haben war. Letztere Form der Geldzahlung, die manchem Juden das Leben rettete, wurde von jüdischen Emigranten als »wohltätige Korruption«[434] nicht ausschließlich negativ bewertet, obwohl auch die Bestechungszahlungen in erster Linie der persönlichen Bereicherung dienten und zur finanziellen Ausplünderung der Emigranten beitrugen.

Fragt man nach der generellen Funktion von Korruption im Rahmen der »Arisierung«, so ist auf zwei Aspekte zu verweisen. Erstens band die Korruption, vor allem in ihrer »offiziellen« Form der Protektion und Alimentierung, ihre Nutznießer unmittelbar an das nationalsozialistische Herrschaftssystem, auch wenn die Protektion zumeist nicht mit der Erzeugung künftiger Loyalität begründet, sondern als »Wiedergutmachung« für materielle »Opfer« der Vergangenheit deklariert wurde.[435] Der Zusammenhang zwischen den vermeintlichen »Opfern« der »Kampfzeit« und ihrer »Wiedergutmachung« nach 1933 bildete ein wichtiges sozialpsychologisches Element jenes »Erlösungsantisemitismus«, den Saul Friedländer als spezifisch deutsche bzw. nationalsozialistische Variante des Antisemitismus bezeichnet hat.[436]

Zweitens wirkte sich die Bereicherung am Eigentum der Juden radikalisierend auf die antijüdische Politik insgesamt aus, weil die Beraubung der Juden einen ständig wachsenden Kreis von Nutznießern hervorbrachte, die ein dringendes Interesse daran hatten, von den ehemaligen jüdischen Eigentümern nie wieder regreßpflichtig gemacht werden zu können. Die Profiteure hatten einen moralischen Rubikon überschritten, der die radikale Flucht nach vorn begünstigte, weil der Weg zurück nicht ohne das Eingeständnis von Schuld und materielle Restitution beschritten werden konnte.

Holocaust und Korruption

Mit dem Übergang von der »Arisierung« zu forcierter Zwangsauswanderung, Deportation und Massenmord veränderten sich auch die Zuständigkeiten und Strukturen der nationalsozialistischen »Judenpolitik«. War die »Arisierung« noch durch eine Vielzahl regionaler Institutionen und Entscheidungsträger geprägt, zentralisierten sich nach 1938/39 viele Kompetenzen bei den später im Reichssicherheitshauptamt (RSHA) zusammengefaßten Institutionen. Diese strukturellen Veränderungen entzogen jedoch der Korruption keineswegs die Grundlage. Sie begleitete in allen ihren Varianten auch die Vernichtungspolitik, ja steigerte sich noch in jenem Maße, in dem die Entrechtung der Juden voranschritt. Ihr verbliebener Besitz wurde von vielen der an Deportation und Massenmord Beteiligten wie eine persönliche Verfügungsmasse behandelt.

Dies zeigte sich beispielsweise im Alltagshandeln der Gestapo, in dem die Bereicherung an jüdischem Eigentum an der Tagesordnung war. Max Plaut, der Ende 1938 von der Gestapo als nordwestdeutscher Bezirksbeauftragter der »Reichsvereinigung der Juden in Deutschland« eingesetzt worden war, berichtete in seinen Erinnerungen über fingierte »Haussuchungen, die allein den Zweck hatten, Gestapoleute mit allen möglichen Sachen auszustatten«.[437] In Ostfriesland und Oldenburg habe insbesondere der zuständige Judenreferent Kirchmeyer »Besuche« bei wohlhabenden Juden unternommen und diese Gelegenheit zu umfangreichen Plünderungen genutzt. In Lübeck tat sich der dortige Judenreferent Wilhelm Düwel bei derartigen Aktionen hervor; anschließend drängte er auf die beschleunigte Deportation der jüdischen Eigentümer, um diese als unbequeme Zeugen möglichst schnell zu beseitigen. So berichtete Plaut über Düwel in einem Tonbandinterview:

»Lübeck war ja 'ne ganz widerwärtige Sache. Und zwar hieß der Judenreferent der Gestapo Düwel, was ein schlechtes Zeichen war; und so hat er sich auch betragen. Wenn er hinging, irgendwo einen verhaften, dann raubte er ihn auch gleich aus. Und da er Angst hatte, daß die Leute das mal ausplaudern würden, kamen die alle zu Tode. Wenn so ein Beamter sich was zuschulden kommen ließ neben seinem Dienstauftrag, dann war die Rettung des Betreffenden immer ausgeschlossen in den meisten Fällen. Wenn er den Betreffenden fürchterlich zugerichtet hatte und seine Wohnung geplündert hatte, dann war der Mann nicht nur doppelt geschlagen, sondern er war einfach fertiggemacht, weil der Beamte darauf dringen mußte, daß der Mann umgelegt wird. Das waren alles Sachen, die nicht im Gesetz standen, aber in der Praxis des Alltags gang und gäbe waren.«[438]

Eine besondere Form der »Haussuchung« praktizierte der Leiter des »Arbeitseinsatzes Juden und Zigeuner« beim Hamburger Arbeitsamt, Willibald Schallert.[439] Er ließ sich bei seinen Besuchen von den ihm unterstellten Juden nicht nur mit zahlreichen »Geschenken« versorgen, sondern nutzte sie in erster Linie, um Frauen sexuell zu bedrängen. Er gewährte – entsprechendes Wohlverhalten vorausgesetzt – Vergünstigungen und Erleichterungen, gab sich bisweilen leutselig und entgegenkommend, ließ jedoch andererseits Mißliebige skrupellos auf eine Deportationsliste setzen. Diesem Tätertypus kam es nicht nur auf die Befriedigung seiner materiellen und immateriellen Bedürfnisse an, er inszenierte in erster Linie seine persönliche Macht gegenüber den Opfern, die er »gebrauchen, austauschen und entfernen«[440] konnte. Ohne die Rückendeckung der Gestapo und des zuständigen Judenreferenten Claus Göttsche wäre dies kaum möglich gewesen. Göttsche war jedoch selbst korrupt und bereicherte sich, indem er über 237 000 RM für persönliche Zwecke von einem Konto der Gestapo abzweigte, auf das die Erlöse aus versteigertem jüdischen Eigentum überwiesen wurden.[441]

Ähnlich korrupte Zustände herrschten bei der Gestapoleitstelle Berlin, wo Judenreferent Gerhard Stübs und sein Stellvertreter Franz Prüfer die chaotische Kassen- und Haushaltsführung zur persönlichen Bereicherung nutzten. Im Dezember 1941 stellte der Reichsrechnungshof bei einer Prüfung fest, »daß die Staatspolizeileitstelle Berlin über die Evakuierungstransporte von Juden weder eine Rechnung gelegt noch Kassenbücher geführt hatte. Ferner waren Gelder, Wertsachen und Sparbücher nicht ordnungsmäßig erfaßt, die Belege waren unvollständig oder fehlten überhaupt.«[442] In diesem Wirrwarr hatten sich die Gestapobeamten das Eigentum von Juden gegenseitig zugeschoben, ein Tatbestand, den der Rechnungshof als »große Unregelmäßigkeiten« bezeichnete. Judenreferent Stübs beging kurz vor seiner Verhaftung Selbstmord, während sein Stellvertreter Prüfer während der Untersuchungshaft bei einem Bombenangriff ums Leben kam.[443]

Im Reichssicherheitshauptamt (RSHA) erhielten SS-Führer aus Mitteln der »Zentralstelle für jüdische Auswanderung« Beträge zwischen 20 000 und 50 000 RM ausgezahlt, die angeblich an die »Internationale Kriminalpolizeiliche Kommission« weitergeleitet werden sollten, dort aber niemals als Einnahme verbucht wurden. Bei Nachprüfungen des Rechnungshofes ergaben sich auch im RSHA eine große Zahl von »Unregelmäßigkeiten«.[444] So stellte sich heraus, daß SS-Führer auf Kosten der Zentralstelle u. a. Einrichtungsarbeiten in ihren Mietwohnungen abgerechnet, Bekleidungsrechnungen beglichen und sich außerplanmäßige Gehaltszulagen genehmigt hatten. Nachdem das RSHA die ersten zehn der sogenannten Judentransporte abgerechnet hatte, waren über 100 000 RM nicht vereinnahmt worden bzw. nicht zu ermitteln. Auf einem Sonderkonto der »Reichsvereinigung der Juden in Deutschland« ergab sich ein Fehlbetrag von 340 000 RM. Nachdem das Vermögen der Reichsvereinigung am 10. Juni 1943 beschlagnahmt worden war, stellte der Rechnungshof neue finanzielle Ungereimtheiten fest, die den Verdacht der Korruption nahelegten. So hatte das RSHA das Gesamtvermögen der Reichsvereinigung mit 69,171 Millionen RM beziffert. Eine Nachprüfung ergab statt dessen ein Vermögen von über 143 Millionen RM, wobei sich das Vermögen der Bezirksstelle Berlin nicht – wie zunächst angegeben – auf 1,55 Millionen RM, sondern auf 18,58 Millionen RM belief.[445]

Ein wichtiges Einfallstor der Korruption bildeten Kontributionszahlungen, zu denen wohlhabende Juden 1938/39 häufig herangezogen wurden, um die defizitären Haushalte der pauperisierten jüdischen Gemeinden auszugleichen, die durch Emigration viele kapitalkräftige Mitglieder verloren hatten. Ob die einbehaltenen Zwangsspenden in jedem Fall dem Bestimmungszweck zugeführt wurden, muß stark bezweifelt werden. Manches spricht dafür, daß sie auch auf private Konten umgeleitet wurden.

Der Berliner Polizeipräsident Graf Helldorff, ein Lebemann, der unter notorischer Geldknappheit litt, erpreßte von wohlhabenden Juden Gelder, die er – wie es scheint – auch als persönliche »lukrative Einnahmequelle« nutzte.[446] Er verhängte eine Paßsperre über alle Juden mit einem Vermögen von mehr als 300 000 RM. Eine Ausreiseerlaubnis war nur gegen Entrichtung einer Zwangsspende zu erhalten, die von den Betroffenen auch als »Helldorff-Spende« bezeichnet wurde und oft mehrere hunderttausend Reichsmark betrug.[447] Allein den Zigarettenfabrikanten Moritz und Eugen Garbaty preßte Helldorff insgesamt 1,15 Millionen RM ab.[448] Daß die Gelder den vorgeblichen Empfänger – die Jüdische Gemeinde und ihre Sozialeinrichtungen – nicht erreichten, merkten die Zahler immer dann, wenn sie für den vorgegebenen Verwendungszweck ein zweites Mal zur Kasse gebeten wurden und ihnen die Gemeinde versicherte, von der ersten Zahlung »keinen Pfennig« erhalten zu haben.[449]

Auch die bis 1943 amtierende Münchner »Arisierungsstelle« preßte wohlhabenden Juden hohe »Spenden« unter der Zusicherung ab, sie vor Deportationen in den Osten zu bewahren.[450] In Wirklichkeit wurde fast jeder der Betroffenen kurz nach Zahlung seiner »Spende« deportiert. Wie bei den »Haussuchungen« der Gestapo verschärfte die Korruption hier die Praxis der Deportation und Vernichtung, mit der sich die Täter unliebsamer Mitwisser entledigten.

Gehörten Bereicherung und Korruption schon im sogenannten Altreich zu den Begleitumständen der Vernichtungspolitik, so waren sie in den besetzten Gebieten noch weitaus stärker verbreitet, in denen Mechanismen bürokratischer Kontrolle kaum entwickelt waren. Begünstigt wurde die Korruption überdies durch die wechselnden Zuständigkeiten bei der Erfassung und Verwertung jüdischen Eigentums, die im Kompetenzchaos zwischen Wehrmacht, Zivilverwaltung, Polizei und Einsatzgruppen niemals eindeutig geklärt wurde.[451] Rückblickend lassen sich in den besetzten Gebieten mindestens fünf Formen der Aneignung jüdischen Eigentums identifizieren.

Zur ersten Kategorie zählen Plünderungen, »wilde« Beschlagnahmungen von und Bereicherungen am Eigentum der Juden, die meist am Beginn der Besatzungsherrschaft standen und überdies die Mordaktionen der mobilen Tötungseinheiten begleiteten. Auch Angehörige der Wehrmacht, der Polizei, des Besatzungsapparates sowie die Bevölkerung der besetzten Gebiete beteiligten sich an den Plünderungen.[452]

»Wilden« Bereicherungen in den besetzten Gebieten wurde dadurch Vorschub geleistet, daß sich die systematische Erfassung jüdischen Vermögens als »politische und organisatorische Unmöglichkeit« erwies, wie es der Reichskommissar für die Ukraine, Erich Koch, formulierte.[453] Angehörige des deutschen Besatzungsapparates, die jüdisches Eigentum an sich genommen hatten und zur Anmeldung desselben verpflichtet gewesen wären, konnten die offiziellen Bestimmungen relativ gefahrlos ignorieren, weil – wie der Historiker Christian Gerlach treffend bemerkte – »beinahe jeder deutsche Verantwortliche oder Beteiligte auch für sich plünderte«[454] und sogar nachgewiesene Verstöße nicht immer geahndet wurden. So ging eine Mitarbeiterin des Generalkommissars in Litauen, die sich Schlafzimmermöbel und Silbersachen aus jüdischem Besitz angeeignet, aber nicht angemeldet hatte, straffrei aus – mit der Begründung, sie habe für die Kriminalpolizei »wesentliche Dienste geleistet«; es sei deshalb »nicht angebracht, irgendwelche Schritte zu unternehmen«.[455] Auch hohe Repräsentanten des deutschen Besatzungsregimes wie der Generalkommissar für Weißruthenien, Wilhelm Kube, oder der Chef der Ordnungspolizei, Kurt Daluege, bereicherten sich am geplünderten Besitz von Juden.[456]

Bei den Mordaktionen gegen die jüdische Bevölkerung in den besetzten Gebieten verschwanden Teile jüdischen Vermögens in den Taschen der Mörder und der mittelbar Beteiligten und tauchten daher in den offiziellen Erfassungsstatistiken gar nicht erst auf. In einem Prüfbericht stellte der Reichsrechnungshof in diesem Zusammenhang fest:

»Die angefallenen Geldwerte und Juwelen sind in zahlreichen Fällen nicht ordnungsmäßig registriert worden, so daß niemals festgestellt werden konnte, ob und wieviel von den erfaßten Werten schon vorher verschwunden ist. Im GG [Generalgouvernement, d. Verf.] fand Massenabführung von beschlagnahmten Juwelen an SS-Einsatzstab Reinhard bzw. SS- und Polizeiführer Lublin ohne Einzelfeststellung und Aufzeichnung des Erfassungskommandos statt. Ein besonders krasser Fall hat sich bei der Außenstelle Stanislau in Galizien ereignet. Hier wurden beschlagnahmte Gelder und Juwelen in großem Umfang zurückbehalten. Die Beauftragten des RH [Rechnungshofes, d. Verf.] haben bei einer örtlichen Prüfung in den Zimmern des zuständigen Verwaltungsbeamten, PolSekr. Block, in allen möglichen Kästen und Behältern, Schreibtischen usw. große Mengen Bargeld, auch

Goldgeld, aller möglichen Währungen – darunter allein 6000 Dollar –, sowie ganze Kisten mit wertvollsten Juwelen festgestellt, die sämtlich weder vereinnahmt noch registriert waren.«[457]

Eine Sonderform der »wilden« Bereicherung stellten Bestechungen und »Geschenke« dar, die Angehörige der Besatzungsverwaltung, Gestapoverantwortliche und Polizisten von den »Judenräten« der Ghettos erhielten oder ihnen in Gestalt von »Kontributionen« abverlangten.[458] Christian Gerlach hat darauf hingewiesen, daß die »durch und durch korrupten Funktionäre der Zivilverwaltung und Polizei« insgesamt »enorme Summen« an der Reichshauptkasse vorbei in die eigenen Taschen umleiteten. Manche Judenräte hatten sich auf die Bestechlichkeit und Korruptheit der deutschen Amtsträger so weit eingerichtet, daß sie zu diesem Zwecke umfangreiche Warenlager aus Gold, Schmuck, Spirituosen und wertvollen Mangelwaren aller Art angelegt hatten.[459] Der Vorsitzende des Judenrates in Zamosc schätzte den monatlichen »Bestechungsbedarf« auf 150 000 bis 200 000 Zloty. Auf diese Weise konnten einzelne Erleichterungen erkauft und erreicht, in Einzelfällen sogar angelaufene Deportationen gestoppt werden. Auf mittlere Sicht hingegen erwiesen sich derartige Strategien jedoch nicht nur als wirkungslos, sondern in Einzelfällen sogar als kontraproduktiv, wenn die Empfänger die Überbringer von Geschenken nicht nur nicht schonten, sondern möglichst schnell deportierten, um Zeugen zu beseitigen.[460] Zu Recht hat Isaiah Trunk die Bestechungen und Geschenke deshalb als »another form of spoliation of Jewish property by the Nazis« bezeichnet.[461]

Von solchen Formen der »wilden« Bereicherung einzelner ist die unbefugte Beschlagnahme jüdischen Eigentums zu unterscheiden, wie sie von verschiedensten Organisationen und Institutionen, aber auch hohen Amtsträgern betrieben wurde. Diese eigneten sich ohne Ermächtigung jüdisches Eigentum an und deponierten es in »Sonderfonds« und schwarzen Kassen, wo es jeglicher Kontrolle entzogen war und der persönlichen wie institutionellen Bereicherung diente. So hatten etwa die Einsatzgruppen bei ihren Mordaktionen in großem Umfang »Judengelder« requiriert, die teilweise nicht einmal gezählt, sondern den zuständigen Kommandeuren der Sicherheitspolizei »sackweise« übergeben und dort in Sonderfonds angelegt wurden. Bei Prüfungen des Rechnungshofes wurden derartige Fonds u. a. bei den Kommandeuren der Sicherheitspolizei in Lemberg, Krakau, Warschau, Biala-Podlaska sowie bei der Stapo-Leitstelle Kattowitz festgestellt.[462] In den meisten Fällen ließen sich weder die Höhe noch der Verwendungszweck der Fonds ermitteln. Bitten des Rechnungshofes um Aufklärung blieben stets unbeantwortet.

In Einzelfällen konnte festgestellt werden, daß aus den Fonds, deren Umfang der Rechnungshof jeweils auf mehrere hunderttausend RM schätzte, außerdienstliche Aufwendungen für Angehörige der Sicherheitspolizei sowie Bau- und Einrichtungsmaßnahmen der SS finanziert wurden, u. a. SS-Führerheime, SS-Kasinos und SS-Theater.[463] Bei der Deutschen Bank in Kattowitz führte die örtliche Stapo-Stelle ein Sonderkonto mit Kontributionszahlungen, die den jüdischen Gemeinden zur Finanzierung von Deportationen abgepreßt worden waren. Zum Teil wurden daraus Polizeibeamten Vorschüsse oder Beträge für »Sonderzwecke« gezahlt, ohne eine formale Abrechnung vorzunehmen.[464]

Auch die NSDAP beteiligte sich in den eingegliederten Ostgebieten an der Bildung schwarzer Fonds und der »wilden« Beschlagnahme polnischen und jüdischen Eigentums. So richtete die NSDAP-Kreisleitung in Bromberg aus dem Verkaufserlös beschlagnahmter Waren einen »Wiedergutmachungsfonds« in Höhe von 750 000 RM ein[465] – ein Verfahren, das auch bei anderen Kreisleitungen und Ortsgruppen festzustellen ist. Damit zog die NSDAP in großem Stil Vermögenswerte ein, die eigentlich der »Haupttreuhandstelle Ost« (HTO) zustanden. NSDAP-Reichsschatzmeister Schwarz rechtfertigte diese Praxis mit dem anfänglichen Durcheinander beim »Aufbau« in den eingegliederten Ostgebieten, das die ordnungsgemäße Erfassung von Vermögenswerten erschwert habe.[466]

Gegen diesen plumpen Rechtfertigungsversuch spricht vor allem die Systematik, mit der der Reichskasse entsprechende Vermögenswerte entzogen wurden. Der NSDAP-Gauleiter und Reichsstatthalter im neugebildeten »Reichsgau Wartheland«, Arthur Greiser, richtete beispielsweise bei der Bank für Handel und Gewerbe in Posen ein »Hinterlegungskonto für beschlagnahmte Gelder von Juden und Reichsfeinden« ein, für das er die alleinige Verfügungsberechtigung besaß. Alle Versuche des Rechnungshofs, die Höhe des Kontostandes oder die Verwendung der Mittel zu prüfen, stießen auf eine Mauer des Schweigens und mußten ergebnislos eingestellt werden.[467] Die Bereicherung der Partei und ihrer Repräsentanten an enteignetem Besitz, wie sie vor allem in Danzig-Westpreußen (Gauleiter Forster) und im Wartheland (Gauleiter Greiser)[468] betrieben wurde, ging selbst Propagandaminister Goebbels zu weit, der in seinem Tagebuch vermerkte, die Partei habe sich »etwas zu gütlich getan an enteignetem Besitz«.[469]

Nicht nur im Osten, sondern auch in West- und Nordeuropa wurde jüdisches Eigentum am Reichsfiskus vorbei beschlagnahmt und auf Sonderkonten transferiert. So bestand beim Militärbefehlshaber für Belgien und Nordfrankreich ein Sonderfonds in Höhe von 2,5 Millionen RM, der sich aus Veräußerungserlösen erbeuteter Diamantenbestände speiste.[470] Der Reichskommissar für die besetzten norwegischen Gebiete, Gauleiter Josef Terboven, richtete mit Hilfe »reichsfeindlichen« Vermögens eine Stiftung »Deutsches Hilfswerk« in Oslo ein. Hinter dieser Stiftung verbarg sich jedoch ein persönlicher Verfügungsfonds des Gauleiters, mit dem er kostbare Geschenke an Günstlinge, aber auch an einflußreiche Gönner und Machthaber finanzierte. Der Beauftragte für den Vierjahresplan, Hermann Göring, erhielt in diesem Zusammenhang 102 kg Lachs und Hummer, seine Ehefrau zwei Platinfüchse zugesandt.[471] Allein die 36 Pelzmäntel in Terbovens »Geschenkvorrat« hatten einen Wert von über 100 000 RM. Auch die Wehrmacht wurde vom Reichskommissar großzügig bedacht. So stellte er den Wehrmachtsbefehlshabern in Norwegen u. a. 337 goldene Uhren aus jüdischem Besitz zur Verfügung.[472]

Terbovens großzügige Schenkungen kennzeichneten eine dritte Form der Aneignung jüdischen Besitzes: die unkontrollierte, dezentrale Verteilung, ja Verschleuderung durch jene Institutionen, die den Besitz bereits zugunsten des Deutschen Reiches beschlagnahmt hatten. Diese Verschleuderung von »Juden- und Feindvermögen« machte sich in Litauen besonders drastisch bemerkbar, wo teilweise »Ländereien« für 115 RM, ein Haus für 21,50 RM und Schafe für 3,90 RM pro Stück den Besitzer wechselten.[473]

In Serbien betrieb die Wehrmacht einen systematischen Ausverkauf jüdischen Eigentums. Nach der Besetzung Belgrads beschlagnahmte die Feldkommandantur 599 die Warenbestände jüdischer Geschäfte und verkaufte sie zu Schleuderpreisen an Wehrmachtsangehörige weiter, die diese Gelegenheit teilweise zu regelrechten Großeinkäufen nutzten. So erwarb ein Kriegsverwaltungsrat 166 m, ein Oberleutnant 217 m und ein Kriegsverwaltungsinspektor über 500 m an verschiedenen Stoffen.[474] Die Erlöse aus den Warenverschleuderungen wurden auf einem Sonderkonto deponiert. Schmuck und Wertgegenstände aus jüdischem Besitz verkaufte die Vermögensverwaltung des Generalbevollmächtigten für die Wirtschaft zum »Stoppreis« an Angehörige der Besatzungsverwaltung.[475] »Judengrundstücke« konnten ebenfalls zum Vorzugspreis erworben werden. So kaufte die Frau eines nach Belgrad abgeordneten Reichsbankdirektors die »Villa Eisenschreiber« im Oktober 1941 fur ca. 1 Million Dinar, um sie bereits im März 1942 zum dreifachen Verkaufspreis wieder zu veräußern.[476]

In der Untersteiermark erwies sich die regionale Dienststelle des Reichskommissars für die Festigung deutschen Volkstums als ausgesprochen freigebig, wenn es um den Besitz der – wie es in der offiziellen Terminologie hieß – »ausgesiedelten Juden« ging.[477] Aus ihrem Verfügungsbereich gingen widerspruchslos Vermögenswerte in Höhe von 20 Millionen RM an die Gauselbstverwaltung über. Warenbestände jüdischer Geschäfte wurden ohne genaue Schätzung an Konkurrenzunternehmen verschleudert. Möbel und Einrichtungsgegenstände, Gold-, Silberschmuck und Brillanten schanzten sich die Mitarbeiter der Dienststelle gegenseitig zu. In einem Fall wurden über 20 kg Silber an einen Juwelier ohne Bezahlung »abgegeben«. In einem anderen Fall erfolgte zwar eine Bezahlung, doch durfte der Erwerber – ein Silberschmied aus Graz – den Verkaufspreis selbst festsetzen. Für die beschlagnahmten Werte existierten in der Regel weder Vermögensübersichten noch Einzelbestands- oder Verwendungsnachweise. Der Gesamtumfang des verschleuderten Vermögens ließ sich deshalb nicht feststellen, zumal mehrere hundert sogenannter Ausleihebescheinigungen angeblich »abhanden gekommen« waren.[478]

Wenn auch zahlreiche Personen an der unkontrollierten Verteilung des Besitzes deportierter und ermordeter Juden partizipierten, so diente dieser – wie zuvor bei der »Arisierung« – in besonderer Weise als »Schmiermittel« im Geflecht nationalsozialistischer Herrschaftscliquen, die durch gegenseitigen Austausch materieller »Gefälligkeiten« fundiert und stabilisiert wurden. Um seinem »Führer« gefällig zu sein, kaufte beispielsweise der Reichskommissar für die besetzten niederländischen Gebiete, Seyß-Inquart, für über acht Millionen RM eine Kunstsammlung auf, die er dem »Führermuseum« in Linz vermachte. Das Geld entnahm er ohne Zustimmung des Reichsfinanzministers dem beschlagnahmten »Judenvermögen«.[479] Henriette von Schirach, die Ehefrau des Wiener Gauleiters und ehemaligen »Reichsjugendführers« Baldur von Schirach, berichtete in ihren Lebenserinnerungen, daß ihr während eines Aufenthaltes in den Niederlanden unverblümt und offen Bereicherungsangebote gemacht wurden. Ein SS-Offizier zeigte ihr Berge von Eheringen und Edelsteinen und forderte sie auf: »›Sie können zu lächerlichen Preisen Brillanten kaufen. Wollen Sie? Tadellose Steine, von Fachleuten sorgsam aus den Fassungen gebrochen, ich muß Ihnen nicht erklären, wem sie gehörten.‹ […] Natürlich hatten sie gedacht, daß ich käme, wie ein Leichenfledderer einzukaufen, denn der Preis war wohl das Allerunwichtigste bei diesem Geschäft; wichtig war nur, daß ich zu den Mächtigen gehörte, die man nicht zur Rechenschaft ziehen konnte für das, was sie sahen und taten.«[480]

Neben den »wilden« Bereicherungen, der unbefugten Beschlagnahme und der unkontrollierten Verteilung existierten zwei Formen der organisierten Aneignung jüdischen Eigentums, nämlich ihre treuhänderische Verwaltung und Verwertung sowie ihre organisierte Verteilung. Auch diese Formen waren von Bereicherung und Korruption nicht frei, vergegenwärtigt man sich etwa die Verfahrenspraxis der Treuhandstellen im Generalgouvernement oder die Tätigkeit der »Haupttreuhandstelle Ost« (HTO) in den eingegliederten Ostgebieten, die einerseits den polnischen Staatsbesitz, andererseits den beschlagnahmten Privatbesitz – vor allem der Juden – »einheitlich betreuen und verwalten« sollte. Den eingesetzten Treuhändern boten sich im Rahmen ihrer Tätigkeit vielfältige Bereicherungsmöglichkeiten, sei es durch fürstliche Treuhänderhonorare oder die systematische Unterschlagung und Erpressung von Geldern und Sachwerten.[481]

Für die organisierte Verteilung des Besitzes ermordeter Juden zeichnete der Reichsführer SS Heinrich Himmler verantwortlich, der gleichzeitig als Reichskommissar für die Festigung deutschen Volkstums fungierte. Diese Stellung nutzte Himmler rigoros aus, um die Hinterlassenschaften der Ermordeten innerhalb seines persönlichen Machtbereichs zu verteilen: Die SS-eigenen Unternehmen bedachte er mit Maschinen aus den jüdischen Ghettos[482] und Millionenbeträgen aus dem sogenannten Reinhardt-Fonds[483], für seine höheren Offiziere hortete er eine große Zahl von »Judenobjekten« als Dienstwohnungen[484], die Angehörigen der Waffen-SS und das Personal der Konzentrationslager bedachte er mit Pelzen und Uhren[485], SS-Familien erhielten Kinderkleidung[486], und die von ihm betreuten reichsdeutschen Umsiedler wurden in großem Umfang mit Kleidung und Einrichtungsgegenständen versorgt.[487] Um diese für das nationalsozialistische Herrschaftssystem so typische Protektion moralisch zu rechtfertigen, wurde der Besitz der ermordeten Juden im Schriftverkehr häufig als »jüdisches Hehler- und Diebesgut« umdefiniert.[488]

Auch der einfache »Volksgenosse« profitierte von der organisierten Verteilung des Besitzes ermordeter Juden. Bereits im Jahre 1939 war in vielen deutschen Städten abgeliefertes »Judensilber« der Allgemeinheit in öffentlichen Auktionen angeboten worden.[489] In den Kriegsjahren wurde jüdisches Eigentum, das in ganz Europa zusammengeraubt worden war, ins Reichsgebiet geschafft und dort an die Bevölkerung versteigert.[490] Allein in Hamburg und seiner unmittelbaren norddeutschen Umgebung dürften über 100 000 Personen seit 1941 Gegenstände aus jüdischem Besitz erworben haben; wobei sich unter den Erwerbern – bedingt durch die Abwesenheit vieler Männer – vor allem Frauen befanden, die von den gebotenen Bereicherungsmöglichkeiten ebenso skrupellos wie Männer Gebrauch machten. »Die einfachen Hausfrauen [...] trugen plötzlich Pelzmäntel, handelten mit Kaffee und Schmuck, hatten alte Möbel und Teppiche aus dem Hafen, aus Holland, aus Frankreich«, erinnerte sich eine ehemalige Hamburgerin an die Bereicherung.[491] Nach Köln wurden Einrichtungsgegenstände in so großem Umfang transportiert, daß der zuständige Oberfinanzpräsident im Juli 1942 die Erschöpfung der Lagerkapazitäten meldete.[492] In Dörfern mit jüdischen Landgemeinden wurde das Eigentum der deportierten Juden auf offener Straße versteigert. Auch dort beteiligten sich viele Einwohner bedenkenlos an solchen Aktionen, obwohl der Zusammenhang zwischen den Gegenständen und ihren Besitzern nicht – wie in den Großstädten – durch eine trügerische Anonymität zerrissen war.[493]

Auf seiten der NS-Machthaber waren solche Aktionen auch immer vom Kalkül der moralischen Korrumpierung begleitet, gingen sie doch davon aus, daß die Deutschen sich um so stärker mit der nationalsozialistischen Herrschaft identifizieren und um so »fanatischer« um den »Endsieg« kämpfen würden, je rigoroser sie die moralischen Brücken hinter sich abgebrochen hatten. Propagandaminister Goebbels notierte in diesem Zusammenhang in seinem Tagebuch: »Vor allem in der Judenfrage sind wir ja so festgelegt, daß es für uns gar kein Entrinnen mehr gibt. Und das ist auch gut so. Eine Bewegung und ein Volk, die die Brücken hinter sich abgebrochen haben, kämpfen erfahrungsgemäß viel vorbehaltloser als die, die noch eine Rückzugsmöglichkeit besitzen.«[494]

Mochte sich dieses Kalkül in der Endkriegsphase auch als Fehlspekulation erweisen[495], so registrierte ein jüdischer Kaufmann aus Hamburg, der die NS-Herrschaft in einer »privilegierten Mischehe« überlebte, Anfang 1945 in seinen privaten Aufzeichnungen, daß ein Teil der Bevölkerung dem kommenden Sieg der Alliierten mit großen Befürchtungen entgegensah. Er notierte, »daß viele, die jüdische Wohnungen und jüdische Sachen übernommen hatten, heute allergrößte Angst haben, die Juden könnten wiederkommen, ihr Eigentum zurückfordern und die Leute noch wegen Raub und Diebstahl zur Rechenschaft ziehen«.[496]

Vergegenwärtigt man sich insgesamt das Ausmaß an Plünderungen, »wilden« Bereicherungen, unbefugten Beschlagnahmungen sowie unkontrollierter Verteilung und Verschleuderung jüdischen Besitzes, das die nationalsozialistische Vernichtungspolitik begleitete, so stellte Korruption kein isoliertes Randphänomen dar, sondern eine systemimmanente Massenerscheinung, ja eine für das Herrschaftssystem konstitutive Praxis.

Diese Tatsache relativiert das Bild eines akkurat arbeitenden, mechanistisch-bürokratischen Räderwerkes, auf das einige Historiker und Soziologen den Holocaust zugespitzt haben – ein Bild, das sich beispielsweise in Hans-Günter Adlers Monumentalwerk »Der verwaltete Mensch« ebenso findet wie partiell bei Raul Hilberg, der der Beamtenschaft eine »unbestechliche planerische und verwalterische Gründlichkeit« attestiert hat[497], und in extrem überzeichneter Form beim Soziologen Zygmunt Bauman, der die Institutionen des NS-Staates als Bürokratien im Sinne Max Webers interpretiert.[498] Damit verkennt er die entgrenzte

Herrschaftspraxis wie die weltanschauliche Aufladung z. B. der im RSHA zusammengefaßten Institutionen oder der Administration der besetzten Gebiete, deren Struktur und Verhalten mit den Kategorien des Weberschen Bürokratiebegriffes wohl kaum adäquat zu beschreiben sind.

Der Massenmord an den europäischen Juden wäre in seinen umfassenden Dimensionen zwar ohne die Institutionen eines modernen bürokratischen Staates nicht möglich gewesen. Er läßt sich jedoch nicht auf das Bild eines *sine ira et studio* betriebenen, bürokratisch-exakt ausgeführten Staatsverbrechens reduzieren. Willkür, offene Bereicherungssucht von Personen und Institutionen, radikale Einzelinitiativen und -maßnahmen sowie eine bisweilen anarchisch-gewalttätige Praxis der Enteignung, Beraubung und Ermordung der Juden prägten den Holocaust mindestens in gleichem Maße. Materielle Bereicherung war zwar nicht die Ursache des Massenmordes, sondern lediglich eine Begleiterscheinung. Sie bildete jedoch eine nicht zu unterschätzende Motivationsgrundlage für viele Beteiligte. Neben ideologischem Fanatismus und moralloser bürokratischer Routine trugen auch »niedere Beweggründe« wie Habgier zum Holocaust bei, die einen idealen Nährboden in einem Herrschaftssystem fand, das die Handlungspraxis wichtiger Institutionen von normativen Prinzipien und Kontrollen befreit, seine Opfer dehumanisiert und ihren persönlichen Besitz ideologisch umdefiniert hatte.

Auf die Praxis des Massenmordes wirkte sich die Bereicherung in dreierlei Weise aus: als begleitender »Mitnahmeeffekt«, der das Mordgeschehen nicht unmittelbar beeinflußte, als Beschleunigungsfaktor, wenn die Täter ein dringendes Interesse zeigten, mit der Ermordung ihrer Opfer auch die Zeugen der Korruption zu beseitigen, in einzelnen Fällen auch als hemmendes oder retardierendes Moment, wenn es den Opfern gelang, durch Bestechung von Amtsträgern ihr Leben zu retten[499] oder zumindest zeitweise ihre Situation zu verbessern.[500]

Die Führung des NS-Regimes beurteilte die für die »Arisierung« wie die folgende Vernichtungspolitik typische Korruption ambivalent. Sie war einerseits mit den Zielen des Regimes kompatibel, weil sie die Akteure der »Judenpolitik« und des Massenmordes motivierte, sie gleichzeitig in spezifischer Weise in den Holocaust verstrickte und damit an die NS-Herrschaft band. Ohne diese – aus Sicht des Regimes – erwünschten Wirkungen wäre das faktische Ausmaß an Korruption wohl nicht möglich gewesen.

Andererseits hatte die Regimeführung, vor allem der Reichsführer SS Heinrich Himmler, ein manifestes Interesse, den Massenmord von massenhaftem Raubmord abzugrenzen, um eine ideologisch fundierte Moralität aufrechterhalten zu können. Schließlich gründete sich der von Himmler formulierte Anspruch, beim Massenmord »anständig geblieben« zu sein, auf die Uneigennützigkeit, mit der die Morde als unpersönliche ideologische Kampfaufgabe begriffen und durchgeführt werden sollten.[501] Die Korruption war mit dieser eingeforderten »Haltung« nicht zu vereinbaren und stellte die verquere Moralität in Frage, mit der vor allem Himmler das Mordgeschehen zu rechtfertigen suchte. Deshalb besaßen – aller Praxis zum Trotz – die Normen des Strafgesetzbuches auch für die Behandlung der Juden unverändert Gültigkeit: Wer Juden aus niederen Beweggründen tötete und dabei nicht im institutionellen Auftrag handelte, galt auch im »Dritten Reich« offiziell als Mörder. So wurde beispielsweise ein Berliner Reichsbahnarbeiter, der eine Jüdin und ihre »halbjüdische« Tochter Ende 1943 aus Habgier getötet hatte, um sich an ihrem Schmuck zu bereichern, wegen Doppelmordes zum Tode verurteilt und im März 1944 hingerichtet.[502]

Die grassierende Korruption konterkarierte freilich jene ideologisch motivierte Differenzierung, nach der die Tötung von Juden entweder als Mord oder als – in den Worten Himmlers – »niemals geschriebenes und niemals zu schreibendes Ruhmesblatt« galt. Wer sich im Schutzbereich eines institutionellen Auftrags oder einer institutionellen Zuständigkeit bewegte, durfte sich de facto auch bei der Tötung von Juden bereichern, ohne strafrechtlich belangt zu werden. Die für die Definition von

Mord konstitutiven »niederen Beweggründe« – wie Habgier, Sadismus, Heimtücke – wurden offiziell zwar nicht akzeptiert, aber inoffiziell weitgehend toleriert, weil sie sich funktional für den Holocaust instrumentalisieren ließen. Nur derjenige, der ausschließlich persönliche Motive verfolgte und sich außerhalb eines institutionellen Kontextes bewegte, mußte damit rechnen, als Mörder eingestuft und behandelt zu werden.

Der Reichsführer SS Heinrich Himmler, der die Uneigennützigkeit um so vehementer proklamierte, je weniger sie mit der Realität übereinstimmte, schob in seinen späten Reden die Korruption den Opfern zu, als hätten diese ihre Beraubung und Ermordung selbst zu verantworten. Allen Realitäten zum Hohn, doch getreu der antisemitischen Logik »Der Jud' ist schuld«, behauptete Himmler im Januar 1944: »Wir würden der Korruption überhaupt nicht Herr geworden sein, wenn wir die Judenfrage nicht gelöst hätten.«[503] Auch der erwähnte Berliner Reichsbahnarbeiter und Doppelmörder bewegte sich in dieser gespenstischen Logik. Aus der Gefängniszelle schrieb er an seine Ehefrau: »Die Juden haben meine Seele vergiftet, sie haben mich zum Schweinehund gemacht. [...] Höret nimmer auf den Juden zu hassen, er hat Unglück über uns gebracht.«[504]

4. Kapitel
Die Bekämpfung der Korruption und ihre Grenzen

Politische Funktionalisierung

»Kein anderes Regime in der Welt hat jemals einen so totalen und radikalen Kampf gegen die Korruption in all ihren Erscheinungen aufgenommen wie das nationalsozialistische«[505], pries der SS-Richter Konrad Morgen im Jahre 1943 emphatisch die Praxis der Korruptionsbekämpfung im »Dritten Reich«. In der typischen Selbstdarstellung des NS-Regimes fehlte es nicht an Superlativen, wenn es darum ging, den Nationalsozialismus als Inkarnation politischer Sauberkeit hinzustellen, auch wenn propagandistischer Anspruch und Wirklichkeit, die durch strukturelle Unfähigkeit zur Korruptionsbekämpfung gekennzeichnet war, denkbar stark auseinanderklafften.

In der Machtergreifungsphase im Frühjahr 1933 entfachten die Nationalsozialisten eine regelrechte Kampagne zur Korruptionsbekämpfung, die an die Agitation der Rechten gegen Korruptionserscheinungen der Weimarer Republik anknüpfte und das demokratische System als »in sich korrupt« diffamierte.[506] Dabei tat sich der neue preußische Justizminister Hans Kerrl mit besonderem Eifer hervor. Er erließ nicht nur diverse Verfügungen zur »Bekämpfung der Korruption«, sondern richtete bei den Staatsanwaltschaften auch Sonderdezernate zur Korruptionsbekämpfung ein, die sich mit Verve auf tatsächliche oder vermeintliche Mißstände der Weimarer Republik stürzten. Allein in Preußen wurden die Korruptionsdezernate in über 1500 Fällen aktiv[507], bevorzugt gegen prominente Politiker demokratischer Parteien, beispielsweise den Altonaer Oberbürgermeister Max Brauer oder seinen Düsseldorfer Kollegen Robert Lehr.[508] Neben tatsächlichen Dienst- und Amtsvergehen kamen dabei meist nur marginale Unregelmäßigkeiten ans Tageslicht, die in der Rundfunk- und Presseberichterstattung zu Großskandalen aufgebauscht wurden. Ein Hamburger Senatsrat beurteilte die Ergebnisse angestrengter Korruptionsrecherchen als »so dürftig, daß sie auf ihre Urheber zurückfielen«, zumal die monierten Verhaltensweisen »gegenüber den späteren Gepflogenheiten der NSDAP völlig in den Schatten traten«.[509]

Das Strafmaß für Betrug und Untreue wurde im Mai 1933 »in schweren Fällen« auf bis zu zehn Jahren Zuchthaus erhöht, wobei ein »schwerer Fall« immer dann angenommen wurde, wenn »das Wohl des Volkes geschädigt« worden war – ein typisch nationalsozialistischer Rechtsbegriff, der willkürlicher Auslegung Tür und Tor öffnete.[510]

Trotz Strafrechtsnovellierung und der Einrichtung von Korruptionsdezernaten blieb die erwartete Prozeßwelle weitgehend aus. Dies war nicht nur dem Umstand geschuldet, daß die intensiven Recherchen nur wenig Gerichtsverwertbares zutage gefördert hatten, sondern hing von der politischen Funktionalisierung der Korruption durch die Nationalsozialisten ab, die in erster Linie der Legitimierung von »Gleichschaltung« und diktatorischer Umgestaltung diente.

Bereits im Frühsommer 1933 hatte sich die nationalsozialistische Diktatur jedoch weitgehend gefestigt, so daß die Legitimationsfunktion der Korruptionsbekämpfung praktisch obsolet geworden war. Die innenpolitische Stabilität des neuen Regimes wurde nun nicht mehr von den einstmaligen politischen Gegnern bedroht, sondern vom »revolutionären« Aktivismus der eigenen Anhänger, der das Bündnis mit den konservativen Eliten zunehmend gefährdete. In einem Rundschreiben an alle Reichsstatthalter hatte Hitler deshalb bereits am 31. Mai 1933 gefordert, »daß die in den letzten Wochen beobachtete Sucht, überall Nachforschungen nach Vergehen aus früherer Zeit anzustellen und die

Schuldigen noch nach Jahren zur Verantwortung zu ziehen, aufhört«.[511] Interessenvertreter der Wirtschaft beauftragten den Strafrechtler Friedrich Grimm mit der Ausarbeitung einer Denkschrift, in der eine »Befriedungsamnestie« für Korruptionsdelikte der Vergangenheit gefordert wurde.[512] Reichswirtschaftminister Kurt Schmitt mahnte eine »maßvolle Zurückhaltung« in der Korruptionsbekämpfung an, um willkürliche Übergriffe auf die Wirtschaft abzuwehren. Zudem entwickelte sich die »Korruptionsschnüffelei« zum politischen Bumerang für das neue Regime, weil sich bereits in den ersten Monaten ihrer Herrschaft die Nachrichten über Unterschlagungen und Bereicherungen von Nationalsozialisten häuften. Die geplante Abrechnung mit den Vertretern des alten »Systems« drohte somit zum Tribunal über die neuen Machthaber zu werden.

Deshalb erlahmte der nationalsozialistische »Aufklärungseifer« im Herbst 1933 rasch. Bereits am 11. September 1933 löste der preußische Justizminister die neugeschaffenen Korruptionsdezernate ersatzlos auf. Politische Bündnispartner wie der »Verein gegen das Bestechungsunwesen e.V.«, die im Kampf gegen die Korruption der Weimarer Republik noch hochwillkommen gewesen waren, wurden nun kaltgestellt und zur »Zusammenarbeit« mit der NSDAP verpflichtet.[513] Überdies verwandelte sich die Bekämpfung der Korruption binnen kurzer Zeit selbst in eine einträgliche Quelle der Bereicherung. So strich der Preußische Ministerpräsident Hermann Göring den Zigarettenfabrikanten Philipp F. Reemtsma von einer Korruptionsliste des preußischen Justizministeriums und ließ sich in den Folgejahren von Reemtsma mit Millionenspenden und teuren Geschenken versorgen.[514] Die vermeintlichen Korruptionsbekämpfer erwiesen sich somit selbst als korrupt.

Wie skrupellos die neuen Machthaber die Korruption für politische und persönliche Zwecke instrumentalisierten, hat Cordula Ludwig am Beispiel Berlins ausführlich nachgezeichnet.[515] In der Reichshauptstadt hatte Göring im März 1933 den Berliner NSDAP-Fraktionsvorsitzenden und späteren Oberbürgermeister Julius Lippert zum »Staatskommissar z. b. V.« ernannt. In dieser Funktion begann Lippert sogleich mit einem Feldzug gegen die seiner Meinung nach »im System« der Weimarer Republik begründete Korruption und rollte tatsächliche oder vermeintliche Skandale der Vergangenheit auf, die er überaus geschickt zu funktionalisieren wußte. Unter Lipperts Regie wurde zunächst die Berliner Stadtverwaltung »von den zahlreichen korrupten und ohne sachliche Eignung auf ihren Posten gelangten Elementen gesäubert«, sprich: nationalsozialistische Parteigänger in großer Zahl in den öffentlichen Dienst geschleust. Die »Aufklärung« vergangener Korruptionsfälle betrieb der Staatskommissar nach einem ebenso primitiven wie wirkungsvollen Muster: Er ließ Verdächtige kurzerhand in »Schutzhaft« nehmen und nutzte ihre Zwangssituation aus, um Geldzahlungen, Mietnachlässe oder entsprechende Gefälligkeiten zu erpressen, die »mehr oder weniger freiwillig«[516] gegeben und anschließend der Öffentlichkeit als »Erfolge« im Kampf gegen die Korruption präsentiert wurden.

Auch die Privatwirtschaft – vor allem die Dresdner Bank – profitierte von derartigen »freundlichen Interventionen« des Staatskommissars und zeigte sich zu entsprechenden Gegenleistungen bereit. So hatte Lippert dem Generaldirektor der Engelhardt-Brauerei, Ignaz Nacher, ein Aktienpaket im Umfang von 2,5 Millionen RM als »Wiedergutmachung« abgepreßt und anschließend der Dresdner Bank übertragen, die der Stadt Berlin im Gegenzug den »Glienicker Park« übereignete und einen Barbetrag von 851000 RM überwies.[517] Auch seine persönlichen Interessen wußte der Staatskommissar mit diesem »Deal« zu verbinden, ließ er doch den im Park gelegenen »Jägerhof« für über 150 000 RM aus öffentlichen Mitteln zu seinem persönlichen Wohn- und Repräsentationshaus ausbauen.[518] Die Tätigkeit des »Staatskommissars z. b. V.« zeichnete sich somit nicht nur durch die politische, sondern auch die höchst eigennützige Funktionalisierung der Korruption aus.

Strukturproblem der Diktatur

Die strukturellen Grundlagen für die grassierende Korruption im »Dritten Reich« hatten sich bereits in der Phase der »Machtergreifung« im Frühjahr 1933 herausgebildet. Das selbstherrliche Gebaren des Berliner Staatskommissars Lippert, der skrupellos vom Mittel der »Schutzhaft« Gebrauch machte, um Geld zu erpressen, lieferte dafür ein prägnantes Beispiel. Mit Aufhebung der Gewaltenteilung beseitigten die Nationalsozialisten auch jene *checks and balances*, die effiziente Machtkontrolle gewährleisteten und einer Ausbreitung von Korruption entgegenwirkten. Die Auflösung der Parlamente oder ihre Umgestaltung zu reinen Akklamationsorganen zerschlug das austarierte System parlamentarischer Kontrolle, das Haushaltskontrollrechte ebenso einschloß wie die öffentliche Debatte von Mißständen, kritische Anfragen oder die Möglichkeit parlamentarischer Kontroll- und Untersuchungsausschüsse.

Die Regierenden des »Dritten Reiches« hatten sich binnen weniger Monate von jeglicher Rechenschaftspflicht befreit und mit »Gleichschaltung« der Presse die kritische Öffentlichkeit zum Schweigen verurteilt. Hatte die Berichterstattung der Presse vor 1933 weite Teile der Öffentlichkeit gegenüber Korruptionserscheinungen sensibilisiert, ja häufig überscharfe Reaktionen hervorgerufen, die von der politischen Rechten im Kampf gegen das »System« instrumentalisiert wurden, sorgte die Pressele nkung nach 1933 dafür, daß den Leser nur noch propagandistisch gefärbte Erfolgsmeldungen erreichten. Berichte über Mißstände wurden allenfalls dann veröffentlicht, wenn es den Machthabern opportun erschien. Bisweilen waren solche Berichte so kryptisch formuliert, daß sie beim Leser die Kunst des »Zwischen-den-Zeilen-Lesens« voraussetzten. Wenn die Presse über Prozesse berichtete, die gegen NSDAP-Funktionäre wegen Unterschlagung und Untreue geführt wurden, umschrieb sie bisweilen die politische Herkunft der Angeklagten mit kunstvollen Formulierungen. Ein politischer Leiter der NSDAP mutierte auf diese Weise zu einer Person, die »in einer Organisation an führender Stelle tätig« war.[519]

Die sich ausbildende Herrschaftsstruktur des »Führerstaates« leistete der Korruption in besonderer Weise Vorschub. Die Spitze des Regimes in der Gestalt Hitlers zeigte sich an der Bekämpfung von Korruption kaum interessiert und begriff sich selbst als führenden Teil einer nationalsozialistischen Kameraderie, in der das Verhältnis von Führer und Gefolgschaft nicht allein auf dem Charisma des »Führers«, sondern einem ausgedehnten System der Patronage beruhte. In dieser Hinsicht glich die Stellung Hitlers der eines politischen Bandenchefs.

Gleichzeitig entwickelte sich eine polykratische Kompetenzanarchie, die allein schon durch ihre institutionellen Wucherungen jede Form von Machtkontrolle ad absurdum führte.[520] Neue Aufgaben wurden nicht an bestehende Institutionen delegiert, sondern »führerunmittelbaren« Sonderdienststellen und Staatskommissaren übertragen. Die Grenzen zwischen Staats- und Parteiinstitutionen verwischten sich tendenziell.[521] Damit löste sich nicht nur ein einheitliches Staats-, sondern tendenziell auch ein einheitliches Haushaltsgefüge auf, das durch Schwarz- und Sonderfonds zunehmend zersetzt bzw. in seinem Bestand bedroht wurde. In diesem Prozeß taten sich in besonderem Maße jene Institutionen und Personen hervor, die sich auf eine Immediatstellung zum »Führer« beriefen, zum Beispiel die Gauleiter und Reichsstatthalter, und sich damit von politischer Kontrolle weitgehend befreiten.

Darüber hinaus entzog die außernormative Handlungspraxis vieler Institutionen allen Kontrollmöglichkeiten den Boden. Wer an verbindliche Rechtsnormen nicht gebunden war, konnte auch von niemandem zur Rechenschaft oder Verantwortung gezogen werden. Dies galt nicht nur für klassische Institutionen des »Maßnahmenstaates« wie die Polizei, sondern auch für Kernbereiche normenstaatlicher Verwaltung, die sich tendenziell ebenfalls von normengebundenem Verhalten verabschiedeten und dies als Befreiung von rechtsstaatlichen Restriktionen empfanden.[522]

Die noch verbliebenen Kontrollinstitutionen wie die Justiz[523] hatten ihre Unabhängigkeit im nationalsozialistischen Herrschaftssystem weitgehend eingebüßt und wurden zu einem abhängigen funktionalen Bestandteil des »Führerstaates«. Die Rechnungshöfe als klassische normenstaatliche Institutionen konnten ihren Anspruch auf Kontrolle der Exekutive nicht mehr durchsetzen und wurden im NS-Herrschaftssystem zu nachrangigen Einrichtungen herabgestuft, die nur noch fallweise wirksame Kontrolle ausübten, wenn sie im Geflecht rivalisierender Institutionen mächtige politische Bündnispartner gewinnen konnten. In diesem Prozeß verwandelten sich die einst so mächtigen Finanzkontrollorgane in abhängige Institutionen, die nur noch »unterstützend und beratend« tätig werden konnten, wie Rainer Weinert am Beispiel des Reichsrechnungshofes akribisch nachgewiesen hat.[524]

Schon im Frühjahr 1933 war das institutionelle Gewicht des Reichsrechnungshofes, der aufgrund der Reichshaushaltsordnung in der Weimarer Republik gegenüber dem Reichsfinanzminister eine starke Stellung eingenommen hatte, bereits weitgehend ausgehöhlt, nachdem das Reichskabinett Hitler am 4. April 1933 beschlossen hatte, den Rechnungshof bei der Kontrolle der Reichswehr/Wehrmacht und damit der exorbitant steigenden Rüstungsausgaben auszuschalten. Dieser Beschluß zeitigte für die Stellung des Rechnungshofes insofern weitreichende Folgen, als er auch andere Ressorts animierte, sich der Kontrolle zu entziehen und sich über die Haushaltsordnung einfach hinwegzusetzen. Reichspostminister Ohnesorge verweigerte den Prüfern gar den Zugang zu den Postgebäuden und warf dem Rechnungshof vor, einer »im tiefsten Liberalismus wurzelnden« Tradition anzuhängen.[525]

Im Jahre 1938 zog der neue Präsident des Reichsrechnungshofes, der Nationalsozialist Heinrich Müller, die Konsequenz aus dem faktischen Verlust der Kontrollfunktion, ersetzte sie durch

»vorausschauende Unterstützung und Beratung« und arrangierte sich mit diversen Institutionen, schon um den institutionellen Bestand des Reichsrechnungshofes nicht zu gefährden. So verzichtete er in einer Vereinbarung mit NSDAP-Reichsschatzmeister Schwarz vom März 1941 ausdrücklich auf seine Kompetenz, die Verwendung staatlicher Finanzzuweisungen an die NSDAP zu prüfen.[526] Damit wurde der Reichsschatzmeister faktisch als »Partei-Rechnungshof« anerkannt, auch wenn er – wie bereits gezeigt wurde[527] – diese Funktion niemals auszufüllen vermochte, da er von zahlreichen Finanzzuweisungen an die NSDAP aus öffentlichen Mitteln keine Kenntnis hatte.

Für den Rechnungshofpräsidenten war der offizielle Kontrollverzicht insofern leicht zu verschmerzen, als er mit Kriegsbeginn die Prüfungspraxis im »Altreich« weitgehend eingestellt hatte und sich in erster Linie auf die besetzten Gebiete konzentrierte. Auch hier stieß das Prüfungsrecht des Reichsrechnungshofs an die engen Grenzen des nationalsozialistischen Herrschaftssystems. Im Generalgouvernement installierte Hans Frank einen eigenen »Rechnungshof des Generalgouvernements« und hebelte damit das Prüfungsrecht des Reichsrechnungshofes aus. Gegenüber dem Reichsministerium für die besetzten Ostgebiete konnte die Prüfungszuständigkeit erst 1943 durchgesetzt werden. Wie Rainer Weinert herausgearbeitet hat, übte der Reichsrechnungshof gegenüber SS und Polizei einen »politisch bzw. ideologisch motivierten Kontrollverzicht«, zumal Reichsführer SS Heinrich Himmler dazu tendierte, »sich unliebsamer Kontrollen SS-externer Instanzen zu entziehen«.[528] In der Praxis liefen daher die Bemühungen des Reichsrechnungshofes häufig ins Leere, waren die Prüfungsakten gespickt mit Bemerkungen wie »Belege vorenthalten«, »bis Kriegsende zurückgestellt«, »Prüfung ausgeschlossen« oder »RH [Rechnungshof, d. Verf.] unterbreitet den Fall am 28. Februar 1942 dem Chef der Reichskanzlei, ohne daß bis März 1945 entschieden wird«.[529]

Noch schwieriger gestaltete sich die Situation der Landesrechnungshöfe, die ohnehin nur bis April 1937 existierten und dann in Außenabteilungen des Reichsrechnungshofes umgewandelt wurden. Finanzkontrolle und Prüfungsrechte waren gegen den Widerstand mächtiger Gauleiter, Reichsstatthalter und Ministerpräsidenten kaum durchzusetzen. Schon 1934 hatte Göring als Preußischer Ministerpräsident die Preußische Oberrechnungskammer weitgehend entmachtet, nachdem sich diese – aus seiner Sicht – erdreistet hatte, die Höhe von Schauspielergagen zu monieren. Solche Kritik war nach Göring mit dem Führerprinzip unvereinbar und wurde mit dem bezeichnenden Argument zurückgewiesen, daß niemand die Landesinteressen besser wahrnehmen könne als »ich selbst, der letzte verantwortliche Führer Preußens«[530] – eine verklausulierte Umschreibung des »L'état c'est moi«.

In Hamburg entwickelten sich die Bemühungen des Rechnungshofpräsidenten und Nationalsozialisten Kurt Lange, die regionalen Machthaber zu ordnungsgemäßer Haushaltsführung zu zwingen, zu einer handfesten Staatsaffäre. Lange hatte die zahlreichen Schwarz- und Sonderfonds moniert, die jeglicher Kontrolle entzogen waren und außerhalb des Staatshaushaltsplanes bewirtschaftet wurden; deshalb war er u. a. mit dem Senator Georg Ahrens heftig aneinandergeraten. Schließlich wandte sich Lange an den zuständigen Reichsstatthalter und Gauleiter Kaufmann mit einem Appell, der den rücksichtslosen Umgang der Exekutive mit dem Hamburger Rechnungshof widerspiegelte:

»In diesem Zusammenhang muß ich auch daran erinnern, daß Herr Senator Ahrens meinem Vertreter s. Zt. bei pflichtgemäßer Prüfung der Fonds mit der Bemerkung drohte, er würde im Rechnungshof aufräumen, ›daß die Tische flögen‹. Es besteht kein Zweifel, daß hier systematisch das Ansehen und die Autorität einer Einrichtung untergraben werden, die nach Fortfall der parlamentarischen Kontrolle als einzige Prüfungsstelle im autoritären Staate berufen ist, die recht- und gesetzmäßige Finanz- und Wirtschaftsgebarung des Staatslebens zu überwachen.«[531]

Als der Reichsstatthalter daraufhin keine Anstalten machte, den bedrängten Rechnungshofpräsidenten zu unterstützen, versorgte dieser einen Vertrauensmann des Sicherheitsdienstes der SS mit Berichten über die Korruption in Hamburg, die auf diesem Wege schließlich auf dem Schreibtisch Himmlers und Heydrichs landeten. Diese zeigten sich jedoch an der Aufklärung der Vorgänge keineswegs interessiert, um ihr persönliches Verhältnis zu Gauleiter Kaufmann nicht zu belasten. Daraufhin wurde der Rechnungshofpräsident durch den »Regierenden Bürgermeister« Hamburgs von seinem Amt suspendiert und ein Dienststrafverfahren gegen ihn eröffnet.[532] Da sich Lange in Gestalt der SS-Führung jedoch einen einflußreichen Fürsprecher verschafft hatte, wurde das Strafverfahren schließlich niedergeschlagen und der unbequeme Lange als Abteilungsleiter in die neugebildete Vierjahresplanbehörde »weggelobt« – eine »Lösung«, mit der einerseits alle Beteiligten leben konnten, die andererseits aber das Ende jeder systematischen Finanzkontrolle in Hamburg darstellte.

Die Auflösung oder Marginalisierung traditioneller Kontrollinstitutionen, zu denen vor allem die Rechnungshöfe gehörten, befreite die Nationalsozialisten zwar von lästigen Nachprüfungen und Rechenschaftspflichten, führte aber zu steigender Korruption, die dem Regime nicht in allen ihren Spielarten genehm war. Der Chef der Sicherheitspolizei und des SD Reinhard Heydrich meldete »ein erhebliches Ansteigen der Korruptionsfälle«, die er allerdings ausschließlich den Kriegsverhältnissen nach 1939 zuschob, ohne die strukturellen Ursachen der Korruption in den Blick zu nehmen.[533] Auf dieses Dilemma reagierte das Regime in einer für den »Führerstaat« typischen Weise, indem es die Herrschaftsausübung nicht auf eine traditionelle normenstaatliche Basis zurückführte und traditionelle Kontrollorgane wieder in ihre Rechte und Funktionen einsetzte, sondern statt dessen in maßnahmenstaatlichen Aktivismus verfiel.

So wurde 1941 im Amt V des Reichssicherheitshauptamtes im Rahmen des Reichskriminalpolizeiamtes ein »Sonderreferat zur Bekämpfung der Korruption« eingerichtet, das auch als »Reichszentrale zur Bekämpfung von Korruption« bezeichnet wurde.[534] Die Reichszentrale, in der zeitweise über 100 Beamte tätig waren, sollte die Bekämpfung von Korruption zentral koordinieren und ging auf das Vorbild einer Außenstelle des Reichskriminalpolizeiamtes in Wiesbaden zurück, die während der 30er Jahre Korruptionsfälle beim Bau des Westwalles bearbeitet hatte.[535]

Dort hatten betrügerische Machenschaften von Baufirmen zu skandalösen Zuständen geführt. So erwies sich u.a. der Beton durch ein betrügerisches Mischungsverhältnis von Kies und Zement als porös und wasserdurchlässig, so daß der Westwall keinem Beschuß standgehalten hätte und die Bunkerbesatzungen bei Regen im Wasser stehen mußten. Die Wiesbadener Außenstelle leitete daraufhin Hunderte von Ermittlungsverfahren ein, die jedoch in keinem einzigen Fall zur Eröffnung einer Hauptverhandlung führten, weil sie die NS-Propaganda vom »gigantischsten Bauwerk aller Zeiten« konterkariert hätten. Um den Skandal zu vertuschen, schlug Generalbauinspekteur Fritz Todt sämtliche Verfahren nieder und verpflichtete die Baufirmen zu einer »Spende« von 500 000 RM für das Winterhilfswerk. Dies hinderte Hitler jedoch keineswegs daran, Todt wegen seiner »besonderen Verdienste um die Befestigung der deutschen Westfront« eine steuerfreie Dotation von 100 000 RM zu gewähren.[536]

Waren schon die Erfahrungen der Wiesbadener Außenstelle bei der Korruptionsbekämpfung deprimierend, weil jede Aktivität auf diesem Gebiet unmittelbar an die Grenzen der bestehenden Herrschaftsverhältnisse stieß, so machten dieselben auch die Arbeit der Reichszentrale »oft illusorisch«, wie SS-Sturmbannführer Fritz Kiehne, der Referatsleiter für Korruption in Wehrmacht, SS, Polizei und Rüstungswirtschaft[537], rückblickend bemerkte.[538] Er berichtete über »ständige Schwierigkeiten« und »politische Kollisionen«, die vor allem in der »Partei- und Personalpolitik« begründet waren. Nachdem auch noch die Personalausstattung im Verlaufe des Krieges stark ausgedünnt worden war, habe er »mehr und mehr die Zwecklosigkeit unserer Bemühungen eingesehen«.[539] Vernichtender konnte ein Urteil über Handlungsmöglichkeiten und Effizienz der »Reichszentrale« nicht mehr formuliert werden.

Kameraderie, Cliquenherrschaft und Strafvereitelung

Als gravierendstes strukturelles Hindernis einer wirksamen Korruptionsbekämpfung erwies sich das Geflecht nationalsozialistischer Herrschaftscliquen sowie die Kameraderie der NS-Bewegung. Diese bildeten durch das System der Patronage einerseits – wie gezeigt – eine wichtige Quelle der Korruption. Andererseits schirmten sie korrupte Funktionäre gegenüber möglicher Strafverfolgung in vielfältiger Weise ab, wurden Verdächtige durch Vorgesetzte häufig gedeckt und Kritiker durch offene Drohungen eingeschüchtert. Diese Grundzüge des nationalsozialistischen Herrschaftssystems, die in der NS-»Bewegung« wurzelten und die Bekämpfung und Aufklärung von Korruption systematisch erschwerten, sollen im folgenden anhand typischer Einzelbeispiele näher illustriert werden.

Kameraderie und Cliquenherrschaft als systemspezifische Ursachen von Korruption spiegelten sich wie in einem Brennglas in einem der größten Korruptionsskandale während des »Dritten Reiches« wider: im Fall des Düsseldorfer Stadtsteuerdirektors Esch. Die Anfänge des Skandals reichten bis in die Endphase der Weimarer Republik zurück.[540] Der damalige Finanzsekretär und Steuerprüfer beim Finanzamt Düsseldorf-Nord, Erich Esch, hatte sich in einzelnen Fällen von Firmen bestechen lassen und im Gegenzug über Steuerhinterziehungen großzügig »hinweggesehen«. Solche Einzelfälle nahmen nach der nationalsozialistischen Machtübernahme systematische Formen an, als der SA-Sturmführer Erich Esch in der politischen Entourage des Düsseldorfer NSDAP-Oberbürgermeisters Hans Wagenführ auftauchte und binnen kurzer Zeit in mehrmaliger Sprungbeförderung vom Obersteuersekretär zum »Stadtsteuerdirektor« der Stadt Düsseldorf hochbefördert wurde. In dieser Funktion gebärdete sich Esch schon bald wie ein »Steuerdiktator«[541], der sich nicht nur von Firmen bestechen ließ, sondern namhafte Großunternehmen wie die Mannesmann-Röhrenwerke oder die Fa. Henkel & Cie.

mit weit überhöhten Steuerforderungen systematisch erpreßte, um sich anschließend durch »Spenden« milde stimmen zu lassen. Allein die Fa. Henkel schädigte Esch um 600 000 RM, die er sich in einem Geldkoffer auf seiner Dienststelle aushändigen ließ.[542] Für seine Zwecke hatte Esch insgesamt fünfzehn Komplizen eingespannt, die zum großen Teil dem Düsseldorfer Partei- und SA-Milieu entstammten und teilweise sogar – wie der Ratsherr und Kreisamtsleiter Otto Schülbe, zur Kategorie der »Alten Garde« zählten. Schon bei der Auswahl seiner Komplizen legte Esch auf die politische Absicherung seiner Machenschaften großen Wert. Dies zeigte sich auch bei der Verteilung der »Spenden«. So genehmigten sich bei der Erpressung der Mannesmann Röhrenwerke nicht nur Esch und Komplizen entsprechende »Honorare«, sie sorgten auch dafür, daß die Fa. Mannesmann eine »Spende« von 50 000 RM dem »Rathausneubaukonto« des Oberbürgermeisters überwies und obendrein dem Führer der örtlichen SA-Standarte 39 ein Auto schenkte.[543]

Solche Absicherungsstrategien waren insofern jahrelang erfolgreich, als das Treiben Eschs schon angesichts seines enormen Umfangs nicht unbemerkt blieb, aber vom tief in die Affäre verstrickten Oberbürgermeister Wagenführ abgeschirmt wurde. Zwei Untergebene Eschs, die ihren Vorgesetzten wegen Bestechlichkeit bei Wagenführ angezeigt hatten, wurden dementsprechend gemaßregelt und fristlos entlassen.[544] »Ich decke Esch, damit Sie es wissen!« schleuderte Wagenführ einem der Beschwerdeführer entgegen, ohne eine Prüfung der Anschuldigungen vorzunehmen. Stellenweise nahm die Korruptionsvertuschung im Fall Esch geradezu karikatureske Formen an. Als ein weiterer Beschwerdeführer behauptete, Wagenführ und Esch hätten Bestechungsgelder erhalten, ordnete ausgerechnet der Oberbürgermeister als Beschuldigter und Tatverdächtiger eine Nachprüfung an, mit der er – um die Dreistigkeit auf die Spitze zu treiben – ausgerechnet Erich Esch beauftragte, der ihm nach einigen Tagen pflichtgemäß mitteilte, »daß an der Sache nichts dran sei«.[545]

Die Machenschaften Eschs wären vermutlich bis zum Ende des »Dritten Reiches« ungesühnt geblieben, wären sie nicht in einen Machtkampf zweier nationalsozialistischer Herrschaftscliquen hineingeraten. Die eine Clique wurde von OB Wagenführ und dem Düsseldorfer Gauleiter Florian angeführt, die andere vom Düsseldorfer Polizeipräsidenten Fritz Weitzel, dem zuständigen Regierungspräsidenten Schmid und dem Oberpräsidenten und Essener Gauleiter Terboven, die den »Fall Esch« aus unterschiedlichen Gründen nutzen wollten, um gegen ihre Konkurrenten und Widersacher vorzugehen: der jugendliche Polizeipräsident, der seinen schlechten Ruf aufpolieren wollte, indem er sich zum Gralshüter politischer Sauberkeit machte; der Regierungspräsident, der als Vertreter der Inneren Verwaltung in latentem Gegensatz zum obersten Repräsentanten der Partei, dem Gauleiter, stand; der Oberpräsident und Gauleiter Terboven, um seinen alten Rivalen und Intimfeind Florian in die Schranken zu weisen.[546] Deshalb funktionierten auch die lokalen Tarnungsmechanismen nicht mehr, als die Düsseldorfer Kriminalpolizei im Frühjahr 1937 vertrauliche Hinweise zum korrupten Gebaren Eschs erhielt. Zwar verweigerten zunächst die Steuerbehörden der Kriminalpolizei entsprechende Auskünfte, mußten aber schließlich dennoch die Akten herausgeben, als sich der Regierungspräsident in den Fall einschaltete. Jetzt ließ sich der Skandal nicht mehr vertuschen, zumal mehrere Institutionen ein dringendes Interesse hatten, den »Fall Esch« politisch zu instrumentalisieren. Die anlaufende Strafverfolgung endete daher nicht nur mit der Verurteilung Eschs und seiner Komplizen – allein Esch erhielt 15 Jahre Zuchthaus –, sondern führte auch zur Demission des Oberbürgermeisters Wagenführ, auf dessen Ablösung Oberpräsident Terboven drängte, nachdem sich Gauleiter Florian schützend vor ihn gestellt hatte.

Der »Fall Esch« demonstrierte damit nicht nur die Möglichkeiten, die Cliquenherrschaft und Kameraderie für die politische Abschirmung von Korruption boten, sondern gleichzeitig auch ihre Grenzen, die in der polykratischen Rivalität begründet waren. Freilich waren derartige Rivalitäten viel zu temporär und beliebig, als daß in ihnen ein funktionierendes systemspezifisches Element der Korruptionskontrolle gesehen werden kann, zumal die korruptionsfördernden Aspekte des Herrschaftssystems die politischen Kontrolleffekte bei weitem überwogen.

Anklagen wegen Korruption hatten nur diejenigen zu gewärtigen, die in die Schußlinie regimeinterner Machtkämpfe geraten waren, aus Sicht ihrer Förderer und Protektoren jegliche Nützlichkeit verloren hatten oder die sich am Eigentum der Partei und ihrer Organisationen vergangen hatten. In letzterem Fall hatte ja NSDAP-Reichsschatzmeister Schwarz allein von 1934 bis 1941 insgesamt 10 887 Verfahren vor öffentlichen Gerichten angestrengt.[547] Freilich stellte selbst diese hohe Zahl nur die Spitze eines Eisbergs dar, weil nur diejenigen Fälle vor öffentlichen Gerichten verhandelt wurden, die auf eine Strafanzeige des Reichsschatzmeisters zurückgingen, war es doch den Staatsanwälten ausdrücklich untersagt, selbständige Ermittlungen durchzuführen sowie Kassenbücher und Belege der NSDAP zu beschlagnahmen. Deshalb durften sich die Gerichte in ihrer Urteilsfindung ausschließlich auf Angaben des NSDAP-Reichsschatzmeisters und die Berichte seiner Revisoren stützen.[548] Zudem konnte der Reichsschatzmeister den Ausschluß der Öffentlichkeit herbeiführen, Zeugen und Sachverständige bestimmen und die Verhandlungsführung auf einzelne Tatbestände beschränken. Die Einhaltung dieser Prinzipien überwachten Revisoren des Reichsschatzmeisters, die an den Verhandlungen als Zeugen, Sachverständige und Beobachter teilnahmen. Dies engte die Ermittlungs- und Verhandlungsspielräume der Justiz entscheidend ein und beschränkte die Ahndung von Korruptionsfällen innerhalb der NSDAP auf jene Fälle, deren Aburteilung der Reichsschatzmeister für opportun hielt. Alle anderen, die nach dem Willen des Reichsschatzmeisters aus politischen, persönlichen oder sonstigen Gründen ungeahndet bleiben sollten, konnten so vertuscht werden, zumal Schwarz zusätzlich angeordnet hatte, »daß nur mit seiner Genehmigung finanzielle Verfehlungen angezeigt und Aussagen darüber bei Behörden gemacht werden dürfen«.[549]

Über den quantitativen Umfang der Vertuschung können keine präzisen Angaben gemacht werden. Immerhin berichteten die Stapo-Stellen in ihren Lagemeldungen fast regelmäßig, daß auch die Korruption zum Nachteil der NSDAP »von vorgesetzten Stellen vertuscht« werde.[550] Teilweise reichte bereits »die Abgabe des Versprechens, den unterschlagenen Betrag zurückzuerstatten«[551], aus, um eine Strafverfolgung zu unterbinden. Bereits erstattete Strafanzeigen wurden wieder zurückgezogen, wenn sich Verwandte oder Familienangehörige verpflichtet hatten, veruntreute Gelder zurückzuzahlen.[552] In anderen Fällen begnügten sich die Parteiorganisationen mit der bloßen Versetzung eines korrupten Funktionärs. Auf diese Weise wurden beispielsweise ein Amtswalter der NS-Betriebszellenorganisation (NSBO) aus Dortmund, der 3700 RM unterschlagen hatte, nach wenigen Wochen im benachbarten Werl als NSV-Werber eingesetzt, ein DAF-Kreisleiter nach einem Diebstahl von Pirmasens nach St. Ingbert versetzt oder ein DAF-Amtswalter, der Geld in einer Wandsbeker Fischkonservenfabrik unterschlagen hatte, anschließend bei der Werft Blohm & Voß »untergebracht«.[553]

In jenen Fällen, in denen korrupte Nationalsozialisten nicht die NSDAP oder eine ihrer Gliederungen und angeschlossenen Verbände geschädigt hatten, waren die Ermittlungs- und Handlungsspielräume von Polizei und Justiz zwar erheblich größer, weil sie sich nicht den rigiden Vorgaben des NSDAP-Reichsschatzmeisters zu unterwerfen hatten, doch stießen sie in diesen Fällen häufig auf den erbitterten Widerstand höherer NSDAP-Funktionäre, die Strafvereitelung im Amt als selbstverständliche Fürsorgepflicht begriffen und die in ihrer »Kampfzeit« eine ausgeprägte Abneigung gegenüber Polizei und Justiz entwickelt hatten.

So wußten die Staatspolizeistellen zu berichten, daß die politischen Leiter der NSDAP die Ermittlungsbehörden häufig behinderten und Verdächtige »geradezu protegierten«.[554] Im Dienstagebuch des Reichsjustizministers Gürtner sind zahlreiche Fälle verzeichnet, in denen sich Funktionäre der NSDAP über Polizei und Justiz einfach hinwegsetzten und vor allem Richter und Staatsanwälte einschüchterten und bedrohten.[555] So teilte der oberbayerische Gauleiter Wagner einem Münchner Staatsanwalt, der in einer Korruptionsstrafsache ermittelte, apodiktisch mit, »daß er die Verhaftung von Amtswaltern der Partei untersage« und ein entsprechendes Vorgehen der Justiz »unter gar keinen Umständen dulden« werde. Vielmehr bestehe er darauf, daß zuvor in allen Fällen »sein Einverständnis als Hoheitsträger der Partei eingeholt werde«.[556]

Nach Verhaftung eines »alten Kämpfers« und Polizeioberleutnants wegen Korruption erklärte der Hamburger Gauleiter Kaufmann, wenn die Staatsanwaltschaft zum gesetzlichen Einschreiten verpflichtet sei, »dann sei es notwendig, die Gesetze zu ändern. Er werde in diesem Sinne mit dem Stellvertreter des Führers sprechen.«[557] Als der Polizeibeamte in der Haft Selbstmord beging, ließ der Gauleiter 2500 Politische Leiter zur Beerdigung aufmarschieren und ordnete eine Ehrenwache der Schutzpolizei an, die den korrupten Polizeibeamten in einer Traueranzeige überdies als »Vorbild treuer Pflichterfüllung« bezeichnete.[558]

Andere Gauleiter drohten Richtern und Staatsanwälten unverblümt körperliche Gewalt an, wenn sich diese ihrem Willen nicht beugen wollten. Als ein Kasseler Amtsrichter es 1935 gewagt hatte, SA-Schläger wegen gemeinschaftlicher Körperverletzung zu verurteilen, nachdem diese einen jüdischen Viehhändler zusammengeschlagen hatten, bestellte der kurhessische Gauleiter Karl Weinrich den Präsidenten des Oberlandesgerichts Kassel ein und erklärte, »daß die erregte Bevölkerung zwar nicht gegen das Gericht, wohl aber gegen den Vorsitzenden (Amtsgerichtsrat Funk) persönlich vorgehen werde, wobei die Polizei diesen nicht schützen werde. Denn Richter seien zwar unabsetzbar, aber nicht unverletzlich.« Dem Staatssekretär im Reichsjustizministerium, Roland Freisler, kündigte Weinrich schriftlich an, »den Dr. Funk mit der Hundepeitsche zu verhauen, wie er es verdient hätte«.

Man werde das unrühmliche Schauspiel erleben können, »daß ein Richter aus seiner Wohnung herausgeholt, verprügelt und durch die Straßen geführt wird«.[559] Zweifellos wäre es auch dazu gekommen, hätten sich die Vorgesetzten des Amtsrichters nicht nachdrücklich hinter ihn gestellt und der Kasseler Polizeipräsident nicht entsprechenden Polizeischutz angeordnet.

In anderen Fällen reagierten Landgerichts- und Oberlandesgerichtspräsidenten auf die Vorhaltungen von Parteifunktionären ausgesprochen willfährig. Als sich der Mecklenburger Gauleiter Friedrich Hildebrandt 1937 in einem Korruptionsfall über die Prozeßführung des Schweriner Landgerichts beschwerte, die »für die Partei eine einzige Anklage und Blamage gewesen« sei, machte der Schweriner Landgerichtspräsident dem zuständigen Richter heftige Vorwürfe, nicht den Ausschluß der Öffentlichkeit herbeigeführt zu haben, »um einen hohen Funktionär der Bewegung und damit diese selbst nicht in den Augen der Öffentlichkeit herabzusetzen«.[560] Mit ähnlicher Servilität begegnete der Saarbrükker Landgerichtspräsident dem saarpfälzischen Gauleiter Josef Bürckel, der die Versetzung eines Amtsgerichtsrates aus St. Wendel gefordert hatte, weil dieser ein »Gegner der Partei und des Reiches« sei, hatte er es doch gewagt, die grassierende Korruption in St. Wendel in einem Urteil als »Klüngelwirtschaft« zu bezeichnen. Der Landgerichtspräsident hielt die Versetzung ebenfalls für »förderlich« und bat den Oberlandesgerichtspräsidenten schließlich, »die Möglichkeit hierzu zu eröffnen«.[561]

In manchen Fällen ging der vorauseilende Gehorsam der Justiz so weit, daß politische Interventionen gar nicht nötig waren, zum Beispiel im Ermittlungsverfahren gegen die Frankfurter Firma Lehner & Co. Im Jahre 1938/39 wurde gegen das Unternehmen wegen des Verdachtes der Devisenhinterziehung in Höhe von drei Millionen RM und der Steuerhinterziehung in Höhe von zwölf Millionen RM ermittelt.[562] Der Rechtsvertreter der Fa. Lehner, Rechtsanwalt Dr. Oswald Freisler aus Berlin, ein Bruder des Staatssekretärs und späteren Präsidenten des Volksgerichtshofes Roland Freisler, hatte sich hinter den Kulissen um die Niederschlagung des Verfahrens bemüht und dabei u. a. SS-Obersturmführer Rissel, den Adjutanten des Gauleiters Julius Streicher, Karl Eckardt, den Gauwirtschaftsberater des Gaues Hessen-Nassau, und Christian Weber, den Kreistagspräsidenten Oberbayerns, in den Fall eingeschaltet. Letzterer hatte jährliche Geschenke in Höhe von jeweils über 20 000 RM von der Fa. Lehner erhalten. Als die Generalstaatsanwaltschaft Berlin gegen Freisler wegen Bestechung zu ermitteln begann und ihn zu einer Vernehmung einbestellte, stürzte sich Freisler am 4. März 1939 aus dem Fenster des Vernehmungszimmers zu Tode. Damit ließ es die Berliner Generalstaatsanwaltschaft bewenden, vermutete sie doch, »daß Dr. Freisler nicht zum ersten Mal mit Bestechung gearbeitet hat«. Sie verzichtete darauf, die Akten des Rechtsanwaltes zu beschlagnahmen, da sie befürchtete, »daß sein Bruder, Staatssekretär Dr. Freisler, selbst belastet wird«.[563] Der Justiz wäre es in diesem Fall zwar möglich gewesen, eines der für die NS-Herrschaft typischen personellen Netzwerke der Korruption aufzudecken, sie brachte aber nicht die notwendige Zivilcourage auf, war es doch ungleich bequemer und karrierefördernder, gegen Dienstvorgesetzte wie Freisler nicht zu ermitteln.

Auch wenn es sich »nur« um Familienangehörige Prominenter handelte, die der Korruption verdächtigt wurden, holten die ermittelnden Staatsanwälte gewöhnlich ein politisches Plazet ein, bevor sie Anklage erhoben; so im Falle eines Bruders des DAF-Reichsleiters und NSDAP-Reichsorganisationsleiters Dr. Robert Ley, Friedrich Ley, der 1934/35 u. a. mehrere tausend RM aus einer Unterstützungskasse des Brikettwerkes Abt. Vereinigte Ville veruntreut hatte. Bevor er Anklage erhob, verschaffte sich der ermittelnde Staatsanwalt beim Landgericht Köln zuerst die politische Rückendeckung des Reichsjustizministeriums. »Wegen der nahen verwandtschaftlichen Beziehungen des Beschuldigten zu dem Herrn Reichsorganisationsleiter Dr. Ley habe ich Bericht erstatten zu sollen geglaubt«, hieß es in einem entsprechenden Schreiben.[564] Als keine prinzipiellen Einwände erhoben wurden, nahm das Strafverfahren seinen Lauf, doch wurde Ley entgegen üblicher Gepflogenheiten nicht einmal in Haft genommen und kam mit der relativ geringen Strafe von einem Jahr Gefängnis davon.[565]

Begünstigt wurde das milde Urteil durch eine gutachterliche Expertise über den Geisteszustand des Angeklagten, die in dieser Form allerdings eine seltene, versteckte Regimekritik darstellte und die der persönliche Referent des Reichsjustizministers, Hans von Dohnanyi, ausdrücklich – und wohl mit klammheimlicher Freude – in das Diensttagebuch des Reichsjustizministers aufnahm. Im Gutachten hieß es u. a.: »Ley stammt aus einer Familie, in der nach Angabe des Untersuchten Geisteskrankheiten und Trunksucht gehäuft beobachtet wurden. [...] Mehrere seiner Geschwister sollen schwachsinnig sein. [...] Ley ist ein typischer Trinker und zeigt viele körperliche und geistige Symptome chronischen Alkoholmißbrauchs [...] Ley machte bei der Untersuchung den Eindruck eines gutmütigen und willensschwachen Trottels.«[566]

Derartige Sätze zielten wohl weniger auf den Angeklagten als auf dessen Bruder Robert Ley, der wegen seiner Alkoholexzesse reichsweit bekannt war und deshalb auch als »Reichstrunkenbold« apostrophiert wurde. Der »Fall Ley« war insofern eine seltene Ausnahme, als gewöhnlich die personellen und familiären Beziehungen der Nationalsozialisten Ermittlungen bereits im Vorfeld verhinderten und eine Strafverfolgung unterbanden.

Als beispielsweise der Bruder des Reichswirtschaftsministers a. D. Kurt Schmitt, Wilhelm Schmitt, der als Regierungsrat das Schiffahrtsamt in Cuxhaven leitete, nicht nur durch »unpassenden« Lebenswandel auffiel, sondern denselben auch noch mit geliehenen Geldern von Firmen finanzierte, zu denen er dienstliche Beziehungen unterhielt, reichte ein Schreiben seines Bruders Kurt Schmitt an den Hamburger Bürgermeister aus, um den Skandal diskret zu vertuschen.[567] Wilhelm Schmitt wurde kurzerhand aus der Schußlinie genommen und als Regierungsrat in eine andere Behörde versetzt, obwohl ein Ministerialdirektor des Reichsverkehrsministeriums einwandte, daß ein derartiges Entgegenkommen gegenüber Kurt Schmitt eigentlich gar nicht nötig sei, »da dieser nicht mehr im Amt sei«.[568] Derartige »Gefälligkeiten« gegenüber führenden Repräsentanten des Regimes wurden jedoch über deren Amtszeit hinaus gewährt.

Angesichts dieser Realitäten verwundert es nicht, daß die Verfolgung von Korruptionsdelikten im »Dritten Reich« nicht allein im Verantwortungsbereich der dafür zuständigen Institutionen lag. Besonders die Einflußnahmen politischer Amtsträger auf die Justiz verlagerten Strafermittlung und -verfolgung in die politische Sphäre. Bereits die Frage, ob überhaupt Anklage erhoben wurde, galt als politische Angelegenheit und wurde dementsprechend im politischen Raum vorentschieden.

Auf diese Weise gingen zahlreiche korrupte Nationalsozialisten trotz erdrückender Beweislast straffrei aus, weil sie hinter den Kulissen politische Fürsprecher fanden, die Ermittlungsverfahren niederschlugen oder für ihre großzügige Amnestierung sorgten, zum Beispiel nach dem »Gesetz über die Gewährung von Straffreiheit« vom 7. August 1934.[569] Dieses sogenannte Straffreiheitsgesetz war nach dem Tode Hindenburgs und der Amtseinführung Hitlers als Reichskanzler und Reichspräsident erlassen worden und gewährte die Möglichkeit der Amnestie für alle Freiheitsstrafen bis zu sechs Monaten oder alle Geldstrafen bis zu 1000 RM. Ein wesentliches Ziel der politischen Einflußnahmen war es daher, die Verbrechen selbst hochgradig korrupter und krimineller Nationalsozialisten möglichst auf sechs Monate Freiheitsstrafe herabzudrücken, um sie anschließend vollständig amnestieren zu können.

So ging beispielsweise einer der brutalsten Nationalsozialisten überhaupt, der NSDAP-Reichstagsabgeordnete und Heilbronner Kreisleiter Richard Drauz[570], straffrei aus, obwohl er nicht nur der Veruntreuung in mehreren Fällen – er hatte u. a. Spenden des Winterhilfswerks veruntreut –, sondern auch der gefährlichen Körperverletzung, der Amtsanmaßung, der Freiheitsberaubung und anderer Delikte überführt war. Nachdem der Stellvertreter des Führers persönlich beim Reichsjustizminister interveniert hatte, wurde das Verfahren gegen Drauz im Mai 1936 aufgrund des »Straffreiheitsgesetzes« eingestellt.[571]

Auch ein örtlicher NSDAP-Bürgermeister und Kaufmann aus Bad Honnef namens Behr gelangte in den Genuß dieses »Straffreiheitsgesetzes«, obwohl er der Untreue überführt war und gegen ihn bei der Staatsanwaltschaft Bonn allein 1934 nicht nur fünf Ermittlungsverfahren wegen Untreue anhängig waren, sondern auch vier Verfahren wegen Sittlichkeitsverbrechen, vier wegen Freiheitsberaubung, drei wegen Strafentziehung, drei wegen Beleidigung, zwei wegen Körperverletzung, zwei wegen Amtsvergehen und eines wegen Autodiebstahls.[572] Diese Vergehen führte der Kölner Gauleiter Josef Grohé in einem Brief an das Reichsjustizministerium auf den »nationalsozialistischen Übereifer« eines »im Grunde anständigen« Mannes zurück. Überdies lancierte er zwei Artikel in die Parteizeitung »Westdeutscher Beobachter«, in der die skandalöse Amnestierung Behrs auch noch als »Zusammenbruch eines Hetzfeldzuges« bezeichnet wurde.[573]

Fürsorgliche Protektion führender Nationalsozialisten wurde auch jungen Nationalsozialisten zuteil, die bei einem Sprengstoffattentat im November 1934 die Synagoge in Ahaus erheblich zerstört hatten. Nachdem sich Martin Bormann als Stabsleiter des StdF für die Niederschlagung des Verfahrens ausgesprochen hatte, weil es »gegnerischen Kreisen willkommenen Anlaß zu agitatorischer Auswertung geben würde«, überdies die Täter von ihren vorgesetzten Dienststellen als »wirkliche Elite unserer revolutionären Idee und Jugend« bezeichnet worden waren, schloß sich auch der zuständige Generalstaatsanwalt in Hamm der Niederschlagung an, weil die Nichtverfolgung »weiter kein Aufsehen erregen« würde.[574]

Neben der politischen Einflußnahme auf die Justiz nutzten manche Nationalsozialisten eine weitere Möglichkeit, um die Strafverfolgung von NSDAP-Funktionären zu verhindern: Sie überwiesen – vor allem Korruptionsfälle – der NSDAP-Parteigerichtsbarkeit, um die Angelegenheit intern zu regeln und die Strafverfolgung vor ordentlichen Gerichten auszuschließen.[575] Die Parteigerichte der NSDAP waren aus den Untersuchungs- und Schlichtungsausschüssen (Uschla) vor 1933 hervorgegangen und unterlagen – vom Ortsgruppenleiter aufwärts – der Befehlsgewalt der zuständigen Hoheitsträger, die u. a. die vorsitzenden Richter absetzen konnten. Die Direktiven der NSDAP-Reichsleitung vom Februar 1934 verpflichteten die Parteigerichte auf das oberste Ziel, das Ansehen der Partei und ihrer Mitglieder zu schützen und Meinungsverschiedenheiten zu schlichten.[576] Schon deshalb handelte es sich bei den Parteigerichten um keine unabhängige Gerichtsbarkeit, sondern um Parteieinrichtungen, deren politische Funktionalisierung zu ihrem eigentlichen Daseinszweck gehörte. Die Urteilspraxis der Parteigerichte wurde dabei zentral durch die nationalsozialistische Kameraderie, ihre Cliquen- und Klientelstrukturen bestimmt, so daß sich die Behandlung des Angeklagten in erster Linie an seiner Stellung in der NS-Hierarchie, seiner Zugehörigkeit zu einer spezifischen Herrschaftsclique und allgemeinen Gesichtspunkten politischer und persönlicher Opportunität orientierte.[577]

Im allgemeinen hatten die Parteigerichte gegenüber der ordentlichen Gerichtsbarkeit lediglich eine nachvollziehende Funktion: Nationalsozialisten, die wegen Korruption oder anderer Delikte von öffentlichen Gerichten verurteilt worden waren, wurden anschließend einem Parteigerichtsverfahren unterworfen, das in aller Regel mit dem Ausschluß des Parteimitglieds endete. In einigen Fällen klaffte jedoch die Urteilspraxis öffentlicher Gerichte und der Parteigerichte extrem auseinander[578], wurden korrupte Funktionäre teilweise sogar der Strafverfolgung durch öffentliche Gerichte vollständig entzogen und im Parteigerichtsverfahren freigesprochen oder mit Rügen und Verweisen »bestraft«. So wurde ein Strafverfahren gegen Werner Kampe, den NSDAP-Kreisleiter und Oberbürgermeister der Stadt Bromberg, der die systematische Verschleuderung polnischen Vermögens organisiert und bei der Haupttreuhandstelle Ost 500 000 RM veruntreut hatte, aus politischen Gründen niedergeschlagen, nachdem Partei- und Reichskanzlei, das Reichsjustizministerium und die

NSDAP-Gauleitung Danzig-Westpreußen übereingekommen waren, den Fall zu vertuschen.[579] Statt dessen »bestrafte« ein Parteigericht den Kreisleiter mit einer »Warnung« und »dreijährigem Ämterverlust«. Doch selbst diese Strafe wurde nicht vollzogen, weil der Bromberger Kreisleiter umgehend als neuer Kreisleiter in Danzig-Stadt eingesetzt wurde.

Obwohl derartige Vorgehensweisen regimeintern keineswegs auf ungeteilten Beifall stießen – so wandte beispielsweise die Gestapo auf Grund zahlreicher Fälle explizit ein, »daß es nicht angängig ist, wenn derartige Verfehlungen nur im parteigerichtlichen Verfahren ihre Erledigung finden«[580] –, wurden die Parteigerichte immer wieder als Ersatzjustiz herangezogen, um Nationalsozialisten öffentlicher Strafverfolgung zu entziehen. Dies geschah jedoch in erster Linie fallweise und keineswegs in systematisch-geregelter Form, weil dies die Stellung der Parteigerichte und des obersten »Parteirichters« Walter Buch innerhalb der NSDAP zu stark aufgewertet hätte. Deshalb scheiterten auch alle Versuche Buchs, der Parteigerichtsbarkeit bei der Aburteilung von Parteimitgliedern eine rechtlich kodifizierte Vorrangstellung vor der öffentlichen Gerichtsbarkeit einzuräumen.[581] Dies hätte führenden Funktionären die Möglichkeit genommen, Korruptionsfälle fallweise den öffentlichen Gerichten oder den Parteigerichten zuzuweisen.

Die Parteigerichte sollten den Politischen Leitern der NSDAP jederzeit dienstbar gemacht werden können, aber keinen eigenständigen Machtfaktor bilden, der den »Führern« der Bewegung Verfahrensweisen vorschreiben oder sie gar normativ binden konnte. Als »Parteirichter« Buch es 1942 wagte, gegen eine Entscheidung Hitlers zu opponieren – nämlich den Parteiausschluß des Gauleiters Josef Wagner –, kanzelte ihn Hitler in einer Weise ab, die das politische Gewicht der Parteigerichtsbarkeit faktisch auf Null reduzierte.[582] Die Parteigerichte hätten sich nicht »nach formalrechtlichen Anschauungen, sondern nach der politischen Notwendigkeit der Bewegung« zu richten, legte Hitler am 21. November 1942 in einer Verfügung fest.[583]

Der »Führer« zeigte sich an einer nachhaltigen Korruptionsbekämpfung nicht interessiert. Schließlich bediente er sich selbst eines Systems der Patronage und Dotationen, um seine Machtstellung abzusichern und Loyalität materiell zu belohnen. Verstößen gegen die persönliche Treuepflicht und gegen Grundsätze der NS-Ideologie begegnete Hitler mit unnachsichtiger Schärfe, während er Bereicherung und Korruption seiner Untergebenen gewöhnlich zu decken pflegte. Kein einziger der während des »Dritten Reiches« abgesetzten Gauleiter und Führungspersonen des Regimes stürzte über eine Korruptionsaffäre.[584] »Wir dürfen, wenn bei uns ein Urteil wegen Korruption ergeht, nicht sagen, schaut, was haben wir für Zustände! Das sind absolute Einzelfälle!« tat Hitler in seinen Tischgesprächen das Problem ab.[585]

Nur in einer Hinsicht reagierte Hitler ausgesprochen sensibel, nämlich beim Thema »Bindung von Männern der Partei oder des Staates an die Privatwirtschaft«, über das er 1942 einen ganzen Abend lang monologisierte.[586] Dabei kritisierte er u. a. die Tätigkeit von Reichstagsabgeordneten in Aufsichtsräten und verlangte von führenden Parteigenossen, sich nicht »für private Wirtschaftsinteressen einspannen« zu lassen.[587] Auch die Annahme von »Gefälligkeiten« habe tunlichst zu unterbleiben.[588] Daraufhin legten zwar 139 Abgeordnete des ohnehin einflußlosen Reichstags ihre Aufsichtsratsmandate nieder[589], doch dürfte die Anordnung Hitlers beim Gros der Funktionäre wirkungslos verpufft sein. Sie zeugte ohnehin nicht von einer grundsätzlich ablehnenden Haltung des »Führers« gegenüber der Korruption, ging es Hitler doch in erster Linie um die Absicherung seiner persönlichen Stellung. Die unmittelbare und vollständige Bindung der führenden Funktionäre an den »Führer« sollte nicht durch konkurrierende Interessen und privatwirtschaftliche Loyalitäten beeinträchtigt werden.

Als Hitler beispielsweise erfuhr, daß sich Reichswirtschaftsminister Walther Funk zu seinem 60. Geburtstag 520 000 RM hatte schenken lassen, von denen 250 000 RM von der deutschen Wirtschaft gespendet worden waren, gewährte er Funk seinerseits eine Dotation von 520 000 RM – mit der Auflage, die gespendeten Gelder wieder zurückzuzahlen.[590] Auf diese Weise suchte Hitler die exklusive Bindung des Reichswirtschaftsministers an seine Person sicherzustellen.

Anders als Hitler beschäftigte sich der Reichsführer SS Heinrich Himmler sehr viel intensiver mit dem Problem der Korruption. Schon qua Amt war Himmler als Chef der deutschen Polizei schließlich für einen wesentlichen Teil der Korruptionsbekämpfung zuständig. Überdies nahm Himmler im Rahmen der im Oktober 1939 verselbständigten SS- und Polizeigerichtsbarkeit de facto die Funktion eines obersten Gerichtsherrn wahr, der sich zahlreiche Vorbehaltsrechte gesichert hatte – wie die Bestätigung aller Urteile gegen SS-Führer und Polizeioffiziere – und sich mit großer Pedanterie zahlreichen Einzelfällen widmete.[591] Dabei trat eine weitere Charaktereigenschaft Himmlers zutage, die sich signifikant von der gleichgültigen Haltung Hitlers unterschied, nämlich ein Hang zum Moralisieren und der pädagogische Ehrgeiz, die Angehörigen von SS- und Polizei im Geiste einer spezifischen SS-Moral zu erziehen. Deshalb erteilte Himmler nicht nur der Vertuschung von Korruptionsfällen, die er als »Verbrechen an Deutschland und an der SS«[592] bezeichnete, eine klare Absage, sondern erging sich bei zahlreichen Gelegenheiten in weitschweifigen Ausführungen über das »Grundgesetz der SS über die Heiligkeit des Eigentums«, bei denen er seine Auffassung kundtat, »daß es die Ehre eines nordisch ausgerichteten Menschen verbietet, sich an fremdem Eigentum zu vergreifen«.[593]

Gegenüber dem Hauptamt SS-Gericht bestand Himmler darauf, »daß Bestechungen jeglicher Art mit allem Nachdruck bestraft werden«, und kritisierte die Urteilspraxis der SS- und Polizeigerichte als »viel zu milde«.[594] In der Tat zeigen die vorhandenen Übersichten mit Urteilszusammenstellungen, daß beispielsweise persönliche Beziehungen zu KZ-Häftlingen, Polen und Juden sehr viel härter bestraft wurden als deren Beraubung.[595]

Gleichwohl standen die Moralappelle Himmlers und die Tätigkeit der SS- und Polizeigerichte in geradezu diametralem Gegensatz zu einer Realität, die die SS als eine derjenigen Institutionen auswies, in der Korruption besonders weitverbreitet war. Schon die Tatsache, daß Eigentumsdelikte mit weitem Abstand in den Strafverfahren gegen SS-Angehörige dominierten (1942: 47,55 %, 1943: 43,13 % aller Verurteilungen)[596], sprach dem »Grundgesetz« der SS von der »Heiligkeit des Eigentums« hohn. Der Anteil der Plünderungsfälle an den Gesamtdelikten lag in der SS doppelt so hoch wie in der Wehrmacht, der Anteil der Bestechungsfälle gar achtmal so hoch.[597] Korruption und Unterschlagung waren in den SS-eigenen oder der SS nahestehenden Unternehmen an der Tagesordnung. Allein bei der Braunkohle Benzin AG mußten binnen kurzer Zeit sieben SS-Führer wegen Korruption ausgeschlossen werden.[598] Ein ähnliches Bild ergab sich bei diversen Unternehmen, die vom Reichssicherheitshauptamt zu Nachrichtenzwecken gegründet worden waren.[599] Wie geschildert, bildeten die von der SS geführten Lager oder die Stäbe der SS- und Polizeiführer in den besetzten Gebieten einen Hort der Korruption.

Das Reichssicherheitshauptamt schaltete die SS- und Polizeigerichtsbarkeit nur in wenigen Korruptionsfällen überhaupt ein, weil die Kameraderie in SS und Polizei ihre Angehörigen vor Strafverfolgung schützte und Vorgesetzte entsprechende Verfehlungen nur selten anzeigten. Wer sich in diesem verschworenen Milieu, das durch Gewalt, Bereicherung und außernormative Handlungspraxis zusammengeschweißt wurde, über korrupte Kollegen und Vorgesetzte beschwerte, mußte eher damit rechnen, als Querulant ausgegrenzt und strafversetzt zu werden, als daß seinen Angaben Glauben geschenkt wurde. Ein Kriminalkommissar, der gegen Kollegen wegen Korruption und Schwarzhandel ermittelte, wurde schließlich wegen »Nötigung im Amt« sechs Wochen inhaftiert, bis die Kollegen sämtliche Spuren verwischt hatten, und anschließend in ein »Arbeitserziehungslager« strafversetzt.[600]

Gerade am Beispiel des SS- und Polizeiapparates zeigte sich, daß die Moralappelle Himmlers und die Bereitschaft zur Korruptionsbekämpfung durch SS- und Polizeigerichte gegenüber den strukturellen, korruptionsfördernden Determinanten des NS-Herrschaftssystems weitgehend wirkungslos blieben: Die Befreiung des »schwarzen Ordens« von allen Formen der Machtkontrolle, seine Entbindung von normativen Prinzipien und eine Handlungspraxis von höchster mörderischer Dimension, die der Entfesselung niederster Instinkte Vorschub leistete, konterkarierten die verqueren Erziehungsbemühungen des Reichsführers SS. Dessen perversem »Ideal« des weltanschaulichen Kämpfers, der Massentötungen »anständig«, d.h. uneigennützig und ohne emotionale Beteiligung vollziehen sollte, stand die Realität eines mörderischen und korrupten »Herrenmenschentums« entgegen.

Demonstrative Bauernopfer der Kriegszeit

In der zweiten Kriegshälfte und im Angesicht der drohenden Niederlage des nationalsozialistischen Deutschlands verschränkten sich mehrere Entwicklungen, die den Druck auf die Regimeführung verstärkten, gegen die Korruption stärker als zuvor einzuschreiten. Zum einen hatte die Kriegssituation die ohnehin marginalisierten Kontrollinstitutionen weiter geschwächt, hatte doch, wie erwähnt, der Reichsrechnungshof mit Kriegsbeginn alle Prüfungen im »Altreich« weitgehend eingestellt. Glaubt man den inoffiziellen Verlautbarungen, stieg damit auch die Zahl der Korruptionsfälle »erheblich« an.[601] Gleichzeitig erhöhte das Scheitern des »Blitzkriegs«-Konzeptes vor Moskau 1941/42 und der Beginn alliierter Flächenbombardements auf deutsche Großstädte im Frühjahr 1942 die Kriegsbelastungen für die deutsche Bevölkerung, die nun mit gekürzten Lebensmittelrationen auskommen mußte und deshalb das Wohlleben und die Bereicherung der NS-Funktionärskaste mit wachsender Schärfe kritisierte.[602] Die Regimeführung behandelte das Problem der Korruption daher in der zweiten Kriegshälfte nicht mehr mit vollständiger Gleichgültigkeit, da sie auf eine stabile »Haltung« der sogenannten Heimatfront großen Wert legte. Deshalb hatte das Regime erhebliche Anstrengungen zur sozialpolitischen Pazifizierung der Bevölkerung unternommen, zum Beispiel durch den Familienunterhalt für Kriegerfrauen, der sich auf einem hohen Niveau bewegte, das von keinem anderen kriegführenden Staat erreicht wurde und die soziale Grundversorgung in Deutschland während des Ersten Weltkrieges bei weitem übertraf.[603]

Aus Sicht der Nationalsozialisten war der Erste Weltkrieg verlorengegangen, weil durch Mißstimmung, systematisch gesäten Defätismus und Korruption hervorgerufene Zersetzungserscheinungen der »Heimatfront« im November 1918 dem »im Felde unbesiegten« Heer den »Dolchstoß« versetzt hätten. In diesem Zusammenhang sei die Korruption »eine der hervorstechendsten Ursachen des Zusammenbruchs von 1918« gewesen.[604] Eine Wiederholung solcher Vorgänge mußte daher unter allen Umständen vermieden werden.

Im Banne dieses »Novembersyndroms«[605] nahmen daher verschiedene Vertreter des Regimes in der zweiten Kriegshälfte nicht nur die Korruption, sondern auch die Kritik der Bevölkerung ernster. »Diese das Volk empörenden Dinge«[606] – wie es Himmler formulierte – wurden daher von manchen Vertretern des Regimes aufmerksamer als zuvor registriert, bisweilen auch vorsichtig kritisiert. Als beispielsweise NSDAP-Reichsleiter Max Amann im Oktober 1943 von seinem Gewohnheitsrecht Gebrauch machte, KZ-Häftlinge zur Verschönerung seines Anwesens in St. Quirin einzusetzen, ließ Himmler, der den Häftlingseinsatz bei Amann zuvor stets genehmigt hatte, den »Pressezaren« des Eher-Verlages nun »in aufrichtiger Kameradschaft« wissen, daß durch »derartige Dinge« nur »unnötig viel böses Blut gemacht« werde.[607]

Am 21. März 1942 hatte Hitler in einem Erlaß »über die Lebenshaltung führender Persönlichkeiten« deren »vorbildliche Haltung« verlangt und sie verpflichtet, alle Einschränkungen »peinlichst genau und als selbstverständlich auf sich zu nehmen«.[608] Gegen Übertretungen sollte »rücksichtslos und ohne Ansehen der Person durchgegriffen« werden. Als Hitler am 26.

April 1942 in einer Reichstagsrede ankündigte, die aus seiner Sicht Pflichtvergessenen »aus Amt und Stellung zu entfernen ohne Rücksicht, wer er auch sei oder welche erworbenen Rechte er besitzt«, wurde dies nach den Meldungen des SD von der Bevölkerung zwar als »unerbittliche Kampfansage gegen jede Art der Korruption und Pflichtvergessenheit« begrüßt, doch gleichzeitig die Erwartung geäußert, daß durch die »Absetzung einiger führender Persönlichkeiten« und »mehrere Verurteilungen« nunmehr »rücksichtslos durchgegriffen« werde.[609]

Wie noch zu zeigen ist, blieben derartige Ankündigungen angesichts der Kameraderie und Cliquenbindungen führender Nationalsozialisten vollständig wirkungslos; nicht einer von ihnen wurde wegen Korruption zur Verantwortung gezogen. Dennoch hatte sich das Regime gegenüber der Bevölkerung in Zugzwang gebracht. Seit dem Frühjahr 1942 entwickelte sich eine Erwartungshaltung, die eine demonstrative Reaktion verlangte und durch ein symbolisches Bauernopfer befriedigt werden sollte.

»Die Kleinen hängt man ...«: Der Fall Janowsky

Eine solche Konstellation war erstmals nach den konzentrierten Luftangriffen der Royal Air Force auf Lübeck und Rostock im März/April 1942 entstanden, auf die die nationalsozialistische Staatsführung alarmiert reagierte. Propagandaminister Goebbels beschrieb die Situation in seinem Tagebuch als »trostlos« sowie »wahrhaft grauenvoll« und befürchtete eine »demoralisierende Auswirkung auf die Bevölkerung«.[610] Um die stimmungspolitischen Auswirkungen in Grenzen zu halten und die aufgebrachte Bevölkerung zu beschwichtigen, wurden die zentralen und regionalen Lebensmittellager geöffnet und die Bombengeschädigten überaus großzügig versorgt. Die Lebens- und Sachmittelversorgung übernahmen die regionalen Gauämter der NSV, die von den Gauamtsleitern Wilhelm Janowsky (Schleswig-Holstein) und Wilhelm Behr (Mecklenburg) geleitet wurden.

Die eingesetzten NSV-Funktionäre nutzten jedoch die chaotische Situation nach den Luftangriffen rücksichtslos zum eigenen Vorteil aus und eigneten sich aus den Hilfslieferungen an die Bevölkerung ungeniert größere Mengen für den persönlichen Verbrauch an, darunter Sekt, Spirituosen, Pralinen, Lebensmittelkonserven, Kleidung, Schuhe etc.[611] Späteren Ermittlungen zufolge verschwanden u. a. zwei Zentner Kaffee und vier Zentner Marzipan in den Taschen der Einsatzkräfte. Auch Kleidung und Schuhwerk wurde mit Billigung des NSV-Gauamtsleiters Janowsky in großem Stil unterschlagen. Auf einer »Inspektionsfahrt« nach Rostock erhielten Janowsky, sein Bruder Karl und der NSV-Reichshauptstellenleiter Ernst Wulff vom Mecklenburger Gauamtsleiter Behr aus den NSV-Beständen Likör, Schokolade, Pralinen, Kekse und Zigarren als »Reiseverpflegung«. Darüber hinaus ließ Janowsky mit Billigung Behrs aus den Mecklenburger Sekt- und Spirituosenbeständen größere Mengen »mitgehen«. Schließlich wurden auf Anweisung Janowskys aus den Hilfslieferungen umfangreiche Lebensmittelpakete abgezweigt und an zahlreiche Freunde, Bekannte und Persönlichkeiten des öffentlichen Lebens geschickt, u. a. an den Lübecker Polizeipräsidenten und SS-Brigadeführer Walther Schröder, den Lübecker Bürgermeister und Staatskommissar Dr. Hans Böhmker, den Regierungspräsidenten Dr. Waldemar Vöge, die NSV-Gauamtsleiter der Gaue Kurhessen, Franken, Essen, Thüringen und Schwaben sowie an den Reichsvorsitzenden der NSV, den »Oberbefehlsleiter« Erich Hilgenfeldt in Berlin.[612] Keiner der solchermaßen »Beschenkten« verweigerte die Annahme oder stellte Rückfragen, gehörten doch derartige Formen des Nepotismus zu den Alltagserscheinungen des nationalsozialistischen Regimes.

Im Mai/Juni 1942 hatte die Kriminalpolizeileitstelle Hamburg erste Ermittlungen gegen NSV-Funktionäre eingeleitet, in deren Wohnungen nach Hausdurchsuchungen umfangreiche Lebensmittelvorräte aufgefunden worden waren. Zu diesem Zeitpunkt gingen die Ermittlungsbeamten noch davon aus, daß einige wenige Personen die Gutmütigkeit des NSV-Gauamtsleiters Janowsky »offenbar mißbraucht« hätten.[613] Schon bald wurde jedoch offensichtlich, daß in diesem Fall der Fisch vom Kopf her stank und zahlreiche Persönlichkeiten des öffentlichen Lebens in die Korruptionsaffäre verwickelt waren.

Sowohl die NSDAP wie die NSV taten sich zunächst mit den üblichen Vertuschungsversuchen hervor. Der stellvertretende schleswig-holsteinische NSDAP-Gauleiter Wilhelm Sieh versuchte den Eindruck zu erwecken, daß viele Empfänger die Lebensmittelpakete nicht für sich verbraucht, sondern für die Bewirtung von »Gästen« oder »Einquartierten« verwendet hätten.[614] Die NSV hatte zunächst versucht, die angelaufenen Ermittlungen im Keim zu ersticken und der Kriminalpolizei den Fall aus den Händen zu nehmen. Ein Oberrevisor der NSV-Reichsleitung sowie ein Abgesandter des NSDAP-Reichsschatzmeisters, der sich auf ein Gesetz berief, »wonach der Reichsschatzmeister für solche Fälle allein zuständig sei«, forderten die Kriminalpolizei zur Freilassung der Verdächtigen, zum Abbruch der Ermittlungen und zur Aushändigung der Ermittlungsakten auf.[615] Nach einem Aktenvermerk der Kriminalpolizei machte der NSV-Oberrevisor geltend, »daß er ganz andere Fälle (er sprach von Millionenschäden) unter Ausschaltung der Kriminalpolizei bearbeitet habe, und daß dieser Fall für ihn am Rande liege«.[616] Die Kriminalpolizei zeigte sich von diesem dreisten Überrumpelungsversuch jedoch unbeeindruckt, setzte die Ermittlungen fort und übergab das Verfahren im Juni 1942 an die Staatsanwaltschaft beim Schleswig-Holsteinischen Sondergericht in Kiel.

Die sonst so erfolgreichen Vertuschungsversuche der Partei und ihrer Organisationen waren im »Fall Janowsky« deswegen gescheitert, weil Polizei und Justiz ein ausdrückliches politisches Plazet aus Berlin erhalten hatten, wo Vertreter verschiedenster Institutionen übereingekommen waren, an diesem Fall ein symbolisches Exempel zu statuieren und einen Gauamtsleiter zu opfern, der nicht zu den nationalsozialistischen Führungskreisen gehörte.

Diese Entscheidung fiel auf einer Besprechung am 27. Juni 1942 in Berlin, an der neben »Oberbefehlsleiter« Hilgenfeldt auch Vertreter des Reichssicherheitshauptamtes, des NSDAP-Reichsschatzmeisters und der NSDAP-Partei-Kanzlei teilnahmen. Hilgenfeldt, der durch die Ermittlungen selbst schwer belastet worden und daher bestrebt war, persönliches Unheil von sich abzuwenden, forderte – nachdem er zunächst Vertuschungsversuche unternommen hatte – nunmehr scheinheilig, die belasteten NSV-Amtswalter »schärfstens zu verurteilen«.[617] Die innenpolitische Situation vor Augen, wies der Vertreter des RSHA, SS-Sturmbannführer Justus Beyer, darauf hin, daß »die Stimmungslage und die letzte Führerrede gerade in derartigen Fällen ein Durchgreifen erfordert«.[618] In dieser Haltung wurde er durch den Reichsführer SS Heinrich Himmler nachdrücklich bestärkt.[619] Unter dem Druck der Verhältnisse schwenkte nunmehr auch der Vertreter des NSDAP-Reichsschatzmeisters auf eine harte Linie ein und plädierte dafür, »die Schuldigen rücksichtslos zur Rechenschaft« zu ziehen.

Dementsprechend verurteilte das Sondergericht in Kiel am 28. August 1942 den NSV-Gauamtsleiter Janowsky, den NSV-Kreishauptamtsleiter Hermann Stegemann und den NSV-Gauhauptstellenleiter Kurt Eckhoff gemäß § 4 der Volksschädlingsverordnung[620] zum Tode, während fünfzehn weitere NSV-Funktionäre Zuchthaus- und Gefängnisstrafen in Höhe von zwei Monaten bis acht Jahren erhielten.[621] Die Vollstreckung des Urteils galt jedoch keineswegs als sicher, weil sich hinter den Kulissen ein heftiges Gerangel entwickelte, das noch einmal die politische Abhängigkeit und Funktionalisierung der Justiz deutlich machte.

Obwohl das Urteil nicht veröffentlicht worden war, bildete es »in allen Bevölkerungskreisen [...] den Gegenstand erregter Auseinandersetzungen«, wie der Kieler Generalstaatsanwalt an das Reichsjustizministerium zu berichten wußte.[622] Die Vollstreckung des Urteils würde vielfach in Zweifel gezogen, es stünde – so die Mutmaßungen – »lediglich auf dem Papier« und wäre bloß eine »Komödie«, weil sich sämtliche Verurteilten »spätestens bei Kriegsende« wieder auf freiem Fuß befinden würden.[623] Zusätzliche »Erregung« hätte die Nachricht verursacht, daß die Ehefrau

Janowskys aus Mitteln der NSV eine monatliche Unterstützung von 600 RM erhielt.[624] Der Generalstaatsanwalt sprach insgesamt von einer »Massenpsychose«, die dem Ansehen der Partei und der Justiz schweren Schaden zufüge.

Dieser Stimmungslage zollte Reichsjustizminister Thierack schließlich Tribut und schlug deshalb dem »Führer« vor, das Todesurteil gegen Janowsky zu bestätigen, die gegen Stegemann und Eckhoff verhängten Todesurteile jedoch in Zuchthausstrafen von je acht Jahren umzuwandeln.[625] Diesem Vorschlag stimmte Hitler am 29. November 1942 zu und ließ seinen Justizminister wissen, daß er nach Abwägung aller Umstände »nunmehr die Vollstreckung der Todesstrafe gegen Janowsky« wünsche.[626] Daraufhin wurde Janowsky am 15. Dezember 1942 in Hamburg hingerichtet.[627] Zwei Monate zuvor hatte sich der Lübecker Bürgermeister Böhmker erschossen, der als Empfänger von Lebensmittelpaketen ebenfalls in die Affäre verwickelt gewesen war.[628] Während die Presse über das Urteil gegen Janowsky nicht hatte berichten dürfen, ordnete der Reichsjustizminister in Abstimmung mit dem NSDAP-Reichsschatzmeister nunmehr eine Pressemitteilung über die Hinrichtung an, um das demonstrative Bauernopfer offensiv herauszustellen, die aufgebrachte Bevölkerung zu beschwichtigen und die kursierenden Gerüchte einzudämmen.[629]

Neben NSV-Gauamtsleiter Janowsky wurden auch andere Repräsentanten der mittleren Funktionärsebene seit 1942 mit demonstrativ hohen Strafen belegt. Dabei handelte es sich fast immer um sogenannte Kriegswirtschaftsverbrechen, insbesondere um den unberechtigten Bezug zwangsbewirtschafteter Güter und Lebensmittel, die für die Normalbevölkerung fast unerreichbar waren. So wurde zum Beispiel der NSDAP-Ortsgruppenleiter Paul Schöner 1942 zum Tode verurteilt und hingerichtet. Schöner hatte seit Kriegsbeginn sein Amt als Geschäftsführer der Verbrauchergenossenschaft Würselen dazu benutzt, um Parteifunktionäre im Gau Köln-Aachen in großem Umfang mit bezugsbeschränkten Lebensmitteln zu versorgen. Unter den Abnehmern

Schöners befanden sich u. a. ein Gauinspekteur, ein Gauamtsleiter, zwei Kreisleiter, drei Kreisamtsleiter, ein Ortsgruppenleiter und ein Gaurevisor.[630] Auch der Alt-Pg. und Amtsbürgermeister von Altenahr, Karl Sauthmann, wurde 1942 hingerichtet, nachdem er zwangsbewirtschaftete Waren in erheblicher Menge für seinen Hotelbetrieb abgezweigt hatte[631], während vier Parteifunktionäre in Salzburg, die u. a. Kleiderkarten veruntreut und NSV-Gelder unterschlagen hatten, mit Zuchthausstrafen von 12 bis 15 Jahren belegt wurden.[632]

Das drakonische Strafmaß und die Anwendung der »Volksschädlingsverordnung« gegen Parteifunktionäre sollten nach 1942 zwar der Bevölkerung »rücksichtsloses Durchgreifen« signalisieren, indizierten jedoch keineswegs eine erfolgreiche Korruptionsbekämpfung. Wie die im folgenden behandelten Korruptionsaffären Nöthling und Mahlmeister zeigen, bestätigte die demonstrative Hinrichtung einiger Parteifunktionäre lediglich den in der Bevölkerung kolportierten Ausspruch, daß man »die Kleinen« zwar hänge, »die Großen« jedoch laufen lasse. Trotz Bauernopfern und Erlassen zur bescheidenen Lebensführung zeigte sich das Regime auch in der zweiten Kriegshälfte strukturell unfähig, führende Parteifunktionäre auf die Einhaltung rechtlicher Bestimmungen zu verpflichten, wurden gleiche Delikte nach wie vor mit zweierlei Maß gemessen.

»... die Großen läßt man laufen«: Die Fälle Nöthling und Mahlmeister

Im Juli 1942 setzte ein Ordnungsstrafbescheid gegen die Delikatessengroßhandlung August Nöthling in Berlin-Steglitz eine Korruptionsaffäre in Gang, die ein bezeichnendes Licht auf die Lebenshaltung führender Persönlichkeiten des Staates und der Partei warf.[633] Nachdem sich die Berliner Kriminalpolizei in den Fall eingeschaltet und Nöthling im Januar 1943 verhaftet hatte, wurde offenbar, daß Nöthling seit Jahren zwangsbewirtschaftete Lebensmittel ohne Lebensmittelmarken an zahlreiche Prominente des NS-Staates geliefert hatte. Zu den Hauptabnehmern zählten die Reichsminister Wilhelm Frick, Bernhard Rust, Joachim von Ribbentrop und Richard Walter Darré, der Reichsarbeitsführer Konstantin Hierl, Großadmiral Erich Raeder, Generalfeldmarschall Walter von Brauchitsch und Generalmajor Wilhelm von Grolmann, während die Reichsminister Hans Heinrich Lammers und Walther Funk, die Staatssekretäre Hans Pfundtner und Franz Schlegelberger, Generalfeldmarschall Wilhelm Keitel, die Generäle Hans Jeschonnek und Wilhelm Haehnelt sowie Admiral Kurt Fricke derartige Lebensmittel in »geringerem« Umfang bezogen hatten. Allein an die sieben Hauptabnehmer hatte Nöthling u. a. 22 Zentner Wild und Geflügel, 240 Pfund Pralinen, 125 Pfund Wurst sowie 75 Pfund Tee und Kakao ohne Lebensmittelmarken abgegeben.[634]

Bei der Verhaftung Nöthlings stieß die Kriminalpolizei auf eine umfangreiche Korrespondenz mit den Abnehmern, die sich – wie der Reichsarbeitsführer – »für die aufmerksame Betreuung« oder – wie die Ehefrau Fricks – »für die schöne Weihnachtsüberraschung« bedankten. Derartige »Diplomatenzuteilungen« waren in der Bevölkerung nicht unbemerkt geblieben, die aufmerksam registriert hatte, daß sich vor dem Geschäft Nöthlings die Dienst- und Wehrmachtsfahrzeuge stauten, in denen die in Tüten verborgenen Lebensmittel abtransportiert wurden. Dies hatte Nöthling in der Bevölkerung den Spitznamen »Tütenaugust« eingetragen und die allgemeine Auffassung befördert, daß die vielproklamierte Gleichberechtigung aller Volksgenossen »nur eine leere Phrase« sei.[635]

Der durch den Berliner Polizeipräsidenten alarmierte Propagandaminister Goebbels, dem Korruption keineswegs fremd war, griff den Fall schließlich auf, um ihn Hitler persönlich vorzutragen. In seinem Tagebuch notierte er: »Ich lasse es mir unter keinen Umständen gefallen, daß hier eine Korruption sich breit macht, die auf die Dauer kriegsgefährdend wirken müßte.«[636] Hitler reagierte auf die Enthüllungen seines Propagandaministers zwar »ziemlich betroffen«, erklärte jedoch, aus dem Vorgang

»keine Staatsaktion« machen zu wollen, und verwies auf die notwendige Aufrechterhaltung der »Staatsräson«, was Goebbels mit deutlicher Enttäuschung quittierte.[637] Während NS-Funktionäre der mittleren Leitungsebene zur gleichen Zeit wegen geringerer Vergehen zum Tode verurteilt und hingerichtet wurden, stand ein Strafverfahren gegen führende Repräsentanten des NS-Regimes von Anfang an außerhalb jeder Diskussion. Ein solcher Prozeß »komme keinesfalls in Frage«, teilte Hitler dem Leiter der Partei-Kanzlei am 2. April 1943 mit.[638]

Statt dessen zog sich alles Unheil über dem Berliner Delikatessenhändler zusammen, zumal die vom Reichsjustizminister angeschriebenen Prominenten den widerrechtlichen Bezug der Lebensmittel Nöthling in die Schuhe schoben oder sich hinter ihren Ehefrauen verschanzten, obwohl die aufgefundene Korrespondenz das genaue Gegenteil belegte.[639] Als Nöthling, der von den führenden Männern des Regimes zunächst protegiert und dann im Stich gelassen worden war, sich am 9. Mai 1943 im Untersuchungsgefängnis erhängte und damit selbst zum demonstrativen Bauernopfer machte, fand daher die gesamte Affäre ein schnelles und für die schwerstbelasteten Regimevertreter auskömmliches Ende.

Einen ähnlichen Verlauf nahm 1942 ein Verfahren gegen den Berliner Schuhmachermeister Alexander Mahlmeister, der seit 1930 ein Fachgeschäft für maßgeschneiderte Offiziersreitstiefel betrieb.[640] Zu seinem Kundenkreis gehörten vor allem gutbetuchte Gutsbesitzer und Industrielle, aber auch hohe Persönlichkeiten von Staat und Partei. Bei Kriegsausbruch hatte sich Mahlmeister der Zwangsbewirtschaftung insofern entzogen, als er ein großes Lager von Unter- und Oberleder bei der Reichsstelle für Leder nicht angemeldet hatte, wozu er rechtlich verpflichtet gewesen wäre. Dies ermöglichte es ihm, unbemerkt Lederstiefel und -schuhe für kapitalkräftige Kunden anzufertigen, die über keine Bezugsberechtigung verfügten.

Dennoch kam die Reichsstelle für Leder dem Schuhmachermeister im Juni 1942 anläßlich einer Betriebsprüfung auf die

Schliche und stieß auf eine umfängliche Liste von Personen, die ohne Bezugsberechtigung maßgefertige Lederschuhe erworben und zum Teil mit Naturalien bezahlt hatten. Die Liste der Abnehmer glich einem »Who's who« des »Dritten Reiches«, befanden sich darauf doch u.a. Hitler, Göring, der Reichspressechef Dr. Otto Dietrich, SS-Obergruppenführer Werner Lorenz, Gauleiter Ernst Wilhelm Bohle, die Staatssekretäre Dr. Otto Meißner, Paul Körner und Herbert Backe, SS-General Wilhelm Bittrich, die Adjutanten Hitlers und Himmlers, SS-Gruppenführer Julius Schaub und SS-Oberführer Ludolf von Alvensleben, Tochter und Schwiegersohn von Reichsminister Lammers und der Sohn des Reichsorganisationsleiters Ley.[641]

Die Reichsstelle für Leder entschied eilig, im Falle der vorgenannten Personen keine weiteren Prüfungen anzustellen und die Ermittlungen statt dessen auf jene Abnehmer zu beschränken, die nicht zu den führenden Persönlichkeiten des Staates gehörten. Dieser Vertuschung schloß sich das Reichsjustizministerium sofort an, indem Ministerialrat Dr. Joël die Weisung erteilte, daß »vom Ministerialdirektor aufwärts« keine Vernehmungen durch die Ortspolizeibehörden stattfinden sollten.[642] Fast alle Ermittlungen gegen den Abnehmerkreis wurden schließlich eingestellt und lediglich Mahlmeister wegen Kriegswirtschaftsverbrechen zu drei Jahren Zuchthaus verurteilt.[643] Dabei hielt das Sondergericht dem Schuhmachermeister strafmildernd zugute, daß der Fall kein öffentliches Aufsehen erregt hatte. Die Identität der meisten seiner Abnehmer blieb während des Prozesses ungenannt, und die Akten erhielten den Stempelaufdruck: »Dies ist ein Staatsgeheimnis im Sinne § 83 R Str. GB.«[644]

Erneut hatte sich in diesem Verfahren gezeigt, daß die Führung des Regimes einen Sonderstatus genoß, der sie auch bei nachgewiesener Korruption vor strafrechtlichen Konsequenzen schützte. Was sich seit 1942 im Vergleich zu den Jahren zuvor lediglich geändert hatte, war die Bereitschaft, Funktionäre der zweiten Garnitur der wachsenden Mißstimmung in der Bevölkerung als Opfer anzubieten, um von eigenen Verfehlungen abzulenken. Die

Strukturen des NS-Herrschaftssystems erwiesen sich auch deswegen als so immun gegenüber allen Versuchen der Bekämpfung und Aufklärung von Korruption, weil sich die potentiell aufklärenden Institutionen fast immer in vorauseilender Selbstbescheidung übten, wie im Falle Mahlmeister die Reichsstelle für Leder oder das Reichsjustizministerium, die das Vertuschungsparadigma so weit verinnerlicht hatten, daß sie von sich aus jede Form der kritischen Nachprüfung unterließen.

Wenn die Führung des Regimes in der Agonie des »Dritten Reiches« in einen hektischen Aktivismus zur Korruptionsbekämpfung verfiel, der neue Institutionen wie das »Zentralgericht des Heeres« entstehen ließ[645], wenn Heinrich Himmler im Dezember 1944 einen grotesken Erlaß zur Korruptionsbekämpfung in der inneren Verwaltung und damit der Sphäre des traditionellen Berufsbeamtentums veröffentlichte[646], wenn der Präsident des Reichsrechnungshofes im Frühjahr 1945 (!) zur verstärkten Korruptionsbekämpfung aufrief, dann kam solcher maßnahmenstaatlicher Aktivismus nicht nur zu spät, sondern sparte erneut alle korruptionsfördernden Strukturen des NS-Regimes aus. Dabei hatte sich seit 1933 gezeigt, daß ohne Machtkontrolle und Gewaltenteilung, ohne kritische Öffentlichkeit und Pressefreiheit, ohne Bindung aller handelnden Institutionen an normative Prinzipien und ohne unabhängige Kontrollinstitutionen jede Korruptionsbekämpfung zum Scheitern verurteilt war.

5. Kapitel
Korruption und »Volksmeinung«

Seit 1933 zählte die Korruption zum bevorzugten Gesprächsstoff der Bevölkerung und entwickelte sich um so mehr zu einem »Reizthema« der informellen Öffentlichkeit, als sie in der offiziellen Regimepropaganda weitgehend tabuisiert wurde. Wenn auch die Nationalsozialisten der »Volksmeinung« in dieser Hinsicht nur bedingt Tribut zollten – zum Beispiel durch die demonstrative Aburteilung einzelner Nationalsozialisten in der zweiten Kriegshälfte –, so registrierten die Stimmungssensoren des Regimes Kritik und Mißstimmung der Bevölkerung dennoch mit großer Akribie, wie sich anhand der Lageberichte von Gestapo und SD detailliert nachweisen läßt.

»Die politischen Leiter beobachten nicht mehr die Bevölkerung, sondern die Bevölkerung beobachtet die politischen Leiter, und zwar mit scharfen Augen«[647], brachte die Staatspolizeistelle Köln 1935 die besondere Sensibilität der Bevölkerung gegenüber dem Thema Korruption auf den Begriff. In den ersten Jahren der NS-Herrschaft registrierten fast sämtliche Stapo-Stellen »Klagen über Bonzentum und Veruntreuungen«.[648]

Das Vertrauen der Bevölkerung habe deswegen einen »argen Stoß erlitten«. Die Forderung nach »Reinigung der Partei« könne daher nicht ohne »schärfste Schädigung von Volk und Staat« ignoriert werden.[649] »Kann es Wunder nehmen«, fragte der Berichterstatter der Staatspolizeistelle Harburg-Wilhelmsburg im April 1934, »daß große Teile der Bevölkerung sich enttäuscht fühlen und an der Bewegung irre werden, wenn SS-Führer, Amtswalter und Vertrauensmänner der Arbeiterschaft Unterschlagungen verüben, mit dem Gelde um sich werfen und diese Taten nach Entdeckung teilweise von vorgesetzten Stellen vertuscht werden, bis die Polizei von sich aus dahinter kommt?«[650] Mit ähnlicher Tendenz berichtete die Staatspolizeistelle Berlin im September 1935: »Mit Erbitterung wird überall davon gesprochen, daß selbst höhere Parteileiter ein höchst anstößiges Leben führen, sich Schlemmereien hingeben, Unterschlagungen und Veruntreuungen begehen und um sich einen Byzantinismus großziehen, der an Vorkriegszeiten erinnert.«[651] Vor allem Arbeiter und Erwerbslose beklagten sich über ein »Bonzentum, das sich breit gemacht habe und dem der Systemzeit nicht nachstehe«, meldete die Staatspolizeistelle Köln im Dezember 1935.[652]

Die Tabuisierung solcher Vorgänge in der propagandistisch gelenkten Öffentlichkeit trug keineswegs dazu bei, die Klagen der Bevölkerung einzudämmen. Im Gegenteil: Das »disziplinierte Schweigen der Presse«[653] – wie es der Oberpräsident der Provinz Sachsen sarkastisch formulierte – erwies sich im Sinne des Regimes als kontraproduktiv und verstärkte die Gerüchtebildung. Zudem versperrte sich das Regime durch Vertuschen und Verschweigen jegliche Möglichkeit, falsche Gerüchte und weit aufgebauschte Unterschlagungssummen dementieren zu können. »Je weniger man die Öffentlichkeit in den Korruptionssumpf hineinblicken läßt, desto mehr beschäftigt sich die Bevölkerung mit den Vorgängen und sucht zu erforschen, was sich eigentlich abgespielt hat«[654], beschrieben die Deutschland-Berichte der SOPADE 1936 den Zusammenhang zwischen Tabuisierung und Gerüchtebildung.

In einzelnen Fällen war der Druck der informellen Öffentlichkeit jedoch so stark, daß sich die Nationalsozialisten zu nachträglichen Rechtfertigungen gezwungen sahen und die Vertuschungspraxis notgedrungen revidieren mußten. So gab etwa die Deutsche Arbeitsfront in Flensburg auf einer öffentlichen Kundgebung zwei Fälle von Unterschlagungen zu, um den umlaufenden Korruptionsgerüchten zu begegnen.[655] Als der Bayerische Landesbauernführer und Staatssekretär Georg Luber sich 1933 einen Erbhof »schenken« ließ, nahm die allgemeine Empörung derartige Ausmaße an, daß der »Fall Luber« selbst in der gleichgeschalteten Presse diskutiert wurde.[656] Nachdem Luber noch weitere Verfehlungen begangen hatte – so hatte er Überschüsse aus Getreidegeschäften, die zugunsten von Arbeitslosen verwendet werden sollten, für private Zwecke verpraßt[657] –, war er politisch nicht mehr zu halten und wurde entlassen, um »dem gesunden und rechten Empfinden des Volkes Rechnung«[658] zu tragen, was in der Bevölkerung mit »Erleichterung« aufgenommen wurde. Auch die Gestapostellen berichteten, daß in den wenigen Fällen, in denen Verfehlungen öffentlich zugegeben und bestraft worden waren, die Bevölkerung mit »Zufriedenheit und Zustimmung« oder »allgemeiner Genugtuung« reagierte.[659]

Die grassierende Korruption zeitigte jedoch häufig Folgen für das Verhalten der Bevölkerung, die dem Regime höchst unwillkommen waren. So ging die Spendenwilligkeit nach Gerüchten über Unterschlagungen und Veruntreuungen – vor allem bei der NS-Volkswohlfahrt (NSV) – drastisch zurück. Die Staatspolizeistelle Bielefeld vermerkte 1935 in diesem Zusammenhang: »In mehreren Fällen sollen sich bereits Mitglieder der NSV geweigert haben, weiter Beiträge an diese Organisation zu zahlen. Verschiedentlich hört man in der Bevölkerung die Meinung, daß man in der Zukunft der NSV keinen Pfennig geben müsse; verschiedentlich wird sogar die Auflösung dieser Organisation gefordert mit der Begründung, daß auf diese Weise der hier vorhandene Korruptionsherd am radikalsten ausgerottet würde.«

Auch die Staatspolizeistelle Harburg-Wilhelmsburg berichtete, daß die Korruption »für die Opferbereitschaft der Bevölkerung von größtem Schaden« sei.[661] In Breslau quittierte die Bevölkerung 1935 den kostspieligen Ausbau einer Dienstvilla für Oberbürgermeister Helmut Rebitzky mit »Menschenansammlungen und staatsfeindlichen Äußerungen«[662] (»Der Trog ist derselbe geblieben, bloß andere Schweine fressen daran«). In Hildesheim ging die Belegschaft des Senkingwerkes nach Unterschlagungen des DAF-Betriebsobmannes dazu über, sich nicht mehr mit »Heil Hitler«, sondern mit erhobener Hand und den Worten »Sei ehrlich« zu begrüßen.[663] In Franken führte die Aufforderung des Gauleiters Streicher, zwischen zwei und drei Prozent des Weihnachtsumsatzes als »Spende« abzuführen, zu heftigen Reaktionen von betroffenen Einzelhändlern. So kursierte im Januar 1938 ein anonymer »Offener Brief an den Fränkischen Einzelhandel«, der das Wohlleben des Gauleiters in allen Einzelheiten ausbreitete und mit den Worten endete:

»Wenn der Führer Adolf Hitler es will, dann geben wir dem Führer unseren *ganzen* [Hervorhebung im Original, d. Verf.] Umsatz und letzten Pfennig als Spende! Aber für einen Bonzen, wie ihn selbst das schlimmste rote System nicht hervorgebracht hat, für einen Genüßling und herumbrüllenden Faulenzer geben wir nichts. Er soll seine Villen, seine bankrotten Güter, seine Autos, seine ›Filmstars‹ und Theaterhürchen, seine Auslandsreisen und die Verschwiegenheit seiner Kumpane selbst bezahlen!«[664]

So drastisch auch die Tonlage dieses »Offenen Briefes« ausfiel, so deutete die positive Bezugnahme auf die Person Hitlers gleichzeitig an, daß die Kritik der Bevölkerung an der Korruption fast nie die nationalsozialistische Herrschaft insgesamt in Frage stellte, sondern durchweg im Bereich der partiellen Regimekritik verblieb. Das geflügelte Wort »Wenn das der Führer wüßte« war für diese Grundhaltung typisch, in der Kritik an Mißständen fast immer regimekonform formuliert wurde. Schon in den ersten Jahren der NS-Herrschaft wiesen die Staatspolizeistellen in ihren Lageberichten darauf hin, daß die Person Hitlers nicht nur von jeglicher Kritik ausgenommen wurde, sondern das propagandistische Gloriolenbild des »Führers« um so heller erstrahlte, je mehr Details über das Verhalten der nationalsozialistischen »Goldfasane« ans Tageslicht sickerten. »Die Bevölkerung weist demgegenüber stets auf das zurückhaltende und bescheidene Auftreten des Führers hin, der nach wie vor das restlose Vertrauen besitzt und infolgedessen auch an seinem Geburtstag allenthalben in herzlichster Weise gefeiert wurde«, stellte der Berliner Polizeipräsident im Mai 1935 fest.[665]

Auch andere Äußerungen der Bevölkerung über Korruption zeichneten sich – bei aller Kritik – durch eine prinzipielle Regimekonformität aus. Wenn beispielsweise Amtswaltern der Partei vorgeworfen wurde, daß ihr Verhalten »nicht auf Volksverbundenheit und Gemeinschaft« beruhe, dann wurde keineswegs die nationalsozialistische Ideologie als solche, sondern allenfalls ihre Handhabung in der Praxis kritisiert.[666]

Frontkämpfer und Kriegsteilnehmer, die sich über die Bevorzugung der »alten Kämpfer« beschwerten und geltend machten, »daß sie die ältesten Kämpfer sind und mindestens gleichberechtigt unterzubringen wären«[667], hielten am Leitbild des autoritären staatlichen Sozialpaternalismus ausdrücklich fest und kritisierten nicht das System der Patronage an sich, sondern lediglich die Tatsache, daß sie nicht selbst zu den Bevorzugten gehörten. Deshalb belastete die Korruption zwar das Verhältnis zwischen Bevölkerung und Regime, doch nahm die Kritik selbst in den ersten Jahren der NS-Diktatur kein Ausmaß an, das dem Herrschaftssystem insgesamt hätte gefährlich werden können.

In der zweiten Hälfte der 30er Jahre trugen zwei Entwicklungen zur weiteren Entschärfung dieses innenpolitischen Problems bei. Zum einen trat die Korruption im Bewußtsein der Bevölkerung angesichts der innen- und außenpolitischen »Erfolge« der Nationalsozialisten immer mehr in den Hintergrund; Bereicherung und Günstlingswirtschaft wurden als Schattenseiten eines ansonsten erfolgreichen Regimes hingenommen. Darüber hinaus stellte sich mit der Gewöhnung an derartige Vorgänge auch ein Abstumpfungseffekt ein. Es sei »erstaunlich, mit welcher Gleichgültigkeit alles hingenommen wird«, berichtete die SOPADE im November 1937: »An dieser Gleichgültigkeit erst erkennt man, wie stark die Moral zerrüttet ist. Mit der Protektionswirtschaft und Korruption haben sich große Kreise der Bevölkerung abgefunden.«[668] Die Entrüstung mancher Älterer könnten insbesondere die Jüngeren gar nicht mehr nachvollziehen. Die resignative Grundhaltung der Bevölkerung komme vielmehr in dem Satz »Wo kein Kläger, ist kein Richter« zum Ausdruck. Der Journalist

Raimund Pretzel alias Sebastian Haffner kam Ende der 30er Jahre zu der Auffassung, daß die Bevölkerung die offizielle Tabuisierung von Korruption bereits verinnerlicht hatte:

»Die verwirrte deutsche Öffentlichkeit nennt die von den Naziführern begangenen Unterschlagungen wegen ihres enormen Umfangs tatsächlich nicht mehr beim richtigen Namen. Diese Räuber sind so große Banditen, daß sie große Herren geworden sind. Ihre Macht und ihre Dreistigkeit sind so kolossal, daß die Leute eher dafür dankbar sind, daß für sie noch etwas übrig gelassen wurde, als daß sie darüber empört sind, beraubt worden zu sein.«[669]

Die wirtschaftliche Aufwärtsentwicklung in der zweiten Hälfte der dreißiger Jahre trug zu dieser nachsichtigen Grundhaltung entscheidend bei. Nach den Notjahren der Weltwirtschaftskrise nahm die Bevölkerung an aufwendiger Repräsentation keinen Anstoß mehr und schien sie teilweise als angemessenen Ausdruck von Wohlstand und neuer deutscher Machtentfaltung sogar begrüßt zu haben. Ansonsten wäre die unbezweifelbare Popularität des prunksüchtigen und korrupten Hermann Göring nicht zu verstehen, der mit seiner Frau, der ehemaligen Schauspielerin Emmy Sonnemann, überdies das wachsende Bedürfnis nach gesellschaftlichem »Glamour« befriedigte.

Mit der Jahreswende 1941/42 ging die Phase gleichgültiger Hinnahme, ja Akzeptanz von Korruption jedoch zu Ende und wich einer erneuten Sensibilität der Bevölkerung. Die deutsche Niederlage vor Moskau, der Beginn konzentrierter Luftangriffe auf deutsche Städte und vor allem die Kürzung der Lebensmittelrationen riefen »Unmutsäußerungen in schärfster Form« hervor, in die sich verstärkt Klagen über »Diplomatenzuteilungen« an führende Persönlichkeiten mischten.[670] Korruptionsfälle wie Janowsky oder Nöthling, die Ende der 30er Jahre wohl kaum beachtet worden wären, riefen nunmehr größte Aufmerksamkeit hervor und führten zu wochenlangen erregten Diskussionen.[671]

Vor allem Arbeiter machten ihrem Unmut über die ungleichen Kriegsbelastungen und Lebensverhältnisse innerhalb der »Volksgemeinschaft« mit drastischen Worten Luft. »Wir wollen endlich einmal hören, daß diese Bonzen so behandelt werden wie Müller oder Schulze, sonst hagelt es noch einmal ganz anständig in die Bude«, kommentierte beispielsweise ein Arbeiter den Fall Nöthling.[672] Der Sicherheitsdienst der SS berichtete über eine wachsende »Beschäftigung der Bevölkerung mit Korruptionserscheinungen in führenden Schichten«.[673] Die Einstellung der Bevölkerung ließe sich mit dem Satz: »Die Kleinen hängt man, die Großen läßt man laufen, die ganz Großen bekommen noch etwas dazu« zusammenfassen.[674]

Was der Chef der Sicherheitspolizei und des SD über die Bevölkerungsmeinung zur strafrechtlichen Korruptionsbekämpfung zu berichten wußte, fiel für das Regime wenig schmeichelhaft aus und kam bereits in den Überschriften seines Berichtes deutlich zum Ausdruck: »Zweierlei Maß in der Verfolgung«, »Zweierlei Maß bei der Entscheidung der Haftfrage«, »Zweierlei Maß im Strafverfahren«, »Zweierlei Maß im Urteil«, »Zweierlei Maß in der Vollstreckung«, »Zweierlei Maß in der Urteilsveröffentlichung«, »Zweierlei Maß in der ferneren Behandlung«.[675]

Wie im vorangegangenen Kapitel ausführlich geschildert, nahm die Regimeführung solche Klagen insofern ernst, als sie der allgemeinen Volksstimmung durch die symbolisch-demonstrative Aburteilung einzelner Funktionäre entgegenzuwirken suchte. Dies entsprach einer bereits in den ersten Jahren des Regimes geübten Praxis und zielte auf eine oberflächliche Beruhigung ohne nachhaltige strukturelle Konsequenzen, die das gesamte Herrschaftssystem in Frage gestellt hätten. Neu war allerdings, daß sich der Unmut der Bevölkerung nunmehr auch innerhalb der NSDAP widerspiegelte. Vor allem nach der Niederlage bei Stalingrad nahmen einzelne Parteimitglieder die Bereicherung und den luxuriösen Repräsentationsaufwand nicht mehr widerspruchslos hin.

Dies mußte beispielsweise der Chef des SS-Personalhauptamtes, SS-Gruppenführer Maximilian von Herff, erfahren, als er von dem Gewohnheitsrecht vieler hoher SS-Offiziere Gebrauch machte, Strafgefangene und KZ-Häftlinge zur Verschönerung seines privaten Anwesens einzusetzen. Die Frauenschaftsleiterin der Ortsgruppe Moltke in Berlin-Zehlendorf machte daraufhin dem Reichssicherheitshauptamt Meldung, so daß sich der SS-General u. a. vor dem zuständigen NSDAP-Ortsgruppenleiter in einem mehrseitigen Schreiben rechtfertigen mußte.[676] Überdies schaltete sich nun auch der Zehlendorfer NSDAP-Kreisleiter in den Fall ein, nahm ausdrücklich Bezug auf die vielfältigen Klagen der Bevölkerung und präsentierte dem SS-Gruppenführer ein ganzes Sündendossier über SS-Führer in Berlin, als »herrliche Illustration« der Parole »Selbstbereicherung der Bonzen statt Sozialismus«.[677] Mit dem Unterton des enttäuschten Idealisten fügte der Kreisleiter hinzu:

»Ich muß bekennen, daß selten führende Männer aus Staat, Wehrmacht und Wirtschaft mir und meinen mir unterstellten Hoheitsträgern bittere Stunden bereiteten, sondern es sind meistens führende Männer der Bewegung gewesen. In bitteren Stunden habe ich Vergleiche mit den Kampfjahren gezogen. Als unbekannte SA-Männer haben wir in den entscheidenden Jahren den Marxisten, verführten deutschen Arbeitern, in Diskussionen vorgehalten, daß ihre Führer, die wohl auch einmal in Oppositionsjahren Revolutionäre waren, Bonzen geworden sind, die jedes politische Fingerspitzengefühl in kurzen zehn Jahren nach ihrer Machtübernahme verloren haben. Als Idealist glaube ich, daß wir Nationalsozialisten ähnliche Zeiterscheinungen überwinden werden.«[678]

Einerseits hatte der Kreisleiter die Stimmung der Bevölkerung aufmerksam registriert und nahm die Korruption nicht nur wahr, sondern nannte sie – eher ungewöhnlich – auch noch offen beim Namen. Andererseits blieb er blind gegenüber ihren strukturellen Ursachen und stufte sie als »Zeiterscheinung« ein, die durch eine idealistische Grundhaltung überwunden werden könne.

Wie typisch diese Ambivalenz aus partieller Realitätswahrnehmung und struktureller Blindheit für die Korruptionskritiker innerhalb der NSDAP war, zeigte sich auch an einem Papier, das ein Referatsleiter der Partei-Kanzlei, Reichshauptamtsleiter Heinrich Heim, im April 1944 verfaßte.[679] Darin griff Heim den Unmut der Bevölkerung über die Protektion der »alten Kämpfer« nicht nur auf, sondern machte sich diesen Standpunkt auch mit drastischen Worten zu eigen: »Fast allen diesen Leuten ist gemeinsam, daß sie im Leben es zu nichts Richtigem gebracht haben; viele sind am Leben gescheitert.« Die systematische Protektion und Tabuisierung der »alten Kämpfer« habe sich für das Ansehen der NSDAP in der Bevölkerung als »Unheil« erwiesen:

»Wir gehen von der Fiktion aus, wenn einer zu einem frühen Zeitpunkt mit dabei war, so könne man ihn nun als Vorbild herausstellen. Die Folge: wir *mußten* [Hervorhebung im Original, der Verf.] unsere Hand halten über eine Unzahl von Kreaturen, die alles andere als Vorbild waren, wenn die Bevölkerung an so ›Vergoldeten‹ öffentlich Anstoß nahm, was namentlich in den ersten Jahren nach der Machtübernahme nicht eben selten war, denn diese Erscheinungen hatten nicht die mindeste Hemmung, den Schutz der Partei für sich in Anspruch zu nehmen, wie überhaupt sie die Bewegung, obschon am wenigsten dazu berufen, ständig im Munde führen, und die Bevölkerung war damals noch nicht, wie vielfach später dann, in Resignation verfallen.« Deshalb sei es die NSDAP »dem deutschen Volk schuldig, es von einem Alpdruck zu befreien, unter dem es während dieser 10 Jahre genug gelitten hat«.[680]

Wenn auch der Blick Heims auf die – in seinen eigenen Worten – »Krebsschäden in der Bewegung« außergewöhnlich freimütig ausfiel, so blieb seine Diagnose dennoch unzulänglich, wenn er den korrupten »Partei-Pfaffen« das vorbildliche »Dasein des Führers« gegenüberstellte, der ja die Korruption systematisch gefördert und für persönliche Herrschaftszwecke instrumentalisiert hatte. Zudem wies der Untertitel des Papiers: »Das Ausmaß des Kreises der Parteifunktionäre, die mit dem Ende des Krieges in den Ruhestand treten« darauf hin, daß der Verfasser ernsthafte Konsequenzen auf die Zeit nach dem vielbeschworenen »Endsieg« vertagen wollte und sich in erster Linie seinen Unmut von der Seele geschrieben hatte.

Gleichwohl waren sowohl das Papier Heims als auch das Schreiben des Kreisleiters insofern bemerkenswert, als sie deutlich machten, daß die Kritik der Bevölkerung innerhalb der NSDAP nicht nur wahrgenommen, sondern teilweise geteilt und zumindest parteiintern artikuliert wurde.

Auch der deutsche Widerstand versuchte die Stimmung der Bevölkerung aufzugreifen und als Legitimation für das Attentat auf Hitler zu nutzen.

»Der Kampf gegen die Korruption wird von der Verschwörerclique in Ausnutzung einer in der Bevölkerung weit verbreiteten Auffassung in den Mittelpunkt der Agitation gegen den Nationalsozialismus gestellt«, meldete Ernst Kaltenbrunner, der Chef der Sicherheitspolizei und des SD, in einem »Sonderbericht über die Stellung der Verschwörer zum Nationalsozialismus und zur NSDAP«.[681] Für einige Beteiligte des Umsturzversuchs am 20. Juli 1944 bildete das Ausmaß der Korruption überdies ein wichtiges Motiv, sich dem Widerstand anzuschließen – wie für Fritz-Dietlof Graf von der Schulenburg, der zunächst überzeugter Nationalsozialist gewesen, nach den Erfahrungen mit der korrupten Herrschaftspraxis des ostpreußischen Gauleiters Erich Koch aber zunehmend auf Distanz zum Regime gegangen war.[682]

Auch Carl Goerdelers Distanzierung von den nationalsozialistischen Machthabern wurde durch die Korruption maßgeblich bestimmt. In seiner vorgesehenen Regierungserklärung hieß es: »Die Korruption ist in unserem früher so reinen Volk von hohen und höchsten Würdenträgern des Naziregimes in einem bisher nicht dagewesenen Umfang betrieben worden. Wir werden die Beweise für den ungeheuerlichen Verrat am deutschen Volke und an seiner Seele, für die totale Beugung des Rechts, für schamlose Korruption offen darlegen.«[683] Und in einem geplanten Aufruf lautete eine entsprechende Passage:

»Im ganzen Volk raunt man seit Jahren: ›Seht den Gauleiter, seht jenen Kreiswalter, wie er sich bereichert.‹ Ist es denn tragbar, daß im Kriege hohe und höchste Würdenträger auf das Schamloseste in Deutschland und den besetzten Gebieten fremdes Gut an sich bringen und im Wohlleben schwimmen, während in Millionen deutscher Familien die Not eingezogen ist?«

Es muß offenbleiben, ob der Verweis auf die Korruption dem deutschen Widerstand eine breite Legitimationsbasis in der Bevölkerung hätte verschaffen können.[684] Jedenfalls entsprach Goerdelers dichotomische Gegenüberstellung von korrupten Würdenträgern und notleidenden »Volksgenossen« nur bedingt der Realität, war doch gerade der umworbene »Volksgenosse« durch die Nationalsozialisten an die Spitze einer rassistischen Völkerhierarchie gestellt worden, hatte er nicht zuletzt auf Kosten der besetzten Länder auf einem hohen materiellen Niveau gelebt. Auch die Nutznießer der »Arisierung« jüdischen Eigentums waren nicht auf eine kleine Schar von NS-Funktionsträgern begrenzt gewesen, ganz zu schweigen von jener Vielzahl von Soldaten, Verwaltungsbeamten, Unternehmern und umgesiedelten Volksdeutschen, die unmittelbar in die Ausplünderung der besetzten Gebiete involviert waren.

Die nationalsozialistische »Volksgemeinschaft« der Kriegsjahre hatte zumindest ansatzweise Züge einer Beutegemeinschaft angenommen, was auch in Bewußtsein und Moral der Bevölkerung zum Ausdruck kam, wenn etwa ungeniert gefordert wurde, Ausgebombte mit jüdischem Eigentum zu entschädigen.[685] Ungeachtet aller weitverbreiteten Ablehnung von »Bonzentum« und Korruption stellt sich daher die Frage, ob die Haltung der Bevölkerung nicht auch von nationalsozialistischer Beute-Mentalität infiziert worden war, wenn etwa ein deutscher Soldat nach seiner Gefangennahme in der Normandie 1944 die Beliebtheit des »Reichsmarschalls« mit den Worten begründete: »Göring ist einer von uns. Er mag sein Essen, seine Weiber und seine Durchstechereien, und die ganz besonders.«[686]

Abschließende Überlegungen

Die politische Korruption nahm unter der Herrschaft der Nationalsozialisten nicht nur einen besonderen Umfang an, sondern gehörte auch zu den wesentlichen Kennzeichen des nationalsozialistischen Herrschaftssystems. So bildeten Patronage, Nepotismus, Kameraderie und systematische Protektion die Grundlage für die »politische Ökonomie« der nationalsozialistischen Bewegung, des Austausches materieller Gefälligkeiten auf der Basis von politischer Stellung und Einflußnahme. Die politische Korruption wurzelte einerseits in den Erwartungshaltungen vieler NS-Aktivisten in der »Kampfzeit«, die sich von der lang ersehnten »Machtergreifung« vor allem persönliche Vorteile versprachen, andererseits in den Cliquen- und Klientelstrukturen der »Führerpartei«, die sich mangels innerparteilicher Demokratie und fehlender Möglichkeiten der Interessenartikulation schon lange vor 1933 herauskristallisiert hatten.

Politische Klientelstrukturen sind zwar in zahlreichen Herrschafts- und Regierungssystemen weitverbreitet, nicht zuletzt in parlamentarischen Demokratien in Form personeller »Seilschaften«. Wie jedoch die Korruptionsskandale der Weimarer Republik zeigen, unterliegen diese unter den Verhältnissen demokratischer Machtkontrolle und Gewaltenteilung nicht nur der Kontrolle zuständiger Institutionen, sondern auch dem Blick einer kritischen Öffentlichkeit, die in den 20er Jahren zahlreiche Korruptionsvorgänge in demokratischen Parteien skandalisierte und anprangerte. Mit der »Gleichschaltung« des öffentlichen Lebens beseitigten die Nationalsozialisten nach 1933 jede demokratische Öffentlichkeit, beschnitten die Kompetenzen verantwortlicher Kontrollinstitutionen oder schafften sie vollständig ab. Damit beraubten sie sich gleichzeitig aller Steuerungsinstrumente, begrenzten die Möglichkeit einer kritischen Kurskorrektur und mußten in Kauf nehmen, daß die Korruption im schützenden Dickicht der nationalsozialistischen Diktatur um so ungehinderter wucherte. Die Korruption im »Dritten Reich« war damit nicht nur ein Strukturmerkmal der NS-»Bewegung«, sondern gleichzeitig eine typische Folgeerscheinung diktatorischer Verhältnisse.

Auch die nationalsozialistische Ideologie trug zur Ausbreitung von Korruption unter nationalsozialistischer Herrschaft bei. Die Verschränkung von Rassismus mit absoluter Macht förderte ein auf Bereicherung orientiertes »Herrenmenschentum«, das sich im nationalsozialistischen Lagersystem, in den besetzten (Ost-)Gebieten sowie bei jenen Institutionen in krasser Form ausprägte, die unmittelbar in die Verfolgung der Juden involviert waren. Manche Historiker, Politikwissenschaftler und Soziologen haben den bürokratischen Charakter der mit der Judenverfolgung befaßten Institutionen hervorgehoben, um zu betonen, daß sich die Nationalsozialisten bei der systematischen Verfolgung und Vernichtung ihrer Gegner der arbeitsteiligen bürokratischen Maschinerie eines modernen Staates bedienten und einen »Verwaltungsmassenmord« (Hannah Arendt) inszenierten.[687]

Diese Charakterisierung führt jedoch dann in die Irre, wenn ausgesprochen oder unausgesprochen unterstellt wird, daß sich die Angehörigen dieser »Bürokratien« in erster Linie im Rahmen eines klassisch bürokratischen Verhaltens bewegt hätten: sine ira et studio, stringenten Regeln und Richtlinien folgend, arbeitsteilig und in einer bürokratischen Hierarchie mit begrenzter Entscheidungskompetenz.

Demgegenüber haben neuere Untersuchungen zu den nationalsozialistischen Verfolgungsinstitutionen hervorgehoben, daß sich viele »Bürokratien« unter der NS-Herrschaft durch ein Verhalten auszeichneten, das weltanschauliche Überzeugung mit einer weitgehend entgrenzten Handlungspraxis verband.[688] Zudem ermöglichte es der spezifische Mangel an Machtkontrolle, eigene Interessen wie die materielle Bereicherung an Opfern möglichst unbehelligt zu verfolgen. Besonders die Korruption läßt es fragwürdig erscheinen, das Handeln der Verfolgungsinstitutionen in erster Linie unter dem Rubrum des klassischen »bürokratischen« Verhaltens zu beschreiben, das den tatsächlichen Charakter dieser Institutionen eher verdeckt als erhellt.

Nicht alle Bereiche von Herrschaft und Gesellschaft waren gleichermaßen von Korruption durchsetzt. Sie trat vor allem in jenen Herrschaftssäulen des NS-Systems hervor, die von der nationalsozialistischen Bewegung in besonderer Weise beeinflußt waren, vor allem innerhalb der NSDAP, ihrer Gliederungen und angeschlossenen Verbände sowie in jenen Teilen des Staatsapparates, die von der NS-Bewegung personell überformt waren, während das traditionelle Berufsbeamtentum, die Wirtschaft und das Militär zwar keine korruptionsfreien Zonen bildeten, aber doch deutlich seltener von entsprechenden Vorkommnissen betroffen waren.

Die Strafverfolgung von Korruption im »Dritten Reich« zeichnete sich in erster Linie durch Willkür und Beliebigkeit aus. Während manche »Hoheitsträger« auf Grund ihrer Stellung und politischer Protektion Narrenfreiheit genossen, sahen sich subalterne Beamte mit drastischen Disziplinarmaßnahmen konfrontiert. Damit bildete sich ein groteskes Nebeneinander von bekämpfter, geduldeter und institutionalisierter Korruption aus, das zudem fließende Übergänge aufwies. Ob gegen Korruption eingeschritten wurde, hing vor allem von politischen Opportunitätskriterien ab. Als abhängige Institutionen des »Führerstaates« konnten weder die öffentliche noch die parteiamtliche Gerichtsbarkeit eine wirksame Strafverfolgung gewährleisten. Eine gewisse Korruptionskontrolle ging im »Dritten Reich« allenfalls von den notorischen regimeinternen Cliquenkämpfen aus, die sich häufig an wechselseitigen Korruptionsvorwürfen entzündeten.

An der Spitze der institutionalisierten Korruption im »Dritten

Reich« stand die Person Hitlers, der seine charismatische Stellung durch ein System von Dotationen, Vergünstigungen und Zuwendungen zusätzlich absicherte und die moralische Korrumpierbarkeit seiner Umgebung zur Grundlage eines zynischen Herrschaftskalküls machte. Dennoch wird man seine Bemühungen, die Bindungen anderer Herrschaftsträger an seine Person materiell zu fundieren, nicht als Beleg für den vermeintlich monokratischen Charakter des NS-Herrschaftssystems auffassen können. Das »System Hitler« rangierte nicht über, sondern eher neben zahlreichen Klientelstrukturen, die vor allem die NSDAP horizontal durchzogen. In diesem Zusammenhang taten sich besonders die »Gaufürsten« der Partei hervor, die in der Regel über ein ausgefeiltes System von Schwarzfonds und Stiftungen verfügten, die sich sowohl dem Zugriff des NSDAP-Reichsschatzmeisters als auch einer staatlichen Zentralgewalt entzogen. Zwar hätte die Machtstellung Hitlers zweifellos ausgereicht, seine korrupten Satrapen in die Schranken zu weisen, doch begegnete der »Führer« Fragen der Korruptionsbekämpfung mit einem fast demonstrativen Desinteresse, ja beließ selbst schwer belastete Vasallen in ihren Ämtern.

Vor allem in den höheren Rängen der NS-Hierarchie diente die Korruption nicht allein der materiellen Bereicherung im engeren Sinne. Als Besitzer von Gutshöfen und Jagdrevieren sowie als Kunstsammler imitierten viele führende Nationalsozialisten einen adeligen Lebensstil, wobei sie sich beim Erwerb ihrer Statusinsignien in der Regel räuberischer Methoden bedienten. Ihr protziger Lebensstil, den »Reichsmarschall« Hermann Göring in seiner extremsten Form verkörperte, sollte nach außen den politischen Elitenwechsel nach 1933 dokumentieren, den gesellschaftlichen Führungsanspruch der Nationalsozialisten unterstreichen und auch den jeweiligen persönlichen Status in der Machthierarchie des »Dritten Reiches« sichtbar akzentuieren.

Analysiert man diesen Sachverhalt unter kulturgeschichtlichen Aspekten, zum Beispiel nach jenen Kriterien, die der französische Soziologe Pierre Bourdieu für die Analyse von Macht entwickelt hat[689], dann ließe sich die immaterielle Bedeutung, die materielle Bereicherung für die NS-Führungsschicht besaß, auch folgendermaßen formulieren: Auf korrupte Art und Weise erwarben die führenden Nationalsozialisten sowohl ökonomisches Kapital (Grundbesitz, Immobilien, Gutshöfe) als auch kulturelles Kapital (Kunstsammlungen). Dieses gewann jedoch seine eigentliche Bedeutung durch den erhofften Transfer in soziales und symbolisches Kapital (Loyalität, Ansehen, Status), denn dem kulturellen Kapital vieler Nationalsozialisten standen häufig nicht die geringsten kulturellen Fähigkeiten gegenüber. »Schöne« Bilder an den Wänden oder der Besuch einer Wagner-Oper dienten nicht dem Kunstgenuß, aufwendige Privatbibliotheken nicht dem Erwerb von Wissen, sondern waren eine potemkinische Kulturfassade, die Ansehen und Machtstellung seiner Besitzer demonstrieren sollte.[690]

Betrachtet man die Auswirkungen der Korruption im »Dritten Reich« unter dem Gesichtspunkt von Effizienz und Leistungsfähigkeit des NS-Systems, fällt das Urteil zwiespältig aus. Einerseits lassen sich zahlreiche Beispiele für die dysfunktionalen Wirkungen der Korruption anführen, die in mancherlei Hinsicht Sand in das Getriebe des »Dritten Reiches« streute. So spülte die institutionalisierte Protektion der »alten Kämpfer« eine Vielzahl wenig qualifizierter »Goldfasane« in verantwortliche Positionen, die ihren Ämtern nicht gewachsen waren. Mit ihren großen Gesten und geringen Kenntnissen verkörperten sie nicht nur das mediokre Antlitz des Regimes, sondern auch ein Element der De-Professionalisierung und De-Qualifizierung. Ähnliche Tendenzen machten sich auch bei der »Arisierung« jüdischer Unternehmen bemerkbar, entpuppte sich doch mancher der aus politischen Gründen Begünstigten als ökonomischer Dilettant, der mit dem neu erworbenen Unternehmen schnell Schiffbruch erlitt.

Die öffentlichen Finanzhaushalte wurden durch die Korruption gleich mehrfach geschädigt. Hohe Kosten – zum Beispiel für repräsentative Zwecke der Machtentfaltung und -demonstration – standen Mindereinnahmen gegenüber, weil insbesondere die

Erträge der nationalsozialistischen Besatzungs- und Vernichtungspolitik dem Reichshaushalt vorenthalten wurden, in dunkle Kanäle wie Sonderfonds, schwarze Kassen und Stiftungen abflossen, verteilt, verschleudert, geraubt und »wild« konsumiert wurden.

Zudem trug die Korruption maßgeblich zur Ineffizienz des SS-Wirtschaftsimperiums bei. Dessen Grundlage, die Ausbeutung von KZ-Häftlingen, war nicht nur menschenverachtend und verbrecherisch, sondern obendrein auch noch ökonomisch wenig effektiv, weil sich die SS unwillig und unfähig zeigte, ihre Sklavenarbeiter ausreichend zu versorgen und zu ernähren. Neben ideologischen Gründen spielte dabei auch die Lagerkorruption eine wesentliche Rolle, vor allem die systematische Veruntreuung von Lebensmittellieferungen auf Kosten der Häftlinge.

Zahlreiche weitere Beispiele für Mißwirtschaft und mangelnde Effizienz des NS-Systems ließen sich anführen, die allesamt nicht für die These von einer intentionalen »Modernisierung« durch die NS-Herrschaft sprechen.[691]

Andererseits erhebt sich die Frage, ob das NS-Regime überhaupt an herkömmlichen Effizienzkriterien zu messen ist, und diese nicht am Wesen eines Regimes vorbeigehen, in dem Geld ohnehin keine Rolle spielte, das sich weitgehend auf Pump finanzierte und die Erweiterung von Ressourcen auf die denkbar primitivste Weise betrieb, nämlich durch Raub. Fielen höhere Kosten und Einnahmeausfälle durch Korruption in einem solchen System überhaupt ins Gewicht, zumal das Regime ja im Negativen durchaus »effizient« war, beträchtliche Vermögenswerte zusammenraubte und in seiner Vernichtungsdynamik erschreckende »Leistungen« vollbrachte? Aus Sicht der Nationalsozialisten wirkte die Korruption ja zudem nicht nur ineffektiv und dysfunktional, sondern auch als »Schmiermittel« für die politischen Klientelstrukturen und damit funktional und stabilisierend. Sie ermöglichte überdies die Motivation und Integration vieler Beteiligter in die »Arisierung«, den Holocaust und die Ausbeutung der besetzten Gebiete. Dies galt ungeachtet der massiven Kritik der Bevölkerung an der Korruption letztlich auch für die deutsche Gesellschaft.

Begreift man die NS-Herrschaft nicht als Diktatur von oben nach unten, sondern als soziale Praxis, an der die deutsche Gesellschaft in vielfältiger Weise beteiligt war, dann verschränkte die Korruption Herrschaft und Gesellschaft miteinander, verstrickten sich auch viele »ganz normale Deutsche« durch Bereicherung in die nationalsozialistische Unterdrückungs- und Vernichtungspolitik.

Danksagung

Danken möchte ich den Mitarbeiterinnen und Mitarbeitern der aufgeführten Archive und einer Vielzahl von Personen, denen ich wertvolle Hinweise verdanke, unter ihnen Thomas Jersch, Beate Meyer, Armin Nolzen, Karin Orth, Dieter Pohl, Patrick Wagner und Michael Wildt. Arnold Sywottek, Beate Meyer und Adelheid von Saldern haben die Rohfassung des Manuskriptes gelesen und hilfreich kommentiert. Ihren Anregungen und Verbesserungsvorschlägen gilt mein besonderer Dank.

Anhang

Anmerkungen

[1] Wewer, Korruption, in: Nohlen (Hrsg.), Wörterbuch Staat und Politik (1995), S. 360 f.; Hillmann, Wörterbuch der Soziologie (1994), S. 449 f.

[2] Den besten Überblick zum Stand und zur Entwicklung der Korruptionsforschung bieten immer noch Heidenheimer/Johnston/LeVine (Hrsg.), Political Corruption (1993).

[3] van Klaveren, Korruption, in: Handwörterbuch zur deutschen Rechtsgeschichte (1978), Sp. 1163.

[4] Deutschland-Berichte der SOPADE, Jg. 1936, S. 221 f.

[5] Reichmann, Deutscher Bürger (1998), S. 260.

[6] Haffner, Germany: Jekyll & Hyde (1996), S. 43.

[7] Die Nazikorruption in Hamburg (1946).

[8] Kogon, Der SS-Staat, S. 282–299 (zit. nach der Ausgabe von 1948).

[9] Wolff, Ohne Maske (1948).

[10] Menne, Korruption (1948/49), S. 144–188, Zit. S. 181.

[11] Mommsen, Ein Erlaß Himmlers (1968). Zu ersten synthetischen Überlegungen siehe Angermund, Korruption im Nationalsozialismus (1995); Bajohr, Nationalsozialismus und Korruption (1998).

[12] Vgl. u. a. Hans Werner Kilz, Die gekaufte Republik, Reinbek 1983; Otto Schily, Politik in bar. Flick und die Verfassung unserer Republik, München 1986; Horst-Eberhard Richter, Die hohe Kunst der Korruption. Erkenntnisse eines Politik-Beraters, Hamburg 1989; Reiner Scholz, Korruption in Deutschland. Die schmutzigen Finger der öffentlichen Hand; Jürgen Roth, Der Sumpf. Korruption in Deutschland, München 1997; Mathew Rose, Berlin. Hauptstadt von Filz und Korruption, München 1998.

[13] Eschenburg, Staat und Gesellschaft (1956), S. 699.

[14] Schuller, Probleme historischer Korruptionsforschung (1977), S. 376.

[15] Malinowski, Politische Skandale (1996). Auch die KPD beteiligte sich an der Instrumentalisierung der Korruptionsskandale gegen die Republik. Vgl. Karl Radek, Die Barmat-Sozialdemokratie, Hamburg 1925.

[16] Ludwig, Korruption und Nationalsozialismus in Berlin (1998).

[17] Weinert, Sauberkeit der Verwaltung (1993).

[18] Knopf/Martens, Görings Reich (1999); Petropoulos, Kunstraub (1999).

[19] Ueberschär/Vogel, Dienen und Verdienen (1999).

[20] Bajohr, »Arisierung« in Hamburg (1997), S. 305–314; Berghoff/Rauh-Kühne, Fritz K. (2000), S. 119–140.

[21] Gruchmann, Korruption (1994).

[22] Gerlach, Kalkulierte Morde (1999), S. 678 f.; Pohl, Nationalsozialistische Judenverfolgung (1996), S. 297 ff.; Sandkühler, »Endlösung« in Galizien (1996), S. 198 f.

[23] Dies zeigt die Vielzahl von Einzelverfahren vor dem Reichsdienststrafhof, BA Berlin, R 148.

[24] In der politikwissenschaftlichen und soziologischen Korruptionsforschung haben sich seit den 60er und 70er Jahren zunehmend Theorieansätze durchgesetzt, die Korruption nicht in erster Linie unter normativen Gesichtspunkten betrachten, als »Pathologie der Politik« (C. J. Friedrich), sondern funktionalistisch interpretieren. Vgl. Heidenheimer/Johnston/LeVine (Hrsg.), Political Corruption (1993).

[25] Ansprache Hitlers vor der SA in Nürnberg am 3. 9. 1935, zit. nach Reichskanzlei (Hrsg.), Reden (o. J.), unpag.

[26] Strasser, Kampf um Deutschland (1932), S. 260.

[27] Goebbels, Kaiserhof (1934), S. 11.

[28] Heß, Reden (1938), S. 245.

[29] Ebd., S. 13.

[30] Rede Hitlers vom 11. 9. 1935, in: Reichskanzlei (Hrsg.) Reden (o. J.), unpag.

[31] Merkl, Violence (1975), S, 478 f., 528 ff.

[32] Jamin, Zwischen den Klassen (1984).

[33] Schmidt, Zu den Motiven »alter Kämpfer« (1981), S. 28.

[34] Rede von Rudolf Heß auf dem Reichsparteitag in Nürnberg 1936, zit. nach Akten der Partei-Kanzlei der NSDAP, Teil I, Bl. 11708896–909, hier Bl. 117088908 f.

[35] Vgl. Broszat, Soziale Motivation (1970), S. 392–409.

[36] Schreiben Wiedemann an Reichsführer SS vom 28. 9. 1936, Bundesarchiv (im folgenden: BA) Berlin, NS 10/293.

[37] So Krebs, Tendenzen (1959), S. 115.

[38] Völkischer Beobachter, 19. 5. 1933.

[39] Verfügung vom 24. 7. 1933, BA Berlin, R 5/2891.

[40] Zit. ebd.

[41] Ebd.

[42] Rundschreiben des Stabsleiters des Stellvertreters des Führers an alle Gauleiter vom 2. 10. 1933, Akten der Partei-Kanzlei der NSDAP, Teil I, Bl. 10106618.

[43] Schreiben des Stabsleiters der Obersten Leitung der PO an die Gauleitung Groß-Berlin vom 14. 11. 1933, ebd., Bl. 11700948.

[44] So der Gauleiter von Hessen-Nassau im Mai 1934 in einem Schreiben an den Stellvertreter des Führers, ebd., Bl. 11701011.

[45] Vgl. Lotz, Deutsche Reichspost (1999), S. 85.

[46] Schreiben des Reichskriegsministers an den Stellvertreter des Führers vom 29. 2. 1936, BA Berlin, R 2/22665.

[47] Schreiben der NSDAP-Gauleitung Berlin an den Stellvertreter des Führers vom 17. 11. 1933, Akten der Partei-Kanzlei der NSDAP, Teil I, Bl. 11700945 ff.

[48] Bericht der Staatspolizeileitstelle Berlin für Oktober 1934, Geheimes Staatsarchiv (im folgenden: GSTA) Berlin-Dahlem, Rep. 90 P, Lageberichte, 2.2, Bl. 158 f.

[49] Runderlasse des Reichsministers des Innern vom 12. 7. 1933 und 25. 9. 1934, Staatsarchiv Hamburg (im folgenden: StAHH), Senatskanzlei-Personalabteilung I, 1935 LC 10.

[50] Ebd., 1933 Ma 39, Bl. 25a.

[51] BA Berlin, R 2/22531.

[52] Senatsbeschlüsse vom 29.10. und 5. 11. 1934, StAHH, Senatskanzlei-Personalabteilung I, 1934 Ma 25.

[53] Gauleiter und Reichsstatthalter Kaufmann verkündete sogar öffentlich, daß er entsprechende Kündigungen ohne seine vorherige Kenntnisnahme »mit oder ohne Zuständigkeit zu verhindern wisse«. Vgl. Hamburger Fremdenblatt, 25. 9. 1936.

[54] Zu einzelnen Fällen siehe StAHH, Finanzdeputation IV, BV IV B G bf I. So waren beispielsweise der Gärtner des Reichsstatthalters und die Stenotypistinnen des Staatsamtes mit gutdotierten Privatdienstverträgen ausgestattet.

[55] StAHH, Senatskanzlei-Personalakten, C 608 (Ellerhusen, Paul).

[56] Zit. aus einem Schreiben des Landesjugendamtes an die Bürgerschaftskanzlei vom 11. 4. 1946, StAHH, Bürgerschaft II, C II d 1, Bd. 2.

[57] Zum Werdegang Lahts' siehe BA Koblenz, Z 42, IV/1410, Bl. 44.

[58] StAHH, Senatskanzlei-Personalakten, A 100 (Tegeler, Wilhelm).

[59] Dies zeigt eine Analyse der regionalen NS-Eliten im südwestdeutschen Raum. Vgl. Kißener, Scholtyseck (Hrsg.), Führer der Provinz (1997); im Führerkorps der SS und im Reichssicherheitshauptamt wa-

ren junge Akademiker bürgerlicher Herkunft weit überrepräsentiert. Vgl. Herbert, Best (1996).

60 Zu vergleichbaren Fällen in Ostpreußen und Königsberg siehe die Erinnerungen des ehemaligen Königsberger Stadtrates Paul Wolff, Ohne Maske (1948).

61 Angermair/Haerendel (Hrsg.), Inszenierter Alltag (1993), S. 16.

62 Vgl. Schreiben der GEG an Reichstatthalter Kaufmann vom 18. 2. 1935, StAHH, NSDAP, B 137, Bd. 4; zur Korruption innerhalb der GEG siehe auch: Die Nazikorruption in Hamburg (1946), S. 10 f.

63 Schreiben Holfeld an SA-Standartenführer Fiebelkorn vom 5. 1. 1934, StAHH, NSDAP, B 137, Bd. 2.

64 Schreiben Stanik an SA-Brigade 12 vom 18. 6. 1934, ebd., NSDAP, B 141.

65 So das Personalamt der Freien und Hansestadt Hamburg in einem Schreiben vom 16. 1. 1950 zu den Beschäftigungsverhältnissen in den gemischtwirtschaftlichen Betrieben unter NS-Herrschaft. Ebd., Senatskanzlei-Personalakten, A 40 (Burchard-Motz, Wilhelm).

66 Ebd., Senatskommission für den Höheren Verwaltungsdienst, G 2c HV 1936 IX/11.

67 Schreiben der HEW an die Kämmerei der Hansestadt Hamburg vom 21. 3. 1946, ebd., Bürgerschaft II, C II d 1, Bd. 1.

68 Zit. nach Schreiben der Hamburger Feuerkasse an die Kämmerei vom 23. 3. 1946, ebd.

69 Aktenvermerk der Kulturverwaltung vom 24. 4. 1946, ebd.

70 Vgl. Matzerath, Nationalsozialismus (1970), S. 374.

71 Runderlaß des Reichsministeriums des Innern vom 12. 6. 1934 betr. finanzielle Leistungen der Gemeinden und Gemeindeverbände an die NSDAP, ebd., Staatsamt, 70, Bd. 2.

72 Zit. ebd.

73 So Matzerath, Nationalsozialismus (1970), S. 372.

74 So vorm Walde, Gemeindeorgane (1985/86), S. 231.

75 Schreiben der Hamburgischen Finanzbehörde an die NSDAP-Gauleitung vom 6. 3. 1937 betr. Förderung vaterländischer Einrichtungen, StAHH, Finanzdeputation IV, VuO II a 11n IX D.

76 Ebd., NSDAP, B 126.

77 Ebd., NSDAP, B 134.

78 Die Nazikorruption in Hamburg (1946), S. 18 f.

79 vorm Walde, Gemeindeorgane (1985/86), S. 233.

80 Vgl. dazu BA Berlin, NS 1/2542.

81 Schreiben des Senators der Hamburgischen Finanzverwaltung an den

Regierenden Bürgermeister vom 3.4.1935, StAHH, Finanzdeputation IV, SuL I D 1 ai.

[82] So hatten nach einer Mitteilung des Arbeitsamtes Hamburg an das Hamburger Staatsamt vom 28.5.1935 die an der Besprechung beteiligten Firmen »der Sonderaktion des Arbeitsamtes Hamburg weder Aufträge erteilt noch irgendwelche Aussichten auf eventuelle spätere Einstellungen gemacht«. Ebd., Senatskommission für die Angelegenheiten der Staatsarbeiter II, 35 Mb 20.

[83] Rundschreiben vom 7.5.1935 an die Gauwirtschaftsberater der NSDAP, ebd., Finanzdeputation IV, SuL I D 1ai.

[84] Schreiben des Leiters der Wirtschaftsabteilung des Fürsorgewesens an den Sonderreferenten der Hamburger Gesundheits- und Fürsorgebehörde vom 28.1.1936, ebd., Sozialbehörde I, VG 29.10, Band II.

[85] Vgl. StAHH, NSDAP, B 121, 123, 135, 157, 158, 159.

[86] Deutschland-Berichte der SOPADE, Jg. 1937, S. 527.

[87] Akten der Partei-Kanzlei der NSDAP, Teil II, Bl. 073661–64, Vermerk Bühler vom 28.8.1941.

[88] RGBl. 1934, Teil I, S. 1235 f.

[89] Gesetz über eine Bereinigung alter Schulden vom 17.8.1938, RGBl. 1938, Teil I, S. 1033–1038.

[90] Zum folgenden siehe Ackerl, Nationalsozialistische »Wiedergutmachung« (1981), S. 206–219; Witek, »Arisierungen« in Wien (1988), S. 199–216; Jagschitz, »Bewegung« (1988), S. 487–516.

[91] Jagschitz, »Bewegung« (1988), S. 494.

[92] Ackerl, Nationalsozialistische »Wiedergutmachung« (1981), S. 210.

[93] Ebd., S. 219.

[94] Schreiben Richard Noack an das Oberste Parteigericht der NSDAP vom 9.8.1939, BA Berlin, Bestand BDC, Personalakte Ahrens /OPG.

[95] Bericht der Staatspolizeistelle Köln vom 4.1.1936, GSTA Berlin-Dahlem, Rep. 90P, Lageberichte, 9.9, Bl. 187 ff.

[96] Bericht der Staatspolizeistelle Harburg-Wilhelmsburg vom 6.10.1934, ebd., 3.3, Bl. 7.

[97] Geiger, Schichtung (1932), S. 118.

[98] Samuel P. Huntington hat darauf hingewiesen, daß vor allem jene Gesellschaften zur Korruption neigen, die dem privaten Gewinnstreben, den persönlichen Lebensplanungen und Aufstiegshoffnungen nur wenig Möglichkeiten bieten, so daß in diesen Gesellschaften die Politik bzw. die Korruption als Vehikel des sozialen Aufstiegs dient. Vgl. Huntington, Modernization and Corruption (1993), S. 377–388.

[99] Zit. nach Weinert, Sauberkeit der Verwaltung (1993), S. 151.

[100] Zum folgenden siehe Ueberschär/Vogel, Dienen und Verdienen (1999); Petropoulos, Kunstraub (1999).
[101] Koch, Geldgeschäfte (2000), S. 252 f.
[102] Ueberschär/Vogel, Dienen und Verdienen (1999), S. 146 ff.
[103] Zit. nach ebd., S. 164.
[104] Ebd., S. 123 ff.
[105] Harrison, »Alter Kämpfer« im Widerstand (1997), S. 421 f. Zu ähnlichen Reaktionen auf den »Treuebruch« des Generalfeldmarschalls Kluge siehe Ueberschär/Vogel, Dienen und Verdienen (1999), S. 166.
[106] Zu diesem Vorgang siehe BA Berlin, NS 19/3455 und R 49/137.
[107] Ueberschär/Vogel, Dienen und Verdienen (1999), S. 138; zum schleichenden Machtverlust Bouhlers, der nicht zuletzt auf Korruptionsaffären innerhalb seiner Kanzlei zurückging, siehe Noakes, Philipp Bouhler (1986), S. 208–236.
[108] Moll, Sturz alter Kämpfer (1992), S. 14.
[109] Schreiben Reichsleiter Bormann an Reichsminister Dr. Lammers vom 9. 9. 1942, Akten der Partei-Kanzlei, Teil I, Bl. 10120381 f.
[110] Vgl. Ueberschär/Vogel, Dienen und Verdienen (1999), S. 113 ff.
[111] Zur Stellung der Gauleiter im NS-Herrschaftssystem immer noch zentral: Hüttenberger, Gauleiter (1969).
[112] Zu den einzelnen Fällen siehe Salzburger Landesarchiv (im folgenden: SLA), RSTH, Bd RSTH 5/1941, 23/1941, 54/1942, 57/1942, 96/1943.
[113] Bescheid des Landrates des Kreises Salzburg vom 27. 1. 1941, ebd., 2/1941.
[114] Zit. nach Schreiben Gauleiter und RSH Dr. Scheel an Prof. Thorak vom 19. 6. 1943, ebd., 96/1943.
[115] Mitteilung von Regierungsrat Dr. Lettner/Gauselbstverwaltung an den persönlichen Referenten des Reichsstatthalters vom 12. 4. 1943, ebd., 84/1943. Nach dieser Mitteilung stand allerdings die Genehmigung des Reichswirtschaftsministeriums noch aus.
[116] Zit. nach Schreiben von Gauleiter und RSH Dr. Scheel an Oberbaurat Hau vom 12. 8. 1943, ebd., 108/1943.
[117] Anweisung von Gauleiter und Reichsstatthalter Rainer vom 22. 4. 1941, ebd., RSTH – GK 249.
[118] Vgl. Lükemann, Reichsschatzmeister (1963), S. 62. Zu den Dispositionsfonds der Gauleiter siehe auch BA Berlin, NS 1/1023.
[119] Zur Geschichte der »Erich-Koch-Stiftung« siehe u. a. die neunteilige Artikelserie im »Ostpreußenblatt«, 15. 1. 1953–15. 4. 1953; BA Berlin, R 2301/2073/2, Bl. 3 ff.; ebd., R 49/130; Wolff, Ohne Maske (1948).
[120] BA Berlin, R 2301/2073/2, Bl. 3.

[121] Erich-Koch-Stiftung, Teil I, Ostpreußenblatt, 15. 1. 1953.

[122] Eine Auflistung aller Unternehmen samt Buchwert, Vermögen und stillen Reserven sowie den Gewinnen findet sich im Ostpreußenblatt vom 25. 1. 1953, Erich-Koch-Stiftung, Teil II.

[123] BA Berlin, R 49/130, Bl. 106 f.

[124] Ebd., R 2301/2073/2, Bl. 4.

[125] Siehe Führerinformation Nr. 119/1942 des Reichsministers der Justiz vom 4. 9. 1942, Akten der Partei-Kanzlei, Teil I, Bl. 10128681.

[126] Siehe Genschel, Verdrängung (1966), S. 101 ff.

[127] Vermerk Brack an Pg. Dr. Klopfer vom 22. 6. 1942, BA Berlin, R 1501/27213, Bl. 7.

[128] Zum folgenden siehe den Bericht des Reichsrevisionsamtes vom 29. 2. 1940 über die Ostmark-Selbsthilfe GmbH, ebd., NS 1/804.

[129] Ebd., Bl. 5.

[130] Ebd., Bl. 25.

[131] Bajohr, »Arisierung« in Hamburg (1997), S. 310.

[132] Übersicht über die Herkunft des Stiftungsvermögens vom 21. 5. 1948, StAHH, Hamburger Stiftung von 1937, 24, Bl. 172.

[133] Diese Erlöse betrugen über eine Million Reichsmark und wurden auf eine Reihe von Sonderkonten bei der »Neuen Sparkasse von 1864« transferiert, die von SS-Oberführer Fritz Dorn geleitet wurde, vgl. ebd.

[134] Zit. nach der Stiftungssatzung von 1939, ebd., 1.

[135] Zit. nach Auszahlungsvermerken vom 11. 5. und 7. 7. 1939, ebd., 12, Bd. 3.

[136] Vermerk über Rücksprache mit Gauschatzmeister Hermanüssen vom 4. 9. 1947, ebd., 24, 20.

[137] Zahlungen an Parteigenossen wurden schon vor Gründung der »Hamburger Stiftung von 1937« aus dem Haushaltstitel »Förderung vaterländischer Einrichtungen« geleistet. Vgl. ebd., Finanzdeputation IV, VuO II A 1a XVI B 8b III B.

[138] Vgl. Auszug aus dem Bericht des Rechnungshofes des Hamburgischen Staates vom 17. 10. 1935, ebd., Sozialbehörde I, KR 10. 3.

[139] Zusammenstellung der Belege über Ausgaben der Polizeibehörde aus dem Konto A in der Zeit vom 1. 12. 1933 bis Ende März 1935, ebd., Finanzdeputation IV, VuO II A 1a XX A 2.

[140] Ebd., Rubrik 5 (Spenden).

[141] Vgl. BA Berlin, R 1501/27213 (Stiftungen der Gauleiter).

[142] Zit. nach Vermerk Brack vom 22. 6. 1942 an Pg. Dr. Klopfer, ebd.

[143] Schreiben Reichsschatzmeister Schwarz an den Leiter der Partei-Kanzlei vom 21. 7. 1942, ebd.

[144] Vgl. ebd.

[145] Schreiben des Leiters der Partei-Kanzlei an Reichsschatzmeister Schwarz vom 23.6.1942, ebd.

[146] Zit. nach Vermerk Stuckart vom 25.5.1944, ebd. Himmler empfahl eine allmähliche Übertragung der Stiftungen auf die Gauselbstverwaltung, die jedoch nur in wenigen Gauen eingeführt worden war.

[147] Siehe unten Kap. 2. Darüber hinaus existierte bei Göring ein aus »staatsfeindlichem« Vermögen gespeister »Bolschewistenfonds«. Siehe Aus Görings Schreibtisch (1947), S. 58.

[148] Vgl. Vogelsang, Freundeskreis (1972), S. 108–127.

[149] Schreiben Kurt Freiherr von Schröder an Reichsführer-SS vom 6.5.1944, BA Berlin, NS 19/876, Bl. 1; Vogelsang, Freundeskreis (1972), S. 158.

[150] Georg, Wirtschaftliche Unternehmungen (1963), S. 133 ff; Koch, Dresdner Bank (1987).

[151] Kopper, Marktwirtschaft (1995), S. 287.

[152] Zu einzelnen Beispielen siehe BA Berlin, NS 19/476 (Fall des ehemaligen SS-Unterscharführers Killinger); NS 10/546, Schreiben Himmlers an den Reichsminister des Innern betr. Oberleutnant der Schutzpolizei a.D. Völkl vom 26.10.1940.

[153] Schreiben des Chefs des SS-Wirtschafts-Verwaltungshauptamtes an SS-Obersturmbannführer Dr. Brandt vom 24.11.1943, ebd., NS 19/3381, Bl. 4 f.

[154] Schreiben des Chefs des SS-Wirtschafts-Verwaltungshauptamtes an den Reichsführer-SS vom 22.11.1943, ebd., NS 19/3380, Bl. 20. Bemerkenswert an dieser persönlichen Dienstleistung Himmlers ist vor allem, daß sie der Ehefrau eines nach seinem »Englandflug« verfemten Parteigenossen galt.

[155] Schreiben NSDAP-Reichsschatzmeister Schwarz an den Leiter der Partei-Kanzlei, Martin Bormann, vom 20.4.1942, BA Berlin, NS 19/2744, Bl. 6–9.

[156] Siehe unten, Kap. 4.

[157] Justizbehörde Hamburg (Hrsg.), »Von Gewohnheitsverbrechern ...« (1995), S. 56–68, hier S. 67.

[158] Siehe die zahlreichen Meldungen in StAHH, NSDAP, B 103, Bd. 1 und 2, B 107.

[159] Vertrauliches Rundschreiben an die Gauleitung Hamburg der NSDAP vom 27.9.1931, S. 7, Archiv der Forschungsstelle für Zeitgeschichte in Hamburg (im folgenden: FZH), 912, Bd. II (Material Krebs).

[160] Zum folgenden siehe Brandenburgisches Landeshauptarchiv Potsdam (im folgenden BLHA), Pr. Br. Rep. 12B, Staatsanwaltschaft beim Landgericht Frankfurt (Oder), 325.

[161] Urteil des Landgerichts Frankfurt (Oder) vom 17. 1. 1936, ebd.

[162] Vertrauliches Rundschreiben an die Gauleitung Hamburg der NSDAP vom 27. 9. 1931, S. 7, Archiv FZH, 912, Bd. II (Material Krebs).

[163] Vgl. BLHA, Pr. Br. Rep. 12 B, Staatsanwaltschaft beim Landgericht Frankfurt (Oder), 324, Urteil des Schöffengerichts Fürstenwalde vom 27. 3. 1935 gegen Kurt Stabenow.

[164] Vgl. ebd., 673, Schreiben des Gauschatzmeisters des Gaues Kurmark vom 27. 8. 1937.

[165] Longerich, Die braunen Bataillone (1989), S. 130 ff.

[166] Zum folgenden siehe das Urteil des Landgerichts Frankfurt (Oder) gegen Franz Graetz vom 22. 3. 1935, BLHA, Pr. Br. Rep. 12B, Staatsanwaltschaft beim Landgericht Frankfurt (Oder), 724–726.

[167] Ebd., 726.

[168] Schreiben der NSDAP-Gauleitung Westfalen-Nord an die Kanzlei des Führers vom 11. 5. 1937, BA Berlin, R 22/1310, Bl. 183–187.

[169] StAHH, Bestand Strafakten der Land- und Amtsgerichte 1933–1945, Rep.-Nr. 00804/39, Urteil des Amtsgerichts Altona gegen Berthold John Schwidewsky vom 1. 11. 1938, Bl. 129.

[170] Vgl. z. B. den Bericht über die bei der SA-Gruppe ›Hansa‹ der NSDAP, Hamburg, durchgeführte Kassen- und Bücherrevision vom 15. 11. 1934, ebd., Bestand BDC, Fust, Herbert (SA-P).

[171] Zit. nach Bericht der Staatspolizeistelle Harburg-Wilhelmsburg vom 8. 4. 1934 über Veruntreuungen eines SS-Sturmführers, GSTA Berlin-Dahlem, Rep. 90P, Lageberichte, 3.3, Bl. 7.

[172] Vgl. Noakes, Nazi Party (1981), S. 15 f.; Lükemann, Reichsschatzmeister (1963), S. 46.

[173] Siehe oben, Kap. 1.

[174] Vgl. die Aufstellung in BA Berlin, NS 1/246, Bl. 9.

[175] Allein zwischen 1936 und 1938 traten rund 50 % der NSDAP-Kassenleiter von ihren Ämtern zurück, vgl. Lükemann, Reichsschatzmeister (1963), S. 73.

[176] Siehe u. a. Lagebericht der Staatspolizeistelle Breslau vom 3. 8. 1935, GSTA Berlin-Dahlem, Rep. 90 P, Lageberichte, 11.2, Bl. 124; Lagebericht der Staatspolizeistelle Hannover vom 4. 10. 1934, ebd., 3.2, Bl. 14 f.

[177] Bericht der Staatspolizeistelle Aachen vom 6. 10. 1934, ebd., 9.1, Bl. 143.

[178] Justizbehörde Hamburg (Hrsg.), »Von Gewohnheitsverbrechern ...« (1995), S. 66.
[179] Deutschland-Berichte der SOPADE, Jg. 1935, S. 491 ff., Jg. 1936, S. 1152 f.
[180] Zit. nach Justizbehörde Hamburg (Hrsg.), »Von Gewohnheitsverbrechern ...« (1995), S. 61.
[181] Deutschland-Berichte der SOPADE, Jg. 1935, S. 489 f.
[182] GSTA Berlin-Dahlem, Rep. 90 P, 103, Bl. 34–38.
[183] Schreiben des Hamburger Staatsamtes an den Reichsminister der Finanzen vom 11. 6. 1937, StAHH, Staatsamt, 59.
[184] So die Staatspolizeistelle Harburg-Wilhelmsburg in einem Lagebericht vom 6. 8. 1934, ebd., 3.3, Bl. 18.
[185] Siehe u. a. Bericht der Staatspolizeistelle Halle vom 7. 8. 1934, ebd., 10.2, Bl. 4 f.; Berichte der Staatspolizeistelle Magdeburg vom 5. 7. 1935, 5. 8. 1935, 4. 9. 1935, Bl. 111, 135 f., 161 f.
[186] Vgl. u. a. die Berichte der Staatspolizeistelle Berlin für Juli und August 1935, ebd., 2.1, Bl. 110, 185.
[187] Zur Entwicklung der NSV siehe Vorländer, NSV (1988); Hammerschmidt, Wohlfahrtsverbände (1999); eine umfassende Studie zur DAF steht immer noch aus, vgl. u. a. Smelser, Ley (1989); Frese, Betriebspolitik (1991).
[188] Vgl. u. a. Lagebericht der Staatspolizeistelle Hannover vom 4. 10. 1934, GSTA Berlin-Dahlem, Rep. 90 P, Lageberichte, 3.2, Bl. 14 ff.
[189] Smelser, Ley (1989), S. 267.
[190] Vgl. Die wirtschaftlichen Unternehmungen der Deutschen Arbeitsfront (o. O., o. J.).
[191] Vorländer, NSV (1988), S. 57 f.
[192] Akten der Partei-Kanzlei, Teil I, Bl. 10126929. Zu den folgenden Einzelfällen siehe BA Berlin, R 22/4331, Bl. 1–4.
[193] Zum »Fall Janowsky« siehe unten Kapitel 4.
[194] BA Berlin, NS 18/557, Bl. 27; ebd., R 22/721, Bl. 107; Deutschland-Berichte der SOPADE, Jg. 1934, S. 539 f., Jg. 1935, S. 489.
[195] Deutschland-Berichte der SOPADE, Jg. 1937, S. 536.
[196] Ebd., Jg. 1934, S. 447.
[197] Zum folgenden siehe den umfangreichen Feststellungsbericht des Reichsrevisionsamtes der NSDAP vom 14. 2. 1938 über die Bauunternehmen der DAF, BA Berlin, NS 1/811.
[198] Ebd., S. 22 f.
[199] Ebd., S. 32 ff.
[200] Ebd., S. 81–92.

[201] Ebd., S. 63–80.
[202] Zu den Aktivitäten Webers siehe Large, Hitlers München (1998), S. 354 f.; Angermair/Haerendel (Hrsg.), Inszenierter Alltag (1993), S. 16; zu Weber siehe auch die Zusammenstellung des Hauptamtes SS-Gericht vom 11. 12. 1939 mit Parteigerichtsverfahren und Ermittlungen gegen SS-Brigadeführer Christian Weber, Archiv des Instituts für Zeitgeschichte, München (im folgenden: IfZ), Fa-74, Bl. 49–53.
[203] Vgl. Angermair/Haerendel (Hrsg.), Inszenierter Alltag (1993), S. 16; Ueberschär/Vogel, Dienen und Verdienen (1999), S. 137.
[204] Feststellungsbericht des Reichsrevisionsamtes der NSDAP vom 14. 2. 1938 über die Bauunternehmen der DAF, BA Berlin, NS 1/811, S. 36.
[205] Zit. nach ebd., S. 38.
[206] Ebd., S. 39 ff., 44 ff., 56 ff.
[207] Ebd., S. 124 ff. NSDAP-Reichsschatzmeister Schwarz nutzte das offenkundige Versagen der DAF-Kontrolleinrichtungen in der »Affäre Karl« aus, indem er DAF-Reichsleiter Ley mit seinem Wissen um die korrupten Machenschaften unter Druck setzte und die DAF schrittweise seiner Finanzkontrolle unterwarf. Vgl. Lükemann, Reichsschatzmeister (1963), S. 116 ff.
[208] Wiedemann, Feldherr (1964), S. 194 f.
[209] Feststellungsbericht des Reichsrevisionsamtes der NSDAP vom 14. 2. 1938 über die Bauunternehmen der DAF, BA Berlin, NS 1/811, S. 45, 57.
[210] Ebd., S. 34 f.
[211] Speer, Erinnerungen (1969), S. 231.
[212] Ebd., S. 76.
[213] Zit. nach ebd.
[214] Speer, »Alles, was ich weiß« (1999), S. 35, 135.
[215] Speers Biograph Joachim Fest hat diese Selbststilisierung weitgehend übernommen. Vgl. Fest, Speer (1999), S. 11, 89, 464.
[216] Zum folgenden siehe Erich Bandekow, Über steuerliche Korruptionsfälle von Reichsministern, Reichsleitern usw., BA Koblenz, Kleine Erwerbungen, 544, Bl. 9 f.
[217] Ebd., Bl. 10.
[218] Dies muß einschränkend hervorgehoben werden, weil ein Teil der führenden Nationalsozialisten – zum Beispiel Göring – dem Finanzamt offensichtlich unrichtige Angaben über ihre Einkommens- und Vermögensverhältnisse machten. Nach dem Tode des SA-Stabschefs Viktor Lutze 1943 wurde beispielsweise ein Vermögen von 396 000 RM fest-

gestellt, das Lutze dem Finanzamt verschwiegen hatte. Vgl. ebd., Bl. 8; Vermerk betr. Testament Lutze vom 15.8.1943, BA Berlin, R 43 II/1206, Bl. 53f.

[219] Vgl. die Angaben in Petropoulos, Kunstraub (1999), S. 445.

[220] Ebd., Skizze in der Bildbeilage zwischen S. 368 und 369.

[221] Vgl. Bandekow, Korruptionsfälle, BA Koblenz, Kleine Erwerbungen, 544, Bl. 5.

[222] Ebd., Bl. 5 f.

[223] Ebd.

[224] Vgl. Koch, Tagebücher (1988), S. 29 f.

[225] Aufzeichnungen des Reichsrechnungshofes über »Maßnahmen, die mit Mitteln der Filmwirtschaft bereits durchgeführt sind oder noch durchgeführt werden sollen«, BA Berlin, R 2301/2073/2, Bl. 385.

[226] Zum folgenden siehe ebd.; Bandekow, Korruptionsfälle, BA Koblenz, Kleine Erwerbungen, 544, Bl. 6 f.

[227] Bandekow, Korruptionsfälle, BA Koblenz, Kleine Erwerbungen, 544, Bl. 7.

[228] Zit. nach Aufzeichnungen des Reichsrechnungshofes über »Maßnahmen, die mit Mitteln der Filmwirtschaft bereits durchgeführt sind oder noch durchgeführt werden sollen«, BA Berlin, R 2301/2073/2, Bl. 386.

[229] Die Tagebücher von Joseph Goebbels (1998), Teil I, Bd. 8, S. 241, Eintragung vom 27.7.1940, bezüglich der Gauleiter Forster und Greiser. Vgl. auch die Haltung von Goebbels in der Korruptionsaffäre Nöthling, siehe unten, Kap. 4.

[230] Siehe Chaussy/Plüschner, Nachbar Hitler (1997); Knopf/Martens, Görings Reich (1999).

[231] Knopf/Martens, Görings Reich (1999), S. 107.

[232] Ebd., S. 158 ff.

[233] Haase, Kunstraub (1991), S. 198; Petropoulos, Kunstraub (1999), S. 243.

[234] Bandekow, Korruptionsfälle, BA Koblenz, Kleine Erwerbungen, 544, Bl. 10.

[235] Aus Görings Schreibtisch (1947), S. 17.

[236] Bandekow, Korruptionsfälle, Bl. 2.

[237] Zit. aus einem Schreiben des Reichsstatthalters Rainer an Reichsminister Lammers vom 18.8.1939, SLA, RSTH, I/12, 6/1945.

[238] Ebd.

[239] Schreiben Unterstaatssekretär Martin Luther an den »Parteigenossen Scheel« vom 25.9.1942, SLA, RSTH, Bd RSTH 114/1943.

240 Schreiben des Auswärtigen Amtes – Gesandter Luther, Stiftung Haus Fuschl – an den Gauleiter in Salzburg vom 30. 5. 1941, SLA, RSTH, Bd RSTH, 23.
241 Zum folgenden siehe die detaillierten Angaben in der Artikelserie: Erich-Koch-Stiftung, Teil VI und IX, Ostpreußenblatt, 15. 3. und 15. 4. 1953.
242 Der Prozeß gegen die Hauptkriegsverbrecher (1947–1949), Bd. VIII, Dokument 1757–PS, S. 148.
243 Deutschland-Berichte der SOPADE, Jg. 1936, S. 1141.
244 Smelser, Ley (1989), S. 117.
245 Zit. nach ebd., S. 119.
246 Vgl. Kasten, Konflikte (1997), S. 157–175, hier S. 173.
247 BA Berlin, R 2301/2073/3, Bl. 34.
248 Vermerk Bormanns vom 25. 3. 1942, Akten der Partei-Kanzlei, Teil I, Bl. 10322374 f.
249 Vgl. Walden, Untersuchungen (1985), S. 18–26.
250 Petropoulos, Kunstraub (1999), S. 22.
251 Ebd., S. 234 ff.
252 Vgl. ebd.; Feliciano, Museum (1998); Hartung, Raubzüge (1997), Eichwede/Hartung, »Betr. Sicherstellung« (1998); de Vries, Sonderstab Musik (1998).
253 Petropoulos, Kunstraub (1999), S. 21.
254 Ebd., S. 335.
255 So ein Angehöriger der Sicherheitspolizei und des SD – Reichskriminalpolizeiamt – in einem Vortrag über die »Bekämpfung der Korruption« (1944), BA Berlin, NS 6/350, Bl. 79.
256 Siehe dazu Kap. 3.
257 Vgl. Bartov, Hitlers Wehrmacht (1999), S. 120 ff.
258 Vgl. Pohl, Nationalsozialistische Judenverfolgung (1996), S. 94; Musial, Zivilverwaltung (1999), S. 80 ff.; vgl. auch Gerlach, Kalkulierte Morde (1999), S. 222 ff.; zur deutschen Besatzungspolitik generell: Umbreit, Deutsche Herrschaft (1999), S. 3–272.
259 Zit. nach Musial, Zivilverwaltung (1999), S. 81.
260 Auf diesen Aspekt hat vor allem der polnisch-amerikanische Historiker Jan T. Gross hingewiesen. Vgl. ders., Polish Society (1979), S. 145 bis 149.
261 Zit. aus einem Vortrag eines Angehörigen der Sicherheitspolizei und des SD-Reichskriminalpolizeiamt – über die »Bekämpfung der Korruption« (1944), BA Berlin, NS 6/350, Bl. 79.
262 Zit. nach Scheffler, Praxis (1973), S. 227.

[263] Zit. nach Ludwig, Korruption und Nationalsozialismus in Berlin (1998), S. 351.
[264] Zit. nach Ausarbeitung Krügers über die »Verhältnisse im Generalgouvernement unter Berücksichtigung nachstehender Punkte« (1943), BA Berlin, NS 19/2664, Bl. 6 f.
[265] Frank an Lammers vom 10. 3. 1942, BA Berlin, NS 19/3899, Bl. 24.
[266] Vgl. Petropoulos, Kunstraub (1999), S. 283.
[267] Schreiben SS-Obersturmbannführer Dr. Reinecke an Reichsführer SS vom 1. 12. 1941, BA Berlin, NS 19/3899, Bl. 10 ff.
[268] BA Berlin, NS 19/851, Bl. 3.
[269] Zit. nach einer Ausarbeitung des HSSPF im Generalgouvernement, Krüger, über die »Verhältnisse im Generalgouvernement unter Berücksichtigung nachstehender Punkte« (1943), BA Berlin, NS 19/2664, Bl. 6 f.
[270] Vgl. Urteil des OPG vom 30. 9. 1941, Akten der Partei-Kanzlei, Teil I, Bl. 30703030-48.
[271] Schreiben des Oberstaatsanwalts beim Sondergericht Breslau an den Reichsminister der Justiz vom 9. 5. 1942, BA Berlin, NS 19/1751, Bl. 2 bis 13.
[272] Zit. nach Bericht des Kommandeurs der Sicherheitspolizei und des SD für den Distrikt Galizien vom 26. 6. 1943 betr. Verhalten der Reichsdeutschen in den besetzten Gebieten, BA Berlin, R 58/1002, Bl. 107 bis 206, hier Bl. 200.
[273] Die Tagebücher von Joseph Goebbels (1998), Teil I, Bd. 8, S. 241, Eintragung vom 27. 7. 1940.
[274] So Musial, Zivilverwaltung (1999), S. 61.
[275] Ebd., Bl. 120.
[276] Ebd., Bl. 191.
[277] Schreiben Hans Peter Kraemer betr. Korruption im Generalgouvernement an die Leitung der Reichskanzlei vom 7. 4. 1942, BA Berlin, NS 19/2648, Bl. 45–47.
[278] Vgl. Musial, Zivilverwaltung (1999), bes. S. 188 ff.
[279] Zit. nach Bericht des Kommandeurs der Sicherheitspolizei und des SD für den Distrikt vom 26. 6. 1943 betr. Verhalten der Reichsdeutschen in den besetzten Gebieten, BA Berlin, R 58/1002, Bl. 197–199.
[280] Schreiben des Höheren SS- und Polizeiführers Ost an den Reichsführer SS vom 30. 12. 1942, BA Berlin, NS 19/2648, Bl. 50 f.
[281] Zit. aus einem Bericht vom 24. 8. 1944 über »Partei und Wehrmacht im Generalgouvernement und ihre Führungsaufgaben« (Verf. unbekannt), BA Berlin, NS 19/2664, Bl. 197–204, hier Bl. 198.
[282] Siehe dazu Kap. 3.

[283] »Erinnerungen des Prüfungsgebiets VI 6 aus dem letzten Jahre, die sich gegen Eigennutz, Verschwendung usw. richten«, BA Berlin, R 2301, 2073/2, Bl. 82–103, Zitat Bl. 94.
[284] Ebd., Bl. 93.
[285] Ebd., Bl. 96.
[286] Ebd., Bl. 94.
[287] Ebd., Bl. 96.
[288] Ebd., Bl. 89.
[289] Vgl. Prüfungsmaterial A.o. Haushalt des Reichsministeriums für die besetzten Ostgebiete, Rj 1941 und 1942, ebd., Bl. 468–474.
[290] Zit. nach einem Rundschreiben des Reichsministers der Finanzen vom 4. 9. 1942, BA Berlin, R 2301, 1971, Bl. 12.
[291] Zit. ebd.
[292] Zit. ebd., Bl. 17.
[293] So erhielt beispielsweise der Überseekaufmann Kurt Lindener, der 1941/42 Unternehmen in Litzmannstadt und Dombrowa betreute, für seine einjährige Tätigkeit ein Gesamtsalär von 23 950 RM, das SS-Gruppenführer Greifelt, der Stabshauptamtleiter des Reichskommissars für die Festigung deutschen Volkstums, für »nicht gerechtfertigt« hielt, aber von der HTO dennoch gezahlt wurde. Vgl. Feststellungen betr. die Bestellung von Aufsichtspersonen über die Verwaltung und Verwertung der HTO in Berlin unterstehenden treuhänderisch verwalteten Großbetriebe an Hand der Fachakten der HTO, Anlage 2, BA Berlin, R 2301, 5991, Bl. 12–14.
[294] BA Berlin, R 2301, 2073/2, Bl. 12.
[295] BA Berlin, R 22/4331, Bl. 22, 27.
[296] BA Berlin, R 2301, 2073/2, Bl. 13.
[297] Ebd., Bl. 565 f.
[298] Ebd., Bl. 567.
[299] Rundschreiben des Reichsministers der Finanzen vom 4. 9. 1942, BA Berlin, R 2301, 1971, Bl. 10–15, Zitat Bl. 14.
[300] Vgl. Madajczyk, Okkupationspolitik (1987), S. 596–602; Mazower, Hitler's Greece (1993), S. 53–64.
[301] Zit. nach Bericht A (Geheim) über Zustände in der Ukraine aufgrund der Prüfung der ›Deutschen Dienstpost‹ Ukraine, mit Briefauszügen, undatiert (1943), (im folgenden: Bericht A), Archiv IfZ, MA-798.
[302] Bericht A, S. 2 f.
[303] Zit. nach Gerlach, Kalkulierte Morde (1999), S. 228.
[304] Zit. nach Bericht A, S. 1.
[305] Zit. nach Schwarz, Eine Frau an seiner Seite (1997), S. 100.

[306] Den Forschungsstand zu Frauen im nationalsozialistischen Deutschland resümieren Heinsohn/Vogel/Weckel (Hrsg.), Karriere (1997).
[307] Vgl. Madajczyk, Okkupationspolitik (1987), S. 599.
[308] BA Berlin, R 22/4331, Bl. 27.
[309] Ebd., Bl. 31.
[310] Vgl. StAHH, Bürgerschaft II, C II d1, Bd. 1, Verfügung des Oberstaatsanwalts beim Landgericht Hamburg vom 5. 8. 1946.
[311] Anordnung des Reichsmarschalls und Beauftragten für den Vierjahresplan betr. Verbot der Beteiligung am Schwarzmarkt vom 2. 4. 1943, BA-MA Freiburg, RW 19/2392, Bl. 81.
[312] Vgl. dazu ebd., RW 36/211. Zu entsprechenden Aktivitäten in Frankreich siehe Arne Radtke-Delacor, Aktivitäten (1999).
[313] Zit. nach Geheimvortrag Veltjens vom 21. 5. 1942, ebd., RW 19/2397, Bl. 23–27, Zitat Bl. 24. Zu einzelnen Fällen bestechlicher Amtsträger in Belgien und Nordfrankreich siehe ebd., Bl. 86; BA Berlin, R 22/4331, Bl. 22.
[314] Aktenvermerk vom 8. 5. 1942 zur Besprechung beim Amtschef über Schwarzkäufe in besetzten Gebieten, BA-MA Freiburg, RW 19/2397, Bl. 11.
[315] Revisionsbericht des Beauftragten des Reichsschatzmeisters in Revisionsangelegenheiten für den Gau Sudetenland über die Überprüfung der im Auftrage der Reichsjugendführung durch die Fa. Intercontrol, Prag, getätigten schwarzen Käufe im Protektorat Böhmen und Mähren, BA Berlin, NS 1/808.
[316] Geheime Anordnung Himmlers vom 27. 4. 1943, BA Berlin, R 58/261, Bl. 146.
[317] Schreiben des Chefs des Hauptamtes SS-Gericht an den Reichsführer SS vom 27. 9. 1943, unter Bezugnahme auf Mitteilungen von SS-Sturmbannführer Heinz über Schwarzmarktkäufe der SS auf einer Dienstbesprechung der SS-Chefrichter, BA Berlin, NS 19/1904, Bl. 1–3.
[318] Vgl. Schlußbericht und Stellungnahme in dem Strafverfahren gegen Angehörige der Wachkompanie des RSHA vom 14. 11. 1944, BA Berlin, NS 7/1148.
[319] Vgl. u. a. Tuchel, Konzentrationslager (1991), Herbert/Orth/Dieckmann (Hrsg.), Die nationalsozialistischen Konzentrationslager (1998); Orth, System (1999); dies., »Konzentrationslager-SS« (1997).
[320] Siehe Weinert, Sauberkeit der Verwaltung (1993), S. 94 ff.
[321] Sofsky, Ordnung des Terrors (1997).
[322] Ebd., S. 136; zur Konzentrationslager-SS siehe die umfassende Studie von Orth, »Konzentrationslager-SS« (1997).

[323] Vgl. Sofsky, Ordnung des Terrors (1997), S. 185 ff.
[324] Zu Reiner siehe Tuchel, Konzentrationslager (1991), S. 182 f., 387.
[325] Zit. nach Broszat, Konzentrationslager (1965), S. 64 f.
[326] Über derartige Vorkommnisse im KZ Kemna siehe Ibach, Kemna (1981), S. 78 f.
[327] Deutschland-Berichte der SOPADE, Jg. 1937, S. 549–553, Zitat S. 549.
[328] Kogon, SS-Staat (1948), S. 282–299.
[329] Ebd., S. 290 f.
[330] Ebd., S. 285.
[331] Vgl. z. B. die Aufstellung über jährliche Geschenke Himmlers an SS-Gruppenführer, BA Berlin, NS 19/3535; zur Beschaffung von Geschenken aus SS-Betrieben siehe auch ebd., NS 19/3669.
[332] Vgl. Schreiben an RFSS Heinrich Himmler vom 26. 4. 1942 betr. Korruption im KZ Sachsenhausen, Archiv IfZ, Fa 183/1, Bl. 169.
[333] Zit. nach Naujoks, Leben (1987), S. 226 f.
[334] Zu diesen Vorgängen siehe SLA, Bd RSTH, 40.
[335] Siehe Orth, Konzentrationslager-SS (1997), S. 168.
[336] Siehe Anklageverfügung gegen Koch u. a. vom 17. 8. 1944, Archiv IfZ, Fa-529. Zu Koch vgl. u. a. Segev, Soldaten des Bösen (1992), S. 175–185.
[337] Stein, Juden in Buchenwald (1992), S. 48.
[338] Vgl. Orth, »Konzentrationslager-SS« (1997), S. 131 ff.
[339] Kogon, SS-Staat (1948), S. 286.
[340] Vgl. ebd., S. 299: »Das Ineinander und Gegeneinander der persönlichen Interessenverflechtung der SS-Führer brach einfach an irgendeinem Punkte einmal aus, – eine Eiterbeule des durch und durch verfaulten Körpers platzte.«
[341] Zum »Fall Koch« siehe Orth, »Konzentrationslager SS« (1997), S. 251 ff.
[342] Zit. nach Aussage Reinecke vom 7. 8. 1946, Der Prozeß gegen die Hauptkriegsverbrecher (1947–1949), Bd. XX, S. 479.
[343] Siehe u. a. die Ausarbeitung Morgens vom 21. 12. 1945: »Die Unrechtsbekämpfung in Konzentrationslagern durch SS-Richter«, Archiv IFZ, F-65.
[344] Himmler hat dieses Verständnis von »Anständigkeit« u. a. in seiner »Posener Rede« vom 4. 10. 1943 ausführlich dargelegt, abgedruckt in: Der Prozeß gegen die Hauptkriegsverbrecher (1947–1949), Bd. XXIX, Dokument 1919-PS, bes. S. 145.
[345] So sagte der ehemalige Chefrichter des Obersten SS- und Polizeige-

richtes, Reinecke, vor dem Internationalen Militärgerichtshof in Nürnberg aus, daß Himmler 1944 den Befehl erteilt hatte, mit dem Ende des Verfahrens gegen Koch auch alle anderen gerichtlichen Untersuchungen in Konzentrationslagern einzustellen, das Hauptamt SS-Gericht dagegen jedoch erfolgreich Widerspruch erhoben habe. Vgl. Der Prozeß gegen die Hauptkriegsverbrecher (1947–1949), Bd. XX, Aussage Reinecke vom 7. 8. 1946, S. 482 f.

346 Orth, »Konzentrationslager-SS« (1997).

347 Schreiben Dr. Morgen an das Reichskriminalpolizeiamt – Gruppe B – vom 16. 6. 1944, Archiv IfZ, F-65.

348 Vgl. Affidavit Werner Krumme vom August 1943, S. 4, Archiv IfZ, Nürnberger Dokumente, NO-1933.

349 Rückerl, Nationalsozialistische Vernichtungslager (1978), S. 192 f.

350 Zur Korruption in den Arbeitserziehungslagern siehe Lotfi, KZ der Gestapo (2000), S. 67, 152, 196.

351 Siehe dazu Herbert, Fremdarbeiter (1985), S. 201–205.

352 Reichmann, Deutscher Bürger und verfolgter Jude (1998).

353 Zit. ebd., S. 260.

354 Anordnung des Beauftragten für den Vierjahresplan vom 10. 12. 1938, Akten der Partei-Kanzlei, Teil I, Bl. 20400474 f.

355 Vgl. die Anordnungen 57/38 und 62/40 des NSDAP-Reichsschatzmeisters vom 2. 9. 1938 und 10. 12. 1940, Akten der Partei-Kanzlei, Teil I, Bl. 11703649 und Bl. 11703634.

356 Anordnung vom 3. 3. 1939, Archiv IfZ, MA 331.

357 Zit. nach Werner, Hakenkreuz und Judenstern (1988), S. 174.

358 Anordnung 8/41 vom 17. 6. 1941, SLA, Bd RSTH, 7.

359 Symptomatisch für diese »Rechtsauffassung« war die Stellungnahme des Leiters der Münchner »Arisierungsstelle«, der in einem Bericht feststellte: »Die in den Händen der Juden befindlichen Vermögenswerte stellen nach nationalsozialistischer Anschauung einen Teil des deutschen Volksgutes dar, um den größtenteils im Laufe der Zeit deutsche Volksgenossen, wenn auch unter dem Schein des Rechts, gebracht wurden.« Zit. nach Schlußbericht über die Tätigkeit der Vermögensverwertung München GmbH vom 25. 1. 1939, Bl. 2, Archiv IfZ, Gm 07.94/8, Bd. 1.

360 Zit. nach H. A. Turner, Hitler aus nächster Nähe (1978), S. 179.

361 Vgl. Bajohr, »Arisierung« in Hamburg (1997), S. 29.

362 Zu einzelnen Fällen siehe StaHH, Bestand NSDAP, B 103, Bd. 2.

363 Vgl. das Urteil der 3. Strafkammer des Landgerichts München I vom 1. 6. 1954, Bl. 2–5, Archiv IfZ, Gm 07.94/9.

[364] Die Entführung konnte durch Intervention der Kriminalpolizei schließlich beendet werden. Vgl. das Urteil des Sondergerichts Berlin vom 9. 3. 1934, Archiv IfZ, F- 92, Bl. 36–68.
[365] BA Berlin, R 22/946, Bl. 117 f.
[366] Akten der Partei-Kanzlei, Teil I, Bl. 12402148–52.
[367] BA Berlin, R 22/131, Bl. 47.
[368] Ebd., R 22/1088, Bl. 88 f.
[369] Ebd., Bl. 90.
[370] Deutschland-Berichte der SOPADE, Jg. 1938, S. 732 f.
[371] Witek, »Arisierungen« in Wien (1988), S. 199–216, hier S. 204.
[372] Zit. nach ebenda, S. 204.
[373] Allein im Bereich der SA-Gruppe Nordsee wurden während des Pogroms fast 200 000 RM Bargeld »eingenommen«. Vgl. Aktenvermerk des Hauptamtes I des Reichsschatzmeisters der NSDAP vom 21. 10. 1939 betr. »unerledigte Arisierungsvorgänge bei SS und SA«, BA Berlin, NS 1/551.
[374] Reichsschatzmeister Schwarz an den Stabsleiter StdF vom 2. 12. 1938, BA Berlin, NS 1/430.
[375] Vgl. Heusler/Weger, »Kristallnacht« (1998), S. 95–111.
[376] Zum folgenden siehe Fabian, Der Berliner Scherbenfonds (1946).
[377] Ebd.
[378] Jahreslagebericht 1938 des SD-Oberabschnittes Süd-West 1938, Ref. II 112, Bl. 7, Archiv FZH, 93121.
[379] Schreiben vom 19. 11. 1938, BA Berlin, NS 1/2520, Bl. 1.
[380] NSDAP-Reichsschatzmeister Schwarz an den Beauftragten für den Vierjahresplan vom 22. 5. 1939, Archiv IfZ, Fa-74, Bl. 46 f.
[381] Vgl. Bajohr, »Arisierung« in Hamburg (1997).
[382] Reichsschatzmeister Schwarz, an den Stabsleiter StdF vom 2. 12. 1938, BA Berlin, NS 1/430.
[383] Schreiben des Stabsleiters des StdF an Reichsschatzmeister Schwarz vom 9. 3. 1939, BA Berlin, NS 1/2520, Bl. 19.
[384] Vgl. den Erlaß des Reichsfinanzministers vom 16. 2. 1943 und das Schreiben des Reichsfinanzministeriums an Reichsschatzmeister Schwarz vom 7. 2. 1944, ebenda, Bl. 43, 57.
[385] Der Beauftragte des Führers für die NSDAP in Österreich an den Reichsschatzmeister der NSDAP vom 20. 6. 1938, BA Berlin, NS 1/2320.
[386] Vgl. die entsprechenden Vorgänge mit einzelnen Kaufverträgen, u. a. für jüdische Grundstücke in Amsterdam, Utrecht, Leeuwarden, Vaals, Haaksbergen und Eindhoven in: BA Berlin, NS 1/221.
[387] Lükemann, Reichsschatzmeister (1963), S. 160.

[388] Vgl. die Schreiben des NSDAP-Gauschatzmeisters Bayerische Ostmark an den Reichsschatzmeister der NSDAP vom 19.9. und 8.10.1938, BA Berlin, NS 1/430.

[389] Zit. aus einem Schreiben des Reichsschatzmeisters Schwarz an den Stabsleiter StdF vom 2.12.1938, BA Berlin, NS 1/430.

[390] Der Untersuchungsbericht ist als Dokument 1757 PS im Rahmen des Nürnberger Kriegsverbrecherprozesses veröffentlicht worden. Siehe Der Prozeß gegen die Hauptkriegsverbrecher (1947–1949), Bd. XXVII, S. 55–234. Ein Großteil der während der Untersuchung angefertigten Vernehmungsprotokolle befindet sich im BA Berlin, R 58/3514.

[391] Siehe das Schreiben des Reichswirtschaftsministeriums an den Polizeipräsidenten Nürnberg, SS-Oberführer Martin, vom 4.11.1939, BA Berlin, R 87/117.

[392] Zit. aus einem Vermerk für SS-Sturmbannführer Dr. Brandt vom 10.2.1942, BA Berlin, NS 19/801, Bl. 53. Nach einem Protest Tamaschkes gegen seine Entlassung hob Himmler die Entlassungsverfügung wieder auf. Siehe ebenda, Bl. 68.

[393] Zu den hier erwähnten Vorgängen siehe BA Berlin, NS 19/790. Zur Biographie Kiehns siehe Berghoff/Rauh-Kühne, Fritz K. (2000).

[394] Vgl. Schmidt, Arisierungspolitik des Bezirksamtes (1992), S. 206.

[395] Vgl. Meyer, Unternehmen Sieben (1993), S. 380.

[396] Vgl. die »Zusammenstellung der Liegenschaften im Reichsgau Salzburg, deren Besitzer Juden, bezw. Staatsfeinde sind«, in: SLA, Bd RSTH, 6K 356/1945.

[397] Vgl. das Schreiben der Landeshauptmannschaft Salzburg – Regierungspräsident an den Gauleiter in Salzburg vom 2.11.1939, SLA, LH 17.

[398] Bajohr, »Arisierung« in Hamburg (1997), S. 224.

[399] Maßgeblich waren in diesem Zusammenhang die Verordnung zur Durchführung der Verordnung über den Einsatz des jüdischen Vermögens vom 16. Januar 1939 und die dritte Anordnung über die Anmeldung des Vermögens von Juden vom 21. Februar 1939, RGBl. 1939, Teil I, S. 37, 282.

[400] Zit. nach Court of Restitution Appeals Reports, Bd. I (1951), S. 262. Für den Hinweis bin ich Jürgen Lillteicher zu Dank verpflichtet.

[401] Zit. nach ebenda.

[402] Schreiben des Reichsschatzmeisters der NSDAP an den Stabsleiter des StdF vom 2.12.1938, BA Berlin, NS 1/430.

[403] Siehe Der Prozeß gegen die Hauptkriegsverbrecher (1947–1949), Dokument 1757 PS, Bd. XXVII, S. 129 f.

[404] Siehe den Schlußbericht über die Tätigkeit der Vermögensverwertung München GmbH vom 25.1.1939, Bl. 2, Archiv IfZ, Gm 07.94/8, Bd. 1.

[405] Zum folgenden siehe Bajohr, »Arisierung« in Hamburg (1997), S. 290 f., 380 ff.

[406] Vgl. Berghoff/Rauh-Kühne, Fritz K. (2000), S. 120.

[407] Schreiben des NSDAP-Reichsschatzmeisters Schwarz an den Leiter der Partei-Kanzlei vom 15.11.1943, Akten der Partei-Kanzlei, Teil I, S. 30705184–89.

[408] Berghoff/Rauh-Kühne, Fritz K. (2000), S. 120.

[409] Schreiben des NSDAP-Gauschatzmeisters Thüringen an Reichsschatzmeister Schwarz vom 22.7.1938, BA Berlin, NS 1/554.

[410] So wurden u. a. dem »Pg. Ulrich Klug« 75 000 RM für die Inbetriebnahme des Portland-Cementwerkes in Bad Berka und »Pg. Ignaz Idinger« 25 000 RM für die »Arisierung« des Hotels Blum, Oberhof, zur Verfügung gestellt. Siehe BA Berlin, NS 1/1120.

[411] Zit. nach Jahreslagebericht 1938 des SD-Oberabschnittes Nord-Ost 1938, Ref. II 112, Bl. 3, Archiv FZH, 93121.

[412] Anordnung Nr. 89/38 des StdF vom 2.8.1938. Für den Hinweis bin ich Armin Nolzen zu Dank verpflichtet.

[413] Sonderbericht des Stadtpräsidenten der Reichshauptstadt Berlin über die Entjudung des Einzelhandels in Berlin vom 5. Januar 1939, BA-MA Freiburg, RW 19, 2376, Bl. 2–22, Zit. Bl. 7.

[414] Zit. nach ebenda.

[415] Zur institutionalisierten Bereicherung von Parteigenossen siehe Bajohr, »Arisierung« in Hamburg (1997), S. 312 ff.; Bopf, Zur »Arisierung« und den Versuchen der »Wiedergutmachung« in Köln (1994), S. 178; Selig, Vom Boykott zur Arisierung (1991), S. 197 f.; Weckbecker, Die Judenverfolgung in Heidelberg 1933–1945 (1985), S. 124 f.; Kratzsch, Der Gauwirtschaftsapparat der NSDAP (1989), S. 237–244.

[416] Siehe Der Prozeß gegen die Hauptkriegsverbrecher (1947–1949), Dokument 1757 PS, Bd. XXVII, S. 140 f.; Bajohr, »Arisierung« in Hamburg (1997), S. 310.

[417] Schreiben des NSDAP-Reichsschatzmeisters Schwarz an den Leiter der Partei-Kanzlei vom 15.11.1943, Akten der Partei-Kanzlei, Teil I, Bl. 30705184–89.

[418] Vgl. u. a. Witek, »Arisierungen« in Wien (1988), S. 206 f.

[419] Siehe Selig, Vom Boykott zur Arisierung (1991), S. 197.

[420] Bajohr, »Arisierung« in Hamburg (1997), S. 313.

[421] Zum »Fall Nacher« siehe Ludwig, Boykott – Enteignung – Mord

(1989), S. 15–86; Ludwig, Korruption und Nationalsozialismus in Berlin (1998), S. 284–307.

422 NSDAP-Reichsschatzmeister Schwarz an den Beauftragten für den Vierjahresplan vom 22. 5. 1939, Archiv IfZ, Fa-74, Bl. 46 f.

423 Vgl. Bajohr, »Arisierung« in Hamburg (1997), S. 241 ff.; Sonderbericht des Stadtpräsidenten der Reichshauptstadt Berlin über die »Entjudung des Einzelhandels in Berlin« vom 5. Januar 1939, BA-MA Freiburg, RW 19, 2376, Bl. 2–22.

424 Kratzsch, Der Gauwirtschaftsapparat der NSDAP (1989), S. 240 ff.; van Laak, Die Mitwirkenden bei der »Arisierung« (1992) S. 244 f.; Bajohr, »Arisierung« in Hamburg (1997), S. 320–23; zur Tätigkeit von Gründstücks-Treuhandgesellschaften siehe auch Schmidt, Arisierungspolitik des Bezirksamtes (1992), S. 169–228, hier S. 204 f.

425 Zit. nach Grünfeld, Das Leinenhaus Grünfeld (1967), S. 125.

426 Zu den Abwicklern siehe u. a. Kratzsch, Der Gauwirtschaftsapparat der NSDAP (1989), S. 242 f., Verse-Herrmann, »Arisierungen« in der Land- und Forstwirtschaft (1997), S. 92.

427 Zit. nach Kratzsch, Der Gauwirtschaftsapparat der NSDAP (1989), S. 237.

428 Zit. nach Padover, Lügendetektor (1999), S. 44.

429 Vgl. das Strafverfahren gegen NSDAP-Kreiswirtschaftsberater Peschak/Znaim wegen Amtsmißbrauchs, BA Berlin, R 22/4331, Bl. 6.

430 Strafverfahren wegen Amtsmißbrauchs gegen Wilhelm Altenberger, Referent der Wiener Vermögensverkehrsstelle, ebenda, Bl. 14.

431 Kempner, Ankläger (1983), S. 121.

432 Grünfeld, Das Leinenhaus Grünfeld (1967), S. 134.

433 Zum folgenden siehe Bajohr, »Arisierung« in Hamburg (1997), S. 320 ff.

434 So Strauss, Abgrund (1997), S. 138.

435 Auch die Bevölkerung der besetzten Länder sollte durch die »Arisierung« an die nationalsozialistische Herrschaft gebunden werden. So hieß es in einem Bericht über die »Entjudung der französischen Wirtschaft« u. a.: »Die zahlreichen Erwerber jüdischer Unternehmen sind wirtschaftlich an den deutschen Erfolgen beteiligt und damit innerlich auf die deutsche Seite gezogen worden.« Zit. einem Bericht der Abt. Wirtschaft Wi 1/1 des Militärbefehlshabers in Frankreich, BA-MA Freiburg, RW 35/255, S. 33.

436 Friedländer, Das Dritte Reich und die Juden (1998), S. 101 ff.

437 Plaut, Max: Aufzeichnungen über die Zeit nach 1939, S. 8, Archiv des Instituts für die Geschichte der deutschen Juden, 14.001.01.

[438] Plaut, Max, Die jüdische Gemeinde in Hamburg 1933–1945. Abschrift eines Tonbandinterviews, geführt von Christel Riecke 1973, S. 4., ebenda, 14.001.2. Vgl. auch Bajohr, »... protzten plötzlich mit einer neuen Wohnungseinrichtung« (1998), S. 565–571.
[439] Zu Schallert siehe Meyer, »Jüdische Mischlinge« (1999), S. 62–67.
[440] Ebd., S. 67.
[441] Schreiben der Norddeutschen Bank an den Hamburger Oberfinanzpräsidenten vom 26. 6. 1950, StAHH, Oberfinanzpräsident, 47 UA 13.
[442] Zit. aus »Erinnerungen des Prüfungsgebietes VI 6 aus dem letzten Jahre, die sich gegen Eigennutz, Verschwendung usw. richten«, BA Berlin, R 2301/2073/2, Bl. 99.
[443] Vgl. Meyer, Unternehmen Sieben (1993), S. 377 f.; Hilberg, Vernichtung (1990), S. 484. Der Rechnungshof berichtete, daß »zahlreiche Angehörige der Dienststelle mit schweren Strafen belegt« worden seien. BA Berlin, R 2301/2073/2, Bl. 99.
[444] Zum folgenden siehe BA Berlin, R 2301/2072/2, Bl. 99–101.
[445] Ebd., Bl. 101.
[446] Vgl. Harrison, »Alter Kämpfer« im Widerstand (1997), S. 385–422, bes. S. 406–409.
[447] Vgl. Reichmann, Deutscher Bürger und verfolgter Jude (1998), S. 103 f.
[448] Der Prozeß gegen die Hauptkriegsverbrecher (1947–1949), Bd. XXVIII, Dok. 1759–PS, S. 234–254, Affidavit von Raymond H. Geist vom 28. 8. 1945, zu Helldorff S. 251; Eidesstattliche Versicherung des Notars Dr. Georg Staege vom 30. 10. 1948 (Privatbesitz); Moritz Garbaty mußte am 19. 11. 1938 500 000 RM und am 9. 2. 1939 300 000 RM, Eugen Garbaty am 19. 11. 1938 350 000 RM an Helldorff zahlen.
[449] Vgl. den Lebensbericht von Ludwig Meyer, »Vom Pogrom zur Auswanderung 1938/39«, S. 9, Archiv der Stiftung Neue Synagoge–Centrum Judaicum in Berlin.
[450] Vgl. das Urteil der 3. Strafkammer des Landgerichts München I vom 11. Juli 1950 gegen Hans Wegner, Ludwig Schrott und Franz Mugler wegen räuberischer Erpressung, Archiv IfZ, Gm 07.94/8, Bd. 2.
[451] Vgl. Dean, Enteignung (2000), S. 201–218.
[452] Siehe Hilberg, Vernichtung der europäischen Juden (1990), S. 378 ff.; Musial, Zivilverwaltung (1999), S. 192; Dean, Enteignung (2000), S. 201–218; Chiari, Alltag (1998), S. 114 ff., 261. Zu Plünderungen von Wehrmachtssoldaten in den Häusern von Juden siehe u. a. Tec, Leben (1998), S. 194 f.; Reich-Ranicki, Mein Leben (1999), S. 181 f.
[453] Zit. nach Hilberg, Vernichtung der europäischen Juden (1990), S. 383.

[454] Gerlach, Kalkulierte Morde (1999), S. 678 f.

[455] Vermerk vom 22. 9. 1943 betr. Erika Strauss, BA Dahlwitz Hoppegarten, R 92/320.

[456] Gerlach, Kalkulierte Morde (1999), S. 679 f.

[457] »Erinnerungen des Prüfungsgebiets VI 6 aus dem letzten Jahre, die sich gegen Eigennutz, Verschwendung usw. richten«, BA Berlin, R 2301/2073/2, Bl. 86 f.

[458] Gerlach, Kalkulierte Morde (1999), S. 681.

[459] Vgl. Trunk, Judenrat (1972), S. 394–400.

[460] Siehe ebd., S. 400. Auch Marcel Reich-Ranicki erwähnt in seinen Lebenserinnerungen, daß manche jüdischen Schmuggler aus dem Warschauer Ghetto von ihren deutschen Geschäftspartnern als unbequeme Zeugen liquidiert worden seien. Reich-Ranicki, Mein Leben (1999), S. 211.

[461] Trunk, Judenrat (1972), S. 400.

[462] Vermerk des Präsidenten des Rechnungshofes betr. Untreue durch Bildung schwarzer Fonds vom 23. 3. 1945, BA Berlin, R 2301/2073/9, Bl. 14 f.

[463] »Erinnerungen des Prüfungsgebiets VI 6 aus dem letzten Jahre, die sich gegen Eigennutz, Verschwendung usw. richten«, BA Berlin, R 2301/2073/2, Bl. 82 ff.

[464] Ebd., Bl. 87.

[465] Ebd., Bl. 569 ff.

[466] Ebd., Bl. 573.

[467] BA Berlin, R 2301/5993, Bl. 11–20.

[468] Schenk, Hitlers Mann (2000), S. 187 f.

[469] Die Tagebücher von Joseph Goebbels (1998), Teil I, Bd. 8, S. 146, Eintragung vom 31. 5. 1940.

[470] BA Berlin, R 2301/2073/2, Bl. 401.

[471] BA Berlin, R 2301/2073/3, Bl. 34.

[472] BA Berlin, R 2301/2073/2, Bl. 420.

[473] BA Berlin, R 2301/2073/3, Bl. 17.

[474] »Verwertung sichergestellter Waren in Belgrad«, BA Berlin, R 2301/2073/2, Bl. 406 ff.

[475] Ebd., Bl. 409. Namentlich genannt wurden Güterdirektor Schwarzenbrunner und Militärverwaltungsoberrat Dürrigl.

[476] Ebd., Bl. 408.

[477] Zum folgenden siehe den Bericht des Prüfungsgebiets IV 6 an den Präsidenten des Rechnungshofes vom 6. 10. 1944, BA Berlin, R 2301/2073/2, Bl. 46–51, hier Bl. 50 f.

[478] Zit. nach ebd., Bl. 51.

[479] Ebd., Bl. 423 f.

[480] von Schirach, Preis der Herrlichkeit (1975), S. 214.

[481] Zu Unterschlagungen und Erpressungen von Treuhändern siehe den Bericht des HSSPF im Generalgouvernement, SS-Obergruppenführer Krüger, über die »Verhältnisse im Generalgouvernement unter Berücksichtigung nachstehender Punkte«, BA Berlin, NS 19/2664, Bl. 70 ff.

[482] Fernschreiben SS-Obergruppenführer Pohl »wegen Maschinen und Materialien in den Judenghettos« an Reichsführer SS vom 2. 12. 1942, ebd., NS 19/1612.

[483] Archiv IfZ, NO-2190, Aktenvermerk vom 26. 5. 1943 betr. Kapitalerhöhung der Tochtergesellschaften der DWB aus Mitteln des Reinhardt-Fonds; ebd., NO-554, Schreiben der Deutschen Wirtschaftsbetriebe an SS-Gruppenführer Frank vom 7. 6. 1943 betr. Darlehen aus dem Reinhardt-Fonds; zu Krediten aus beschlagnahmtem jüdischen Vermögen an die 1943 gegründete Ostindustrie GmbH (Osti) siehe Naasner, Machtzentren (1994), S. 420.

[484] Vgl. u. a. Notiz Wolff vom 17. 11. 1941, der künftige Chef des SS-Personalhauptamtes von Herff solle ein »Juden-Objekt« als Dienstwohnung erhalten, BA Berlin, NS 19/803, Bl. 34.

[485] Der Chef des SS-Wirtschaftsverwaltungshauptamtes an den Reichsführer SS vom 29. 11. 1944 betr. Uhrenverteilung an Angehörige der Waffen-SS, ebd., NS 19/1918, Bl. 39–42; ebd., 1612, Bl. 1, Schreiben des Höheren SS- und Polizeiführers beim Reichsstatthalter in Posen an den Persönlichen Stab Reichsführer SS vom 28. 8. 1942.

[486] Archiv IfZ, NO-2558, Schreiben des Reichsführers SS an den Chef des Rasse- und Siedlungshauptamtes vom 28. 10. 1942.

[487] Anweisung des Reichsführers SS an SS-Obergruppenführer Pohl und SS-Obergruppenführer Lorenz, BA Berlin, NS 19/1801, Bl. 4; ebd., NS 19/225, Bl. 18, »Aufstellung über die von den Lagern Lublin und Auschwitz auf Anordnung des SS-Wirtschafts-Verwaltungshauptamts abgelieferten Mengen an Textil-Altmaterial«.

[488] Schreiben SS-Gruppenführer Frank an Reichsführer SS vom 13. 5. 1943 betr. »Verwertung des jüdischen Hehler- und Diebesguts«, ebd., NS 19/1918, Bl. 1 f.

[489] Vgl. Banken, Edelmetallsektor (1999), S. 146 f.

[490] Dreßen, Betrifft: »Aktion 3« (1998); Bajohr, »Arisierung« in Hamburg (1997), S. 331–338.

[491] Seydelmann, Gefährdete Balance (1996), S. 105 f.

[492] Bopf, Zur »Arisierung« und den Versuchen der »Wiedergutmachung« in Köln (1994), S. 178, 191.

[493] Becker, Gewalt und Gedächtnis (1994), S. 77–140.
[494] Zit. nach Die Tagebücher von Joseph Goebbels (1993), Teil II, Bd. 7, S. 454, Eintragung vom 2. März 1943. Bereits im Juni 1941 hatte Goebbels diese Haltung mit den Worten zum Ausdruck gebracht: »Wir haben sowieso soviel auf dem Kerbholz, daß wir siegen müssen.« Zit. nach ebd., Teil I, Bd. 9 (1998), S. 379, Eintragung vom 16. 6. 1941.
[495] Zur Stimmung der deutschen Bevölkerung siehe Henke, Die amerikanische Besetzung Deutschlands (1995).
[496] Zit. nach Aufzeichnungen von Edgar Eichholz (1944/45), Privatbesitz, Bl. 43. In ähnlicher Weise äußerte sich Ende 1944 ein junger Geschäftsmann gegenüber dem amerikanischen Offizier Saul K. Padover: »Mindestens achtzig Prozent der Deutschen haben gegen die Juden gesündigt, nicht aus Überzeugung, sondern aus Eigennutz, der schlimmsten Sünde. Jetzt plagt sie das Gewissen, und sie haben Angst.« Zit. nach Padover, Lügendetektor (1999), S. 55.
[497] Hilberg, Vernichtung (1990), S. 60. Gleichzeitig führt Hilberg eine Fülle von Beispielen für Korruption im Rahmen des Holocaust an.
[498] Adler, Der verwaltete Mensch (1974); Bauman, Dialektik der Ordnung (1992).
[499] So erwähnt Hilberg, Vernichtung (1990), S. 664, die Flucht Hunderter von Juden aus französischen Internierungslagern, die durch Bestechung des Lagerpersonals möglich wurde.
[500] Dieser Aspekt prägte teilweise die Korruption um die jüdischen Ghettos und die Strategie der »Judenräte«. Siehe oben in diesem Kapitel.
[501] Zum Konstrukt der »Anständigkeit« siehe auch die Ausführungen zum Thema Lagersystem und Korruption in Kap. 2. Zum »Anstands«-Begriff Himmlers siehe dessen bekannte Rede vom 4. 10. 1943 auf der SS-Gruppenführertagung in Posen, Der Prozeß gegen die Hauptkriegsverbrecher (1947–1949), Bd. XXIX, Dokument 1919–PS, S. 145.
[502] Felfe, Der Mord an Vera »Sara« Korn (1992), S. 153–173.
[503] Zit. nach »Aus der Schlußansprache des Reichsführers SS auf der Königsberger Tagung vom Januar 1944«, BA Berlin, R 58/1115, Bl. 47. In ähnlicher Weise hatte sich Hitler bereits am 17. 10. 1941 geäußert: »Ausschaltung der Juden bleibt erste Voraussetzung. Anders kann man einen korrupten Staat nicht wieder frei kriegen.« Zit. nach Hitler, Monologe (1980), S. 90.
[504] Zit. nach Felfe, Der Mord an Vera »Sara« Korn (1992), S. 173.
[505] Morgen, Der Korruptionsverbrecher (1943), S. 117.
[506] Malinowski, Politische Skandale (1996); Angermund, Korruption im Nationalsozialismus (1995), S. 374 f.

[507] Krug, Korruption (1933).
[508] Fladhammer/Wildt (Hrsg.), Max Brauer (1994), bes. S. 24–27; Görgen, Düsseldorf (1969), S. 49 ff.
[509] Zit. nach Paul Lindemann, Stadt der Bürger – Stadt des Volkes. Hamburgs Weg seit der Jahrhundertwende (unveröff. Ms.), S. 250, in: StAHH, Familie Lindemann, 31.
[510] Vgl. Ludwig, Korruption und Nationalsozialismus in Berlin (1998), S. 192 ff.
[511] Rundschreiben zit. nach StaHH, Senatskanzlei-Präsidialabteilung, 1933 A 61.
[512] Ludwig, Korruption und Nationalsozialismus in Berlin (1998), S. 339 ff.
[513] Der »Verein gegen das Bestechungsunwesen« mußte sich 1935 in »Verein gegen Bestechung« umbenennen und wurde 1943 aufgelöst. Vgl. ebd., S. 360.
[514] Die Nazikorruption in Hamburg (1946), S. 12 f.
[515] Zum folgenden siehe Ludwig, Korruption und Nationalsozialismus in Berlin (1998), S. 200 ff.
[516] Zit. nach ebd., S. 211.
[517] Ebd., S. 308 f.
[518] Ebd., S. 218.
[519] Zu diesem und anderen Beispielen siehe die Meldungen in den Deutschland-Berichten der SOPADE, Jg. 1936, S. 220.
[520] Vgl. Mommsen, Nationalsozialismus (1971); ders., Auflösung des normativen Staatsgefüges (1989); Rebentisch, Führerstaat (1989).
[521] Buchheim hat diesen Prozeß am Beispiel der »Volksdeutschen Mittelstelle« anschaulich nachgezeichnet, die 1935 zunächst als Parteiinstitution gegründet worden war, 1938 Hitler persönlich unterstellt wurde und ab 1939 in den Verantwortungsbereich des Reichskommissars für die Festigung deutschen Volkstums – und damit einer staatlichen Dienststelle – überwechselte, zudem zu einem Hauptamt der SS erhoben wurde. Vgl. Buchheim, SS (1965), S. 229 ff.
[522] Am Beispiel der Finanzverwaltung bzw. den Devisenstellen bei den Oberfinanzdirektionen dargestellt bei Bajohr, »Arisierung« in Hamburg (1997), S. 208 ff.
[523] Zur Stellung der Justiz bei der Verfolgung von Korruption siehe das folgende Unterkapitel.
[524] Zum folgenden siehe Weinert, Sauberkeit der Verwaltung (1993); vgl. auch Gilles, Hauptsache sparsam (1994).
[525] Weinert, Sauberkeit der Verwaltung (1993), S. 25.

[526] Lükemann, Reichsschatzmeister (1963), S. 170 ff.
[527] Siehe oben, Kap. 1.
[528] Weinert, Sauberkeit der Verwaltung (1993), S. 87 f.
[529] BA Berlin, R 2301, 2073/3, Bl. 7, 34, 37.
[530] Zit. nach Weinert, Sauberkeit der Verwaltung (1993), S. 24.
[531] Schreiben Langes an Reichsstatthalter Kaufmann vom 30. 8. 1935, StAHH, Senatskommission für den höheren Verwaltungsdienst, G 2c HV 1936 IV.
[532] Schreiben des Regierenden Bürgermeisters Krogmann an Lange vom 10. 2. 1936, ebd.
[533] Schnellbrief des Chefs der Sicherheitspolizei und des SD vom 12. 8. 1941, BA Berlin, R 58/261, Bl. 98–100.
[534] Vgl ebd.; Kiehne, Erfahrungen (1957), S. 181.
[535] Zum folgenden siehe Kiehne, Erfahrungen (1957), S. 181 ff.
[536] Schreiben Reichsminister Lammers an Todt vom 5. 6. 1939, BA Berlin, R 43 II/507, Bl. 35.
[537] Zur Zuständigkeit Kiehnes siehe das Rundschreiben des Amtschefs V des Reichssicherheitshauptamtes vom 4. 7. 1944, BA Berlin, R 58/ 240, Bl. 218 f.
[538] Kiehne, Erfahrungen (1957), S. 184. Die Aktenbestände der Reichszentrale sind vollständig vernichtet.
[539] Ebd.
[540] Zum folgenden siehe Urteil der Strafkammer des Landgerichts in Düsseldorf in der Strafsache Esch und andere, 16 KLs 18/37, BA Berlin, R 22/3354; Hüttenberger, Düsseldorf, Bd. 3 (1989), S. 516–527.
[541] Zit. nach Urteil des Landgerichts Düsseldorf, S. 131.
[542] Ebd., S. 83 ff.
[543] Ebd., S. 75.
[544] Ebd., S. 130.
[545] Zit. nach ebd., S. 131.
[546] Vgl. dazu Hüttenberger, Düsseldorf, Bd. 3 (1989), S. 521 ff.
[547] Schreiben des Reichsschatzmeisters an den Leiter der Partei-Kanzlei vom 20. 4. 1942, BA Berlin, NS 19/2744, Bl. 6–9.
[548] Vgl. Schreiben von Schwarz an Bormann vom 20. 4. 1942, BA Berlin, NS 19/2744, Bl. 6 ff., in dem Schwarz ausdrücklich versichert, daß es in keinem einzigen der 10 887 Fälle zu einer Beschlagnahmung von Kassenbüchern und Belegen der NSDAP gekommen war.
[549] Zit. nach BA Berlin, R 22/930, Bl. 180.
[550] Bericht der Staatspolizeistelle Harburg-Wilhelmsburg vom 8. 4. 1934, GStA Berlin-Dahlem, Rep. 90 P, Lageberichte, 3.3, Bl. 11.

551 Bericht der Staatspolizeistelle Breslau vom 15.11.1934, ebd., 11.1, Bl. 81.

552 Vgl. den Fall des DAF-Verwaltungsleiters Stabenow in Müncheberg, der 1934 u.a. Einnahmen aus dem Verkauf von Beitragsmarken unterschlagen hatte. Nachdem sich Stabenows Vater zur Rückzahlung verpflichtet hatte, zog die DAF-Gauleitung Kurmark den Strafantrag wieder zurück und forderte die zuständige Staatsanwaltschaft auf, »das Verfahren gegen Stabenow einzustellen«. Schreiben der DAF, Gau Kurmark, an den Oberstaatsanwalt beim Landgericht Frankfurt (Oder) vom 7.12.1934, BLHA, Pr. Br., Rep. 12B, Staatsanwaltschaft beim Landgericht Frankfurt (Oder), 324.

553 Vgl. Bericht der Staatspolizeistelle Bielefeld vom 4.5.1934, GStA Berlin-Dahlem, Rep. 90 P, Lageberichte, 14.2, Bl. 81; Deutschland-Berichte der SOPADE, Jg. 1935, S. 492, Jg. 1936, S. 224.

554 Bericht der Staatspolizeistelle Köln vom 1.8.1934, GStA Berlin-Dahlem, Rep. 90 P, Lageberichte, 9.8, Bl. 39.

555 Zur Entstehung und zum Quellenwert des Diensttagebuches siehe Loeffler, Diensttagebuch (1997).

556 Zit. nach BA Berlin, R 22/929, Bl. 150.

557 Zit. nach ebd., R 22/1056, Bl. 144.

558 Hamburger Tageblatt, 1.6.1935. Dabei scheint es sich um keinen Einzelfall gehandelt zu haben. So wurde der Sonderbeauftragte der Obersten SA-Führung beim Landrat in Bitterfeld, der sich wegen finanzieller Verfehlungen erschossen hatte, in allen Ehren und mit großer Beteiligung von SA- und SS-Formationen beigesetzt. Bericht der Stapostelle Halle vom 7.8.1934, GStA Berlin-Dahlem, Rep. 90 P, Lageberichte, 10.2, Bl. 4.

559 Alle Zitate nach BA Berlin, R 22/603, Bl. 74 ff.

560 Ebd., R 22/721, Bl. 107 f.

561 Ebd., Bl. 175 f.

562 Zum folgenden siehe Schreiben des Reichsoberrevisors Ried an NSDAP-Reichsschatzmeister Schwarz vom 14.3.1939, Archiv IfZ, Fa-74, Bl. 37 f.

563 Zit. nach ebd.

564 Schreiben des Oberstaatsanwalts Köln durch den Generalstaatsanwalt an den Reichsminister der Justiz vom 15.6.1935, GStA Berlin-Dahlem, Rep. 90 P, Nr. 99, Heft 1, Bl. 7.

565 Schreiben Heydrichs an den Preußischen Ministerpräsidenten – Chef der Geheimen Staatspolizei – vom 18.2.1936, ebd., Bl. 10.

566 Zit. nach BA Berlin, R 22/1089, Bl. 55.

[567] Schreiben von Reichsminister a. D. Kurt Schmitt an Bürgermeister Krogmann vom 23. 1. 1936, StAHH, Senatskommission für den höheren Verwaltungsdienst, G 1c 1935 La III/14.

[568] Vertrauliche Mitteilung des Hamburger Gesandten in Berlin, Peter Ernst Eiffe, an Bürgermeister Krogmann vom 18. 8. 1936, ebd.

[569] RGBl. 1934, Teil I, S. 769 f.

[570] Richard Drauz war weit über die Grenzen Heilbronns durch seine Gewalttätigkeit bekannt. Nachdem er u. a. die Ermordung eines amerikanischen Piloten und mehrerer Zivilisten bei Kriegsende verantwortet hatte, wurde Drauz von einem amerikanischen Militärgericht zum Tode verurteilt und im Dezember 1946 hingerichtet. Vgl. Schlösser, Richard Drauz (1997), S. 143–159, die allerdings das Ermittlungsverfahren gegen Drauz nicht erwähnt.

[571] Zur Einflußnahme des StdF hinter den Kulissen siehe BA Berlin, R 22/1059, Bl. 57 f.; R 22/1059, Bl. 49; R 22/929, Bl. 124.

[572] Zum Fall Behr siehe ebd., R 22/1088, Bl. 108–113.

[573] Zit. nach ebd., Bl. 110.

[574] Zu diesem Fall siehe ebd., R 22/1059, Bl. 127.

[575] McKale, Nazi Party Courts (1974), bes. S. 126 f., 176.

[576] Ebd., S. 121.

[577] Am Beispiel des Parteigerichtsverfahrens gegen den württembergischen Unternehmer und SS-Obersturmbannführer Fritz Kiehn haben Hartmut Berghoff und Cornelia Rauh-Kühne die Funktionalisierung der NSDAP-Parteigerichtsbarkeit eindrucksvoll herausgearbeitet. Vgl. Berghoff/Rauh-Kühne, Fritz K. (2000), S. 102–118.

[578] Vgl. z. B. ebd., R 22/929, Bl. 164 f.

[579] Vgl. Weckbecker, Freispruch (1998), S. 700 f.; Schenk, Hitlers Mann (2000), S. 194.

[580] Vgl. z. B. Lagebericht der Staatspolizeistelle Breslau für Juli 1935, GStA Berlin-Dahlem, Rep. 90 P, Lageberichte, 11.2, Bl. 124.

[581] Vgl. Schreiben des Obersten Richters der NSDAP an Reichsführer SS vom 14. 10. 1941; Schreiben Hauptamt SS-Gericht an Reichsführer SS vom 21. 11. 1941; Schreiben des NSDAP-Reichsschatzmeisters an den Leiter der Partei-Kanzlei vom 20. 4. 1942, alle in: BA Berlin, NS 19/2744.

[582] McKale, Nazi Party Courts (1974), S. 178 ff.

[583] Zit. nach Hüttenberger, Gauleiter (1969), S. 124. Zum »Fall Wagner« und seinen Konsequenzen siehe auch Moll, Der Sturz alter Kämpfer (1992), S. 30–36.

[584] Vgl. Moll, Der Sturz alter Kämpfer (1992); zu Recht weist Moll dar-

auf hin, daß selbst Julius Streicher seine Stellung nicht wegen Korruption verlor, daß es »nicht das bloße Ausmaß an Korruption und erwiesener Amtsunfähigkeit war, das Streicher letzten Endes seine Stellung kostete, sondern ausschließlich die desintegrierenden, ja katastrophalen Auswirkungen auf die Stimmung in der Heimat und das Funktionieren des politischen Systems«. Zit. ebd., S. 25.

585 Zit. siehe Hitler, Monologe (1980), S. 200.

586 Akten der Partei-Kanzlei, Teil I, Bl. 10104617 ff.

587 Rundschreiben Nr. 124/42 der Partei-Kanzlei vom 20. 8. 1942, ebd., Bl. 10105445 f.

588 Vgl. Rundschreiben 152/42 der Partei-Kanzlei vom 30. 9. 1942, BA Berlin, R 58/261, Bl. 139.

589 Schreiben des NSDAP-Fraktionsführers Frick an den Leiter der Partei-Kanzlei vom 10. 11. 1942, Akten der Partei-Kanzlei, Teil I, Bl. 10105451 ff.

590 Siehe Erich Bandekow, Über steuerliche Korruptionsfälle von Reichsministern, Reichsleitern usw. (1948), BA Koblenz, Kleine Erwerbungen, 544, S. 3 f.

591 Zur SS- und Polizeigerichtsbarkeit siehe den instruktiven Überblick bei Scheffler, Praxis (1973); Erlaß des Reichsführers SS und Chefs der Deutschen Polizei zur Verordnung über eine Sondergerichtsbarkeit in Strafsachen für Angehörige der SS und für die Angehörigen der Polizeiverbände in besonderem Einsatz vom 1. 11. 1939, BA Berlin, NS 7/2, Bl. 107 f.

592 Zit. aus der »Schlußansprache des Reichsführers SS auf der Königsberger Tagung vom Januar 1944«, BA Berlin, R 58/1115, Bl. 47.

593 Rundschreiben des Hauptamtes SS-Gericht betr. Beurteilung und Bekämpfung von Diebstahlsfällen in der SS und Polizei vom 15. 9. 1942, basierend auf Äußerungen des Reichsführers SS, ebd., NS 7/5, Bl. 144 f.

594 Schreiben des SS-Richters beim Reichsführer SS und Chef der Deutschen Polizei an das Hauptamt SS-Gericht vom 3. 11. 1943, ebd., NS 7/270, Bl. 1.

595 Siehe Informationen über rechtskräftige Entscheidungen der SS- und Polizeigerichte in Verfahren gegen Angehörige der Sipo und des SD sowie daraus folgende Entscheidungen in behördenmäßig-dienstrafrechtlicher Hinsicht, ebd., R 58/762, Bl. 1–59.

596 Zahlen nach Scheffler, Praxis (1973), S. 232.

597 BA Berlin, NS 7/205, Bl. 1.

598 Schreiben von SS-Oberführer Kranefuß an den persönlichen Stab des Reichsführers SS vom 2. 6. 1942, ebd., NS 19/1363, Bl. 2; Schreiben

Kranefuß an Karl Wolff vom 1. 7. 1941, ebd., NS 19/2227, Bl. 12 f.

599 Schreiben des Reichsführers SS an Pohl und Kaltenbrunner vom 16. 12. 1942, ebd., NS 19/2035, Bl. 1–4.

600 Vgl. Lotfi, KZ der Gestapo (2000), S. 166, 224, 386.

601 Schnellbrief des Chefs der Sicherheitspolizei und des SD vom 12. 8. 1941, BA Berlin, R 58/240, Bl. 143.

602 Zur Stimmung der Bevölkerung siehe Kap. 5.

603 Vgl. Kundrus, Kriegerfrauen (1995).

604 So ein Angehöriger der Sicherheitspolizei und des SD in einem Vortrag über die »Bekämpfung der Korruption« (1944), BA Berlin, NS 6/350, Bl. 75.

605 Der Begriff »Novembersyndrom« geht auf Timothy W. Mason zurück. Vgl. ders., Arbeiterklasse und Volksgemeinschaft (1975).

606 Schreiben Himmlers an Bormann vom 13. 7. 1942, BA Berlin, NS 19/2473, Bl. 2.

607 Schreiben des Reichsführers SS – Persönlicher Stab – an den Chef des SS-Wirtschafts-Verwaltungshauptamtes vom 4. 11. 1943, ebd., NS 19/3381, Bl. 7.

608 Erlaß Hitlers über die Lebenshaltung führender Persönlichkeiten vom 21. März 1942, abgedruckt in Moll, »Führer-Erlasse« (1997), S. 243.

609 Boberach (Hrsg.), Meldungen (1984), S. 3673 f.

610 Zit. nach Die Tagebücher von Joseph Goebbels, Teil II, Bd. 3 (1994), Eintragungen vom 30. 3. und 31. 3. 1942, S. 582 f., 587; Bd.4 (1998), Eintragungen vom 1. 4., 2. 4. und 28. 4. 1942, S. 33, 41, 191 f.

611 Zu diesen und den folgenden Angaben siehe Urteil des Sondergerichts Kiel vom 28. 8. 1942, Schleswig-Holsteinisches Landesarchiv (im folgenden: SHL) Schleswig, Abt. 358/5529, Bl. 32–128.

612 Ebd., 5527, Bl. 135–146, Aufstellung vom 3. 7. 1942.

613 Schreiben der Kriminalpolizeileitstelle Hamburg an das Reichskriminalpolizeiamt in Berlin vom 3. 6. 1942, ebd., 5526, Bl. 51.

614 Ebd., 5527, Bl. 135–146.

615 Aktenvermerk der Kriminalpolizeileitstelle Hamburg vom 16. 7. 1942 betr. »Einflußnahme auf die Bearbeitung des vorliegenden Falles«, ebd., 5528, Bl. 68.

616 Zit. nach ebd.

617 Zit. nach Fernschreiben des SS-Sturmbannführers Beyer an den Reichsführer SS vom 27. 6. 1942, BA Berlin, NS 19/2428, Bl. 2.

618 Zit. nach ebd., Bl. 3.

619 Fernschreiben Himmlers an SS-Sturmbannführer Beyer vom 30. 6. 1942, ebd., Bl. 5.

620 § 4 der VolksschädlingsVO vom 5.9.1939 (RGBl. I, S. 1679) lautete: »Wer vorsätzlich unter Ausnutzung der durch den Kriegszustand verursachten außergewöhnlichen Verhältnisse eine sonstige Straftat begeht, wird unter Überschreitung des regelmäßigen Strafrahmens mit Zuchthaus bis zu 15 Jahren, mit lebenslangem Zuchthaus oder mit dem Tode bestraft, wenn dies das gesunde Volksempfinden wegen der besonderen Verwerflichkeit der Straftat erfordert.«

621 SHL Schleswig, Abt. 358/5529, Bl. 32–128.

622 Schreiben des Generalstaatsanwalts Kiel an den Reichsjustizminister vom 2.10.1942, Bundesarchiv Berlin, R 22/5012, Bl. 23 f.

623 Ebd.

624 Reichsminister der Justiz an Oberbefehlsleiter Hilgenfeldt vom 19.10.1942, ebd., Bl. 27.

625 Schreiben des Reichsministers der Justiz an Hitler (September 1942), ebd., Bl. 3–13.

626 Mitteilung des Reichsministers der Justiz an NSDAP-Reichsschatzmeister Schwarz vom 30.11.1942, ebd., Bl. 31.

627 SHL Schleswig, Abt. 358/5530, Bl. 86.

628 Reichsminister der Justiz an Oberbefehlsleiter Hilgenfeldt vom 19.10.1942, BA Berlin, R 22/5012, Bl. 27.

629 Entwurf einer Pressenotiz, ebd., Bl. 32.

630 Zum Fall Schöner siehe BA Berlin, R 22/4331, Bl. 28; Schreiben Tiessler an Friedrichs/Partei-Kanzlei vom 18.6.1942, ebd., NS 18/515.

631 Ebd., R 22/4331, Bl. 28.

632 Schreiben des Hauptamtes Reichsring der Reichspropagandaleitung an den Reichspropagandaleiter vom 10.2.1943, ebd., NS 18/557, Bl. 27 f.

633 Der Fall Nöthling ist ausführlich dokumentiert bei Gruchmann, Korruption (1994); vgl. auch BA Berlin, R 22/5005.

634 Bericht des Polizeipräsidenten von Helldorff an Goebbels vom 15.3.1943, BA Berlin, R 22/5005, Bl. 41 ff.

635 Vermerk betr. Fa. August Nöthling, ebd., Bl. 64–68.

636 Zit. nach Die Tagebücher von Joseph Goebbels, Teil II, Bd. 7 (1993), S. 572 (Eintragung vom 17.3.1943).

637 Siehe Gruchmann, Korruption (1994), S. 580.

638 Ebd., S. 582.

639 Ebd., S. 583–590.

640 Zum folgenden siehe das Urteil des Sondergerichts III des Berliner Landgerichts vom 16.12.1942, Landesarchiv (im folgenden LA) Berlin, A Rep. 358–02, Nr. 84623, Bl. 133 ff.

[641] Ebd., Bl. 4, 38, 132.
[642] Vermerk vom 10.9.1942, ebd., Handakte der Staatsanwaltschaft, Bl. 14.
[643] Urteil des Sondergerichts III des Berliner Landgerichts vom 16.12.1942, ebd., Bl. 133 ff.
[644] Ebd. Nach Kriegsende wurde Mahlmeisters Reststrafe erlassen und das erteilte Berufsverbot aufgehoben, nachdem ihn der Magistrat der Stadt Berlin im Sommer 1945 mit der Einkleidung von 1700 Angehörigen der Roten Armee beauftragt hatte, ebd. Bescheinigung vom 29.8.1945.
[645] Anweisung Hitlers vom 12.6.1944 zur Bekämpfung der Korruption, BA-MA Freiburg, RW 19/3141, Bl. 21; Mitteilungen des Generalrichters a.D. Dr. Rosencrantz an das Institut für Zeitgeschichte vom 20.1.1954, Archiv IfZ, ZS/541.
[646] Vgl. Mommsen, Erlaß (1968).
[647] Bericht der Stapostelle Köln vom 3.9.1935, GStA Berlin-Dahlem, Rep. 90 P, Lageberichte, 9.9, Bl. 53.
[648] Bericht der Staatspolizeistelle Berlin für Juni 1935, ebd., 2.2, Bl. 1.
[649] Ebd., 2.1, Bl. 111.
[650] Bericht der Staatspolizeistelle Harburg-Wilhelmsburg vom 8.4.1934, ebd., 3.3, Bl. 10.
[651] Bericht der Staatspolizeistelle Berlin für August 1935, ebd., 2.1, Bl. 110.
[652] Bericht der Staatspolizeistelle Köln vom 10.12.1935, ebd., 9.9, Bl. 79.
[653] Bericht des Oberpräsidenten der Provinz Sachsen an den Preußischen Ministerpräsidenten vom 10.5.1935, ebd., 10.3, Bl. 91.
[654] Deutschland-Berichte der SOPADE, Jg. 1936, S. 221 f.
[655] Ebd., Jg. 1935, S. 491.
[656] Vossische Zeitung, 12.12.1933, »Um Lubers Erbhof«.
[657] Schreiben des Bayerischen Ministerpräsidenten an das Oberste Parteigericht der NSDAP vom 20.2.1935, Bayerisches Hauptstaatsarchiv, Reichsstatthalter in Bayern, 786.
[658] So der Bayerische Ministerpräsident Siebert in einem Brief an Reichsstatthalter Ritter von Epp vom 9.2.1935, ebd.
[659] Zit. nach Lagebericht der Staatspolizeistelle Düsseldorf vom 5.8.1934 und Lagebericht der Staatspolizeistelle Bielefeld vom 4.10.1934, GStA Berlin Dahlem, Rep. 90 P, Lageberichte, 9.1, Bl. 42; ebd., 14.2, Bl. 33 f.
[660] Bericht der Staatspolizeistelle Bielefeld vom 4.8.1935, ebd., 14.2, Bl. 159.

[661] Bericht der Staatspolizeistelle Harburg-Wilhelmsburg vom 8.4. 1934, ebd., 3.3, Bl. 7. Auch die Staatspolizeistelle Berlin berichtete im November 1935, daß sich die Korruption »auf die Gebefreudigkeit sowohl in bezug auf die Organisationsbeiträge als auch in bezug auf das WHW sehr ungünstig« auswirke. Ebd., 2.1, Bl. 49.

[662] BA Berlin, R 22/1089, Bl. 111.

[663] Bericht der Staatspolizeistelle Hannover vom 3. August 1935, GStA Berlin-Dahlem, Rep. 90 P, Lageberichte, 3.2, Bl. 93.

[664] BA Berlin, R 22/945, Bl. 78.

[665] GStA Berlin-Dahlem, Rep. 90 P, Lageberichte, 2.2, Bl. 104. Die Staatspolizeistelle Breslau vermerkte in einem Lagebericht vom 5. Mai 1935: »Die schlichte Lebenshaltung des Führers, seine klaren, sachlichen und kraftvollen Worte, welche von dem Wortschwall anderer wohltuend abstechen, lassen bei Mißständen die Meinung dahingehend zusammenfassen ›wenn das der Führer wüßte‹.« Ebd., 11.1, Bl. 176.

[666] Zit. nach einem Bericht der Staatspolizeistelle Hannover vom 4. September 1935, ebd., 3.2, Bl. 103.

[667] Zit. nach BA Berlin, R 58/3725, Bl. 173.

[668] Deutschland-Berichte der SOPADE, Jg. 1937, S. 1599.

[669] Haffner, Germany: Jekyll & Hyde (1996), S. 45.

[670] Boberach (Hrsg.), Meldungen aus dem Reich (1984), Bd. 10, S. 3543, 3614.

[671] Zu beiden Fällen siehe Kapitel 4.

[672] BA Berlin, R 22/5005, Bl. 67.

[673] Bericht des SD über »Stimmungsmäßige Auswirkungen der Strafrechtspflege. Zweierlei Maß« (1944), BA Berlin, R 55/620, Bl. 93.

[674] Ebd., Bl. 97.

[675] Ebd. Der Bericht wurde am 17. 9. 1944 Staatssekretär Naumann vom Reichspropagandaministerium sowie den Staatssekretären Dr. Klopfer (Partei-Kanzlei) und Klemm (Reichsjustizministerium) zugesandt.

[676] Schreiben von Herff an den Leiter der NSDAP-Ortsgruppe Moltke vom 10. 4. 1943, Archiv IfZ, ED-89.

[677] Schreiben des NSDAP-Kreisleiters Wachholz an SS-Gruppenführer von Herff vom 11. 5. 1943, ebd.

[678] Ebd.

[679] »Vorlage an Pg. Friedrichs« vom 12. 4. 1944, BA Berlin, NS 30/51. Zur Person Heims, der 1941/42 als Adjutant Bormanns die Monologe Hitlers im Führerhauptquartier protokollierte, siehe Hitler, Monologe (1980), S. 11 f.

[680] Zit. nach ebd.

[681] Sonderbericht Kaltenbrunners an Bormann vom 16.10.1944, BA Berlin, NS 6/14, Bl. 66, Zitat Bl. 87.

[682] Vgl. Krebs, Fritz-Dietlof Graf von der Schulenburg (1964), S. 87 ff.

[683] Dieses und das folgende Zitat in BA Berlin, NS 6/14, Bl. 88 und 90.

[684] Ob und in welchem Umfang die Korruption eine Abwendung der breiten Bevölkerung vom NS-Regime ermöglichte, einleitete oder beförderte, läßt sich beim gegenwärtigen Forschungsstand nicht hinreichend beantworten. Wenn in Meinungsumfragen bis in die 60er Jahre die Mehrheit der Bevölkerung den Nationalsozialismus als »gute Idee, die schlecht ausgeführt wurde« bezeichnete (Bergmann/Erb, Antisemitismus (1991), S. 252), dann sind Zweifel angebracht, daß partielle Kritik am Regime gewissermaßen automatisch eine vollständige Abwendung vom Nationalsozialismus zur Folge hatte. In solchen Meinungsäußerungen drückte sich ja nicht zuletzt die Unfähigkeit oder Unwilligkeit aus, die verbrecherischen Dimensionen der NS-Herrschaft – unter denen die Korruption sicher nicht die gravierendste war – als systemspezifisch zu begreifen.

[685] Grunberger, Social History (1971), S. 107.

[686] Zit. nach ebd., S. 106.

[687] Vgl. Arendt, Eichmann (1964), S. 17; Hilberg, Vernichtung (1990); Bauman, Dialektik (1992).

[688] Vgl. u.a. Wildt, Reichssicherheitshauptamt (1998); Pohl, Ermordung (1998).

[689] Bourdieu, Verborgene Mechanismen (1997), S. 49–79.

[690] Am Beispiel Fritz Kiehns ausführlich dargestellt bei Berghoff/Rauh-Kühne, Fritz K. (2000), S. 155 ff.

[691] Vgl. demgegenüber Prinz/Zitelmann, Nationalsozialismus und Modernisierung (1991).

Jahresbruttoeinkünfte

von Arbeitern, Angestellten, Beamten und Reichsministern[1]

Jahresdurchschnittsentgelt, Deutsches Reich	1 856 RM (1937)
Bergarbeiter, Rhein-Ruhr	2 155 RM (1937)
Braunkohlearbeiter, Westelbien	1 899 RM (1937)
Bautischler, Facharbeiter	2 001 RM (1937)
Bekleidungsgewerbe, gel. Arbeiterin	1 141 RM (1937)
Landarbeiter, verh., Baden	1 080 RM (1937)
kaufm. Angestellter, Einzelhandel, Breslau, Endgehalt	1 812 RM (1938)
Kanzleivorsteher, verh., Endgehalt, Ortsklasse B	3 402 RM (1938)
Studienrat, ledig, Anfangsgehalt, Ortsklasse B	4 404 RM (1938)
Reichsminister Alfred Rosenberg	243 563 RM (1943)
Reichsminister Albert Speer	211 933 RM (1943)
Reichsminister Joseph Goebbels	424 317 RM (1943)

[1] Quelle: Statistisches Jahrbuch für das Deutsche Reich, 57 (1938), S. 337 f., 350, 352, 354 f.; Sozialgesetzbuch, Sechstes Buch, Anlage 1; BA Koblenz, Kleine Erwerbungen, 544, Bl. 5, 9, 12.

Quellen

1. Bundesarchiv Berlin (BA Berlin)

NS 1 – Reichsschatzmeister der NSDAP
NS 6 – Partei-Kanzlei
NS 7 – SS- und Polizeigerichtsbarkeit
NS 10 – Persönliche Adjutantur des Führers und Reichskanzlers
NS 18 – Reichspropagandaleiter der NSDAP
NS 19 – Persönlicher Stab Reichsführer SS
NS 30 – Einsatzstab Reichsleiter Rosenberg
Bestand BDC
R 2 – Reichsfinanzministerium
R 5 – Reichsverkehrsministerium
R 22 – Reichsjustizministerium
R 43 II – Reichskanzlei
R 49 – Reichskommissar für die Festigung deutschen Volkstums
R 58 – Reichssicherheitshauptamt
R 87 – Reichskommissar für die Behandlung feindlichen Vermögens
R 148 – Reichsdienststrafhof
R 1501 – Reichsministerium des Innern
R 2301 – Rechnungshof des Deutschen Reiches

2. Bundesarchiv Dahlwitz-Hoppegarten (BA Dahlwitz-Hoppegarten)

R 92 – Generalkommissar Riga

3. Bundesarchiv-Militärarchiv Freiburg (BA-MA Freiburg)

RW 19 – OKW/Wehrwirtschafts- und Rüstungsamt
RW 35 – Militärbefehlshaber in Frankreich
RW 36 – Militärbefehlshaber in Belgien und Nordfrankreich

4. Bundesarchiv Koblenz (BA Koblenz)
Z 42 – Spruchgerichte in der Britischen Zone
Kleine Erwerbungen, Nr. 544

5. Geheimes Staatsarchiv, Berlin-Dahlem (GSTA)
Rep. 90 P – Geheimes Staatspolizeiamt

6. Landesarchiv Berlin (LA Berlin)
Rep. 358–02, Nr. 84623

7. Staatsarchiv Hamburg (StAHH)
121–3 II – Bürgerschaft II
131–4 – Senatskanzlei-Präsidialabteilung
131–6 – Staatsamt
131–8 – Senatskommission für den höheren Verwaltungsdienst
131–9 II – Senatskommission für die Angelegenheiten der Staatsarbeiter II
131–10 I – Senatskanzlei-Personalabteilung I
131–15 – Senatskanzlei-Personalakten
311–2 IV – Finanzdeputation IV
314–15 – Oberfinanzpräsident
351–10 I – Sozialbehörde I
614–2/5 – NSDAP
614–2/13 – Hamburger Stiftung von 1937
622–1 – Familie Lindemann
Strafakten der Land- und Amtsgerichte 1933–1945

8. Bayerisches Hauptstaatsarchiv München
Bestand Reichsstatthalter in Bayern

9. Brandenburgisches Landeshauptarchiv, Potsdam (BLHA)
Pr. Br. Rep. 12 B – Staatsanwaltschaft beim Landgericht Frankfurt (Oder)

10. Salzburger Landeshauptarchiv, Salzburg (SLA)
Bestand Reichsstatthalter in Salzburg

11. Schleswig-Holsteinisches Landesarchiv, Schleswig (SHL)
Abt. 358 – Sondergericht Schleswig-Holstein

12. Archiv des Instituts für Zeitgeschichte, München (IfZ)
ED-89, F-92, Fa-74, Fa 183/1, Fa- 529, Gm 07.94/8, Bd. 1 und 2, Gm 07.94/9, MA-331, MA-798, ZS/541, Nürnberger Dokumente

13. Archiv der Forschungsstelle für Zeitgeschichte, Hamburg
912, Bd. II – Material Krebs
93121 – Lageberichte SD

14. Archiv des Instituts für die Geschichte der deutschen Juden, Hamburg
14.001.1 und 2 – Lebenserinnerungen Max Plaut

15. Archiv der Stiftung Neue Synagoge – Centrum Judaicum, Berlin
Lebenserinnerungen Ludwig Meyer

Literaturverzeichnis

Ackerl, Isabella: Nationalsozialistische »Wiedergutmachung«, in: Anschluß 1938. Protokoll des Symposiums in Wien am 14. und 15. März 1978, München 1981, S. 206–219.

Adler, Hans-Günter: Der verwaltete Mensch. Studien zur Deportation der Juden aus Deutschland, Tübingen 1974.

Akten der Partei-Kanzlei der NSDAP. Rekonstruktion eines verlorengegangenen Bestandes, hrsg. vom Institut für Zeitgeschichte, Teil I und II, München 1983 und 1992.

Angermair, Elisabeth/Haerendel, Ulrike: Inszenierter Alltag. »Volksgemeinschaft« im nationalsozialistischen München 1933–1945, München 1993.

Angermund, Ralph: Korruption im Nationalsozialismus. Eine Skizze, in: Christian Jansen u. a. (Hrsg.), Von der Aufgabe der Freiheit. Politische Verantwortung und bürgerliche Gesellschaft im 19. und 20. Jahrhundert. Festschrift für Hans Mommsen, Berlin 1995, S. 371–383.

Arendt, Hannah: Eichmann in Jerusalem. Ein Bericht von der Banalität des Bösen, München 1964.

Aus Görings Schreibtisch. Ein Dokumentenfund, bearb. von T. R. Emessen, Berlin 1947.

Bajohr, Frank: »Arisierung« in Hamburg. Die Verdrängung der jüdischen Unternehmer 1933–1945 (Hamburger Beiträge zur Sozial- und Zeitgeschichte, Bd. 35), Hamburg 1997, 2. Aufl. 1998.

ders.: Gauleiter in Hamburg. Zur Person und Tätigkeit Karl Kaufmanns, VfZ 43 (1995), S. 267–295.

ders.: Nationalsozialismus und Korruption, in: Mittelweg 36, Heft 1/1998, S. 57–77.

ders.: »... protzten plötzlich mit einer neuen Wohnungseinrichtung.« Schleswig-Holsteiner als materielle Nutznießer der Shoah, in: Paul, Gerhard/Gillis Carlebach, Miriam: Menora und Hakenkreuz. Zur

Geschichte der Juden in und aus Schleswig-Holstein, Lübeck und Altona, Neumünster 1998, S. 565–571.

ders.: The Beneficiaries of »Aryanization«. Hamburg as a Case Study, in: Yad Vashem Studies, Bd. XXVI, Jerusalem 1998, S.173–201.

Banken, Ralf: Der Edelmetallsektor und die Verwertung konfiszierten jüdischen Vermögens im »Dritten Reich«. Ein Werkstattbericht über das Untersuchungsprojekt »Degussa AG« aus dem Forschungsinstitut für Sozial- und Wirtschaftsgeschichte an der Universität zu Köln, in: Jahrbuch für Wirtschaftsgeschichte, 1 (1999), S. 135–161.

Bartov, Omer: Hitlers Wehrmacht. Soldaten, Fanatismus und die Brutalisierung des Krieges, Reinbek 1999.

Bauman, Zygmunt: Dialektik der Ordnung. Die Moderne und der Holocaust, Hamburg 1992.

Becker, Franziska: Gewalt und Gedächtnis. Erinnerungen an die nationalsozialistische Verfolgung einer Jüdischen Landgemeinde, Göttingen 1994.

Berghoff, Hartmut/Rauh-Kühne, Cornelia: Fritz K. Ein deutsches Leben im zwanzigsten Jahrhundert, Stuttgart, München 2000.

Bergmann, Werner/Erb, Rainer: Antisemitismus in der Bundesrepublik Deutschland. Ergebnisse der empirischen Forschung 1946–1989, Opladen 1991.

Boberach, Heinz (Hrsg.): Meldungen aus dem Reich. Die geheimen Lageberichte der SS, Herrsching 1984.

Bopf, Britta: Zur »Arisierung« und den Versuchen der »Wiedergutmachung« in Köln, in: Matzerath, Horst/Buhlan, Harald/Becker-Jákli, Barbara: Versteckte Vergangenheit. Über den Umgang mit der NS-Zeit in Köln, Köln 1994, S. 163–194.

Bourdieu, Pierre: Die verborgenen Mechanismen der Macht. Schriften zu Politik und Kultur 1, Hamburg 1997.

Broszat, Martin: Der Staat Hitlers, München 1969.

ders.: Nationalsozialistische Konzentrationslager 1933–1945 (Anatomie des SS-Staates, Bd. 2), Freiburg im Breisgau 1965, S. 9–160.

ders.: Soziale Motivation und Führer-Bindung des Nationalsozialismus, VfZ 18 (1970), S. 392–409.

Buchheim, Hans: Die SS – Das Herrschaftsinstrument (Anatomie des SS-Staates, Bd. 1), Freiburg im Breisgau 1965, S. 13–253.

Chaussy, Ulrich/Püschner, Christoph: Nachbar Hitler. Führerkult und Heimatzerstörung am Obersalzberg, Berlin 1997.

Chiari, Bernhard: Alltag hinter der Front. Besatzung, Kollaboration und Widerstand in Weißrußland 1941–1944, Düsseldorf 1998.

Dean, Martin: Die Enteignung »jüdischen Eigentums« im Reichskom-

missariat Ostland 1941–1944, in: »Arisierung« im Nationalsozialismus. Volksgemeinschaft, Raub und Gedächtnis, hrsg. von Irmtrud Wojak und Peter Hayes, Frankfurt/New York 2000, S. 201–218.
Deutschland-Berichte der Sozialdemokratischen Partei Deutschlands (SOPADE) 1934–1940, Nachdruck, Salzhausen 1980.
Dreßen, Wolfgang: Betrifft: »Aktion 3«. Deutsche verwerten jüdische Nachbarn, Berlin 1998.
Eichwede, Wolfgang/Hartung, Ulrike (Hrsg.): »Betr. Sicherstellung«. NS-Kunstraub in der Sowjetunion, Bremen 1998.
Eschenburg, Theodor: Staat und Gesellschaft in Deutschland, Stuttgart 1956.
Fabian, Hans-Erich: Der Berliner Scherbenfonds, in: Der Weg. Zeitschrift für Fragen des Judentums, 1. Jg., Nr 37 (8. 11. 1946).
Felfe, Heinz: Der Mord an Vera »Sara« Korn. Dargestellt anhand der Akten der Berliner Mordkommission, in: Kriminalistik, Heft 3/1992, S. 153–173.
Feliciano, Hector: Das verlorene Museum. Vom Kunstraub der Nazis, Berlin 1998.
Fest, Joachim: Speer. Eine Biographie, Berlin 1999.
Fladhammer, Christa/Wildt, Michael (Hrsg.): Max Brauer im Exil. Briefe und Reden aus den Jahren 1933–1946, Hamburg 1994.
Frese, Matthias: Betriebspolitik im »Dritten Reich«. Deutsche Arbeitsfront, Unternehmer und Staatsbürokratie in der westdeutschen Großindustrie, Paderborn 1991.
Friedländer, Saul: Das Dritte Reich und die Juden, Bd. 1, Die Jahre der Verfolgung 1933–1939, München 1998.
Friedrich, Carl J.: Pathologie der Politik. Die Funktion der Mißstände: Gewalt, Verrat, Korruption, Geheimhaltung, Propaganda, Frankfurt am Main 1973.
Geiger, Theodor: Die soziale Schichtung des Deutschen Volkes. Soziographischer Versuch auf statistischer Grundlage, Stuttgart 1932.
Genschel, Helmut: Die Verdrängung der Juden aus der Wirtschaft im Dritten Reich, Göttingen 1966.
Georg, Enno: Die wirtschaftlichen Unternehmungen der SS, Stuttgart 1963.
Gerlach, Christian: Kalkulierte Morde. Die deutsche Wirtschafts- und Vernichtungspolitik in Weißrußland 1941 bis 1944, Hamburg 1999.
Gilles, Franz-Otto: Hauptsache sparsam und ordnungsgemäß. Finanz- und Verwaltungskontrolle in den während des Zweiten Weltkrieges von Deutschland besetzten Gebieten, Opladen 1994.

Goebbels, Joseph: Vom Kaiserhof zur Reichskanzlei. Eine historische Darstellung in Tagebuchblättern, München 1934.

Die Tagebücher von Joseph Goebbels, hrsg. von Elke Fröhlich, Teil I, Band 9, München u. a. 1998; Teil II, Band 3, München u. a. 1994, Band 4, München u. a. 1998, Band 7, München u. a. 1993.

Görgen, Hans-Peter: Düsseldorf und der Nationalsozialismus, Düsseldorf 1969.

Gross, Jan T.: Polish Society under German Occupation. The Generalgouvernement 1939–1944, Princeton, New Jersey 1979.

Gruchmann, Lothar: Korruption im Dritten Reich. Zur »Lebensmittelversorgung« der NS-Führerschaft, VfZ 42 (1994), S. 571–593.

Grünfeld, Fritz Vincenz: Das Leinenhaus Grünfeld. Erinnerungen und Dokumente, hrsg. von Stefi Jersch-Wenzel, Berlin 1967.

Grunberger, Richard: A Social History of the Third Reich, London 1971.

Haase, Günther: Kunstraub und Kunstschutz. Eine Dokumentation, Hamburg 1991.

Haffner, Sebastian: Germany: Jekyll & Hyde, Berlin 1996, Nachdr. der 1940 bei Secker and Warburg, London, erschienenen englischen Ausgabe.

Hammerschmidt, Peter: Die Wohlfahrtsverbände im NS-Staat. Die NSV und die konfessionellen Verbände Caritas und Innere Mission im Gefüge der Wohlfahrtspflege des Nationalsozialismus, Opladen 1999.

Harrison, Ted: »Alter Kämpfer« im Widerstand. Graf Helldorff, die NS-Bewegung und die Opposition gegen Hitler, VfZ 45 (1997), S. 385–422.

Hartung, Ulrike: Raubzüge in der Sowjetunion. Das Sonderkommando Künsberg 1941–1943, Bremen 1997.

Heidenheimer, Arnold J./Johnston, Michael/LeVine, Victor T. (Hrsg.): Political Corruption. A Handbook, 3. Aufl., New Brunswick 1993.

Heinsohn, Kirsten/Vogel, Barbara/Weckel, Ulrike (Hrsg.): Zwischen Karriere und Verfolgung. Handlungsräume von Frauen im nationalsozialistischen Deutschland, Frankfurt, New York 1997.

Henke, Klaus-Dietmar: Die amerikanische Besetzung Deutschlands, München 1995.

Herbert, Ulrich: Best. Biographische Studien über Radikalismus, Weltanschauung und Vernunft 1903–1989, Bonn 1996.

ders.: Fremdarbeiter. Politik und Praxis des »Ausländer-Einsatzes« in der Kriegswirtschaft des Dritten Reiches, Berlin, Bonn 1985.

ders. (Hrsg.): Nationalsozialistische Vernichtungspolitik 1939–1945. Neuere Forschungen und Kontroversen, Frankfurt am Main 1998.

ders./ Orth, Karin/Dieckmann, Christoph (Hrsg.): Die nationalsozialistischen Konzentrationslager, Entwicklung und Struktur, 2 Bde., Göttingen 1998.

Heß, Rudolf: Reden, München 1938.

Heusler, Andreas/Weger, Tobias: »Kristallnacht«. Gewalt gegen die Münchner Juden im November 1938, München 1998.

Hilberg, Raul: Die Vernichtung der europäischen Juden, 3 Bde., Frankfurt am Main 1990

Hillmann, Karl-Heinz: Wörterbuch der Soziologie, 4. überarb. Auflage, Stuttgart 1994.

Hitler, Adolf: Monologe im Führerhauptquartier 1941–1944. Die Aufzeichnungen Heinrich Heims, hrsg. von Werner Jochmann, Hamburg 1980.

Hüttenberger, Peter: Die Gauleiter. Studie zum Wandel des Machtgefüges in der NSDAP, Düsseldorf 1969.

ders: Düsseldorf. Geschichte von den Anfängen bis ins 20. Jahrhundert, Bd. 3: Die Industrie- und Verwaltungsstadt, Düsseldorf 1989.

Huntington, Samuel P: Modernization and Corruption, in: Heidenheimer, Arnold J./Johnston, Michael/LeVine, Victor T. (Hrsg.): Political Corruption. A Handbook, 3. Aufl., New Brunswick 1993, S. 377–388.

Ibach, Karl: Kemna. Wuppertaler Konzentrationslager 1933–1934, 2. Aufl., Wuppertal 1981.

Jagschitz, Gerhard: Von der »Bewegung« zum Apparat. Zur Phänomenologie der NSDAP 1938 bis 1945, in: Talos, Emmerich/Hanisch, Ernst/Neugebauer, Wolfgang (Hrsg.): NS-Herrschaft in Österreich 1938–1945, Wien 1988, S. 487–516.

Jamin, Mathilde: Zwischen den Klassen. Zur Sozialstruktur der SA-Führerschaft, Wuppertal 1984.

Justizbehörde Hamburg (Hrsg.): »Von Gewohnheitsverbrechern, Volksschädlingen und Asozialen ...« Hamburger Justizurteile im Nationalsozialismus, Hamburg 1995.

Kasten, Bernd: Konflikte zwischen dem Gauleiter Friedrich Hildebrandt und dem Staatsministerium in Mecklenburg 1933–1939, Mecklenburgische Jahrbücher, 112 (1997), S. 157–175.

Kempner, Robert W.: Ankläger einer Epoche. Lebenserinnerungen, Frankfurt am Main, Berlin, Wien 1983.

Kiehne, Kriminalrat: Erfahrungen aus der Tätigkeit zentraler Dienststellen zur Bekämpfung von Korruption, in: Bundeskriminalamt Wiesbaden (Hrsg.), Wirtschaftsdelikte, einschließlich der Korruption. Arbeitstagung im Bundeskriminalamt Wiesbaden vom 8. April bis 13. April 1957, Wiesbaden 1957, S. 181–185.

Kißener, Michael/Scholtyseck, Joachim (Hrsg.): Die Führer der Provinz. NS-Biographien aus Baden und Württemberg, Konstanz 1997.

Klaveren, Jacob van: Korruption, in: Handwörterbuch zur deutschen Rechtsgeschichte, Berlin 1978.

Knopf, Volker/Martens, Stefan: Görings Reich. Selbstinszenierungen in Carinhall, Berlin 1999.

Koch, Peter-Ferdinand: Die Geldgeschäfte der SS. Wie deutsche Banken den schwarzen Terror finanzierten, Hamburg 2000.

ders. (Hrsg.): Die Dresdner Bank und der Reichsführer-SS, Hamburg 1987.

ders. (Hrsg.): Die Tagebücher des Doktor Joseph Goebbels. Geschichte und Vermarktung, Hamburg und München 1988.

Kogon, Eugen: Der SS-Staat. Das System der deutschen Konzentrationslager, Frankfurt am Main 1948.

Kopper, Christopher: Zwischen Marktwirtschaft und Dirigismus. Bankenpolitik im »Dritten Reich« 1933–1939, Bonn 1995.

Kratzsch, Gerhard: Der Gauwirtschaftsapparat der NSDAP. Menschenführung – »Arisierung« – Wehrwirtschaft im Gau Westfalen-Süd, Münster 1989.

Krebs, Albert: Fritz-Dietlof Graf von der Schulenburg. Zwischen Staatsraison und Hochverrat, Hamburg 1964.

ders.: Tendenzen und Gestalten der NSDAP. Erinnerungen an die Frühzeit der Partei, Stuttgart 1959.

Krug, Karl: Die Korruption und ihre Bekämpfung, in: Deutsche Justiz, Jg. 1933, S. 446 f.

Kundrus, Birthe: Kriegerfrauen. Familienpolitik und Geschlechterverhältnisse im Ersten und Zweiten Weltkrieg, Hamburg 1995.

Laak, Dirk van: Die Mitwirkenden bei der »Arisierung«, Dargestellt am Beispiel der rheinisch-westfälischen Industrieregion 1933–1940, in: Büttner, Ursula (Hrsg.): Die Deutschen und die Judenverfolgung im Dritten Reich, Hamburg 1992, S. 231–257.

Large, David Clay: Hitlers München. Aufstieg und Fall der Hauptstadt der Bewegung, München 1998.

Loeffler, Matthias: Das Diensttagebuch des Reichsjustizministers Gürtner 1934 bis 1938. Eine Quelle für die Untersuchung der »Richterdisziplinierung« während der Anfangsjahre des Nationalsozialismus, Frankfurt am Main 1997.

Longerich, Peter: Die braunen Bataillone. Geschichte der SA, München 1989.

Lotfi, Gabriele: KZ der Gestapo. Arbeitserziehungslager im Dritten Reich, Stuttgart, München 2000.

Lotz, Wolfgang: Die Deutsche Reichspost 1933–1945. Eine politische Verwaltungsgeschichte, Bd. 1, 1933–1939, Berlin 1999.

Ludwig, Cordula: Korruption und Nationalsozialismus in Berlin 1924–1934 (Geschichtliche Grundlagen der Politik, Bd. 1), Frankfurt am Main 1998.

Ludwig, Johannes: Boykott – Enteignung – Mord. Die »Entjudung« der deutschen Wirtschaft, Hamburg, München 1989.

Lükemann, Ulf: Der Reichsschatzmeister der NSDAP. Ein Beitrag zur inneren Parteistruktur, Berlin 1963.

Madajczyk, Czeslaw: Die Okkupationspolitik Nazideutschlands in Polen 1939–1945, Berlin 1987.

Malinowski, Stephan: Politische Skandale als Zerrspiegel der Demokratie. Die Fälle Barmat und Sklarek im Kalkül der Weimarer Rechten, Jahrbuch für Antisemitismusforschung, 5. Jg. 1996, S. 46–65.

Mason, Timothy W.: Arbeiterklasse und Volksgemeinschaft, Frankfurt am Main 1975.

Matzerath, Horst: Nationalsozialismus und kommunale Selbstverwaltung, Stuttgart 1970.

Mazower, Mark: Inside Hitler's Greece. The Experience of Occupation 1941–44, New Haven und London 1993.

McKale, Donald M.: The Nazi Party Courts. Hitler's Management of Conflict in his Movement 1921–1945, Lawrence, Manhattan, Wichita 1974.

Menne, Leo: Korruption, Kölner Zeitschrift für Soziologie 1 (1948/49), S. 144–188.

Merkl, Peter: Political Violence under the Swastika. 581 early Nazis, Princeton 1975.

Meyer, Beate: »Jüdische Mischlinge«. Rassenpolitik und Verfolgungserfahrung 1933–1945 (Studien zur jüdischen Geschichte, Band 6), Hamburg 1999.

Meyer, Winfried: Unternehmen Sieben. Eine Rettungsaktion für vom Holocaust Bedrohte aus dem Amt Ausland/Abwehr im Oberkommando der Wehrmacht, Frankfurt am Main 1993.

Moll, Martin: Der Sturz alter Kämpfer. Ein neuer Zugang zur Herrschaftsanalyse des NS-Regimes, in: Historische Mitteilungen 5 (1992), Heft 1, S. 1–51.

ders. (Hrsg.): »Führer-Erlasse« 1939–1945. Edition sämtlicher überlieferter, nicht im Reichsgesetzblatt abgedruckter, von Hitler während des Zweiten Weltkrieges schriftlich erteilter Direktiven aus den Bereichen Staat, Partei, Wirtschaft, Besatzungspolitik und Militärverwaltung, Stuttgart 1997.

Mommsen, Hans: Der Nationalsozialismus und die Auflösung des normativen Staatsgefüges, in: Wolfgang Luthard/Alfons Söllner (Hrsg.): Verfassungsstaat, Souveränität, Pluralismus. Otto Kirchheimer zum Gedächtnis, Opladen 1989, S. 67–75.

ders.: Ein Erlaß Himmlers zur Bekämpfung der Korruption in der inneren Verwaltung, Vierteljahrshefte für Zeitgeschichte 16 (1968), S. 295–309.

ders.: Nationalsozialismus, in: Claus D. Kernig (Hrsg.), Sowjetsystem und demokratische Gesellschaft, Bd. 4, Freiburg 1971, Sp. 695 bis 713.

Morgen, Konrad: Der Korruptionsverbrecher, in: Kriminalistik. Monatshefte für die gesamte kriminalistische Wissenschaft und Praxis, 17. Jg., Heft 12/1943, S. 117–119.

Musial, Bogdan: Deutsche Zivilverwaltung und Judenverfolgung im Generalgouvernement. Eine Fallstudie zum Distrikt Lublin 1939 bis 1944, Wiesbaden 1999.

Naasner, Walter: Neue Machtzentren in der deutschen Kriegswirtschaft. Die Wirtschaftsorganisation der SS, das Amt des Generalbevollmächtigten für den Arbeitseinsatz und das Reichsministerium für Bewaffnung und Munition/Reichsministerium für Rüstung und Kriegsproduktion im nationalsozialistischen Herrschaftssystem, Boppard am Rhein 1994.

Naujoks, Harry: Mein Leben im KZ Sachsenhausen 1936–1942. Erinnerungen des ehemaligen Lagerältesten, Köln 1987.

Die Nazikorruption in Hamburg. Erster Bericht des von der Bürgerschaft am 8. März 1946 niedergesetzten Ausschusses zur Prüfung des Antrages der sozialdemokratischen Fraktion betreffend Untersuchung nationalsozialistischer Korruptionsfälle, Hamburg 1946.

Noakes, Jeremy: Philipp Bouhler und die Kanzlei des Führers der NSDAP. Beispiel einer Sonderverwaltung im Dritten Reich, in: Dieter Rebentisch/Karl Teppe (Hrsg.): Verwaltung contra Menschenführung im Staat Hitlers. Studien zum politisch administrativen System, Göttingen 1986, S. 208–236.

ders.: The Nazi Party and the Third Reich. The Myth and Reality of the One-Party State, in: ders. (Hrsg.): Government, Party and People in Nazi Germany, 2. Aufl., Exeter 1981, S. 11–33.

Orth, Karin: Das System der nationalsozialistischen Konzentrationslager. Eine politische Organisationsgeschichte, Hamburg 1999.

dies.: Die »Konzentrationslager SS«. Sozialstrukturelle Analysen und biographische Studien einer nationalsozialistischen Funktionselite, Phil. Diss., Hamburg 1997

Padover, Saul K.: Lügendetektor. Vernehmungen im besiegten Deutschland 1944/45, Frankfurt am Main 1999.

Petropoulos, Jonathan: Kunstraub und Sammelwahn. Kunst und Politik im Dritten Reich, Berlin 1999.

Pohl, Dieter: Die Ermordung der Juden im Generalgouvernement, in: Ulrich Herbert (Hrsg.): Nationalsozialistische Vernichtungspolitik 1939–1945. Neuere Forschungen und Kontroversen, Frankfurt am Main 1998, S. 98–121.

ders.: Nationalsozialistische Judenverfolgung in Ostgalizien. Organisation und Durchführung eines staatlichen Massenverbrechens, München 1996.

Der Prozeß gegen die Hauptkriegsverbrecher vor dem Internationalen Militärgerichtshof, 42 Bde., Nürnberg 1947–1949.

Prinz, Michael/Zitelmann, Rainer (Hrsg.), Nationalsozialismus und Modernisierung, Darmstadt 1991.

Radtke-Delacor, Arne: Die wirtschaftlichen Aktivitäten Alfred Toepfers in Frankreich 1943/44: Die Firma Stahlberg & Co. (Hamburg/Paris), unveröff. Ms., 1999.

Rebentisch, Dieter: Führerstaat und Verwaltung im Zweiten Weltkrieg, Stuttgart 1989.

Reich-Ranicki, Marcel: Mein Leben, Stuttgart 1999.

Reichmann, Hans: Deutscher Bürger und verfolgter Jude. Novemberpogrom und KZ Sachsenhausen 1937 bis 1939, bearb. von Michael Wildt (Biographische Quellen zur Zeitgeschichte, Bd. 21), München 1998.

Reichskanzlei (Hrsg.): Reden des Führers 1933–1936, o. O., o. J.

Rückerl, Adalbert (Hrsg.): Nationalsozialistische Vernichtungslager im Spiegel deutscher Strafprozesse. Belzec, Sobibor, Treblinka, Chelmno, 2. Aufl., München 1978.

Sandkühler, Thomas: »Endlösung« in Galizien. Der Judenmord in Ostpolen und die Rettungsinitiativen von Berthold Beitz 1941–1944, Bonn 1996.

Scheffler, Wolfgang: Zur Praxis der SS- und Polizeigerichtsbarkeit im Dritten Reich, in: Klassenjustiz und Pluralismus. Festschrift für Ernst Fraenkel zum 75. Geburtstag, Hamburg 1973, S. 224–236.

Schenk, Dieter: Hitlers Mann in Danzig. Gauleiter Forster und die NS-Verbrechen in Danzig-Westpreußen, Bonn 2000.

Schirach, Henriette von: Der Preis der Herrlichkeit. Erlebte Zeitgeschichte, München, Berlin 1975.

Schlösser, Susanne: »Was sich in den Weg stellt, mit Vernichtung schlagen«. Richard Drauz, NSDAP-Kreisleiter von Heilbronn, in: Michael

Kißener/Joachim Scholtyseck (Hrsg.), Die Führer der Provinz. NS-Biographien aus Baden und Württemberg, Konstanz 1994, S. 143 bis 159.

Schmidt, Christoph: Zu den Motiven »alter Kämpfer« in der NSDAP, in: Detlev Peukert/Jürgen Reulecke (Hrsg.), Die Reihen fast geschlossen. Beiträge zur Geschichte des Alltags unterm Nationalsozialismus, Wuppertal 1981, S. 21–43.

Schmidt, Monika: Arisierungspolitik des Bezirksamtes, in: Metzger, Karl-Heinz u. a. (Hrsg.), Kommunalverwaltung unterm Hakenkreuz. Berlin-Wilmersdorf 1933–1945, Berlin 1992, S. 169–228.

Schuller, Wolfgang: Probleme historischer Korruptionsforschung, Der Staat 16 (1977), S. 372–392.

Schwarz, Gudrun: Eine Frau an seiner Seite. Ehefrauen in der »SS-Sippengemeinschaft, Hamburg 1997.

Segev, Tom: Die Soldaten des Bösen. Zur Geschichte der KZ-Kommandanten, Reinbek 1992.

Selig, Wolfram: Vom Boykott zur Arisierung. Die »Entjudung« der Wirtschaft in München, in: Mensing, Björn/Prinz, Friedrich (Hrsg.): Irrlicht im leuchtenden München? Der Nationalsozialismus in der »Hauptstadt der Bewegung«, Regensburg 1991, S. 178–202.

Seydelmann, Gertrud: Gefährdete Balance. Ein Leben in Hamburg 1936–1945, Hamburg 1996.

Smelser, Ronald: Robert Ley. Hitlers Mann an der »Arbeitsfront«. Eine Biographie, Paderborn 1989.

Sofsky, Wolfgang: Die Ordnung des Terrors: Das Konzentrationslager, Frankfurt am Main 1997.

Speer, Albert: Erinnerungen, Frankfurt am Main/Berlin 1969.

ders.: »Alles, was ich weiß«. Aus unbekannten Geheimdienstprotokollen vom Sommer 1945, hrsg. von Ulrich Schlie, München 1999.

Stein, Harry: Juden in Buchenwald 1937–1942, Weimar 1992.

Strasser, Gregor: Kampf um Deutschland. Reden und Aufsätze eines Nationalsozialisten, München 1932.

Strauss, Herbert A.: Über dem Abgrund. Eine jüdische Jugend in Deutschland 1918–1943, Frankfurt am Main/New York 1997.

Tec, Nechama: Eine Art Leben. Eine jüdische Kindheit im besetzten Polen, Hamburg 1998.

Trunk, Isaiah: Judenrat. The Jewish Councils in Eastern Europe under Nazi Occupation, New York 1972.

Tuchel, Johannes: Konzentrationslager. Organisationsgeschichte und Funktion der »Inspektion der Konzentrationslager« 1934–1938, Boppard am Rhein 1991.

Ueberschär, Gerd R./Vogel, Winfried: Dienen und Verdienen. Hitlers Geschenke an seine Eliten, Frankfurt am Main 1999.

Umbreit, Hans, Die Deutsche Herrschaft in den besetzten Gebieten 1942–1945, in: Das Deutsche Reich und der Zweite Weltkrieg, Band 5/2, hrsg. vom Militärgeschichtlichen Forschungsamt, Stuttgart 1999, S. 3–272.

Vogelsang, Reinhard: Der Freundeskreis Himmler, Göttingen 1972.

Vorländer, Herwart: Die NSV. Darstellung und Dokumentation einer nationalsozialistischen Organisation, Boppard am Rhein 1988.

Vries, Willem de: Sonderstab Musik. Organisierte Plünderungen in Westeuropa 1940–1945, Köln 1998.

Walde, Wendel vorm: Die Gladbecker Gemeindeorgane 1933–1939, Vestische Zeitschrift, Bd. 84/85 (1985/86), S. 187–239.

Walden, Hans: Untersuchungen zur Geschichte des Duvenstedter Brooks, Hamburg 1985.

Weckbecker, Arno: Die Judenverfolgung in Heidelberg 1933–1945, Heidelberg 1985.

Weckbecker, Gert: Zwischen Freispruch und Todesstrafe. Die Rechtsprechung der nationalsozialistischen Sondergerichte Frankfurt/Main und Bromberg, Baden-Baden 1998.

Weinert, Rainer: »Die Sauberkeit der Verwaltung im Kriege«. Der Rechnungshof des Deutschen Reiches 1938–1946, Opladen 1993.

Wewer, Göttrik: Korruption, in: Dieter Nohlen (Hrsg.), Wörterbuch Staat und Politik, 2. Auflage, München 1995.

Wiedemann, Fritz: Der Mann, der Feldherr werden wollte, Velbert 1964.

Wildt, Michael: Das Reichssicherheitshauptamt. Radikalisierung und Selbstradikalisierung einer Institution, in: Mittelweg 36, Heft 1/1998, S. 33–40.

Witek, Hans: »Arisierungen« in Wien. Aspekte nationalsozialistischer Enteignungspolitik 1938–1940, in: Talos, Emmerich/Hanisch, Ernst/Neugebauer, Wolfgang (Hrsg.): NS-Herrschaft in Österreich 1938 bis 1945, Wien 1988, S. 199–216.

Wolff, Paul: Ohne Maske. Ein Tatsachenbericht, Hamburg 1948.

Abkürzungen

AG	Aktiengesellschaft
AOK	Allgemeine Ortskrankenkasse
BA	Bundesarchiv
BA-MA	Bundesarchiv-Militärarchiv
BDC	Berlin Document Center
BLHA	Brandenburgisches Landeshauptarchiv, Potsdam
CV	Centralverein deutscher Staatsbürger jüdischen Glaubens
DAF	Deutsche Arbeitsfront
FZH	Forschungsstelle für Zeitgeschichte in Hamburg
Gestapo	Geheime Staatspolizei
GG	Generalgouvernement
GSTA	Geheimes Staatsarchiv Berlin-Dahlem
HJ	Hitlerjugend
HSSPF	Höherer SS- und Polizeiführer
HTO	Haupttreuhandstelle Ost
IfZ	Institut für Zeitgeschichte, München
KdF	Kraft durch Freude
KdO	Kommandeur der Ordnungspolizei
KPD	Kommunistische Partei Deutschlands
KZ	Konzentrationslager
LA	Landesarchiv
NSBO	Nationalsozialistische Betriebszellen-Organisation
NSDAP	Nationalsozialistische Deutsche Arbeiterpartei
NSFK	Nationalsozialistisches Fliegerkorps
NSV	Nationalsozialistische Volkswohlfahrt
OG	Ortsgruppe
OPG	Oberstes Parteigericht
Orpo	Ordnungspolizei
Pg.	Parteigenosse

PKW	Personenkraftwagen
RGBl	Reichsgesetzblatt
RM	Reichsmark
RSH	Reichsstatthalter
RSHA	Reichssicherheitshauptamt
SA	Sturmabteilungen der NSDAP
SD	Sicherheitsdienst der SS
SLA	Salzburger Landesarchiv
SOPADE	Sozialdemokratische Partei Deutschlands/Exilvorstand
SPD	Sozialdemokratische Partei Deutschlands
SS	Schutzstaffeln der NSDAP
StAHH	Staatsarchiv Hamburg
StdF	Stellvertreter des Führers
UFA	Universal-Film-AG
VfZ	Vierteljahrshefte für Zeitgeschichte
WHW	Winterhilfswerk
z.b.V.	zur besonderen Verwendung

Personenregister